DERNIER QUARTIER

DES

VIEILLES LUNES

D'UN AVOCAT

10404 — IMPRIMERIE GÉNÉRALE DE CH. LAHURE
Rue de Fleurus, 9, à Paris

DERNIER QUARTIER

DES

VIEILLES LUNES

D'UN AVOCAT

PAR FRÉDÉRIC THOMAS

Auteur des *Petites Causes célèbres*

PARIS

LIBRAIRIE DE L. HACHETTE ET Cie

BOULEVARD SAINT-GERMAIN, N° 77

—

1869

Droits de propriété et de traductions réservés

AU LECTEUR

Quand je fis paraître le *Premier quartier des vieilles Lunes d'un Avocat*, j'ose assurer, sans crainte de trop me vanter, que je savais déjà à cette époque que la lune avait quatre quartiers.

Mais je n'avais pas suffisamment réfléchi sur cette étrangeté que ce qu'on appelle *premier quartier* n'est en réalité que le second, le premier n'étant autre chose que la *nouvelle lune*.

Or, si j'avais nommé mon *Premier quartier*, *Nouvelle Lune*, je vous demande un peu quelle cacophonie avec mon titre : ni le lecteur, ni moi n'aurions pu nous orienter entre ces *Vieilles Lunes* et cette *Nouvelle Lune*. Comment ajuster ce vieux avec ce neuf? Je préférai, pour plus de clarté, me passer de la *Nouvelle Lune* et aborder d'emblée le *pre-*

mier quartier, qui, pour exactement parler, n'est que le second.

Mais où conduit une concession imprudente! La nécessité de la logique m'a entraîné à destituer aussi le *troisième quartier*, autrement dit la *pleine lune*, tout comme j'avais supprimé déjà la *lune nouvelle*. Je ne reconnaîtrai donc que le premier quartier, qui est le second, et le dernier quartier, qui, cette fois, par exemple, est bien le dernier.

Ainsi j'aurai volé à la lune deux quartiers sur quatre, ce qui m'aura rendu criminel sans me rendre beaucoup plus riche.

Cette confession faite, abordons directement le *Dernier quartier des vieilles Lunes d'un Avocat*.

Ce dernier quartier aurait dû se montrer beaucoup plus tôt, les lois astronomiques lui en faisaient même une obligation ; mais il est d'autres lois auxquelles j'obéis plus volontiers qu'à celles-là. Ces lois ne sont écrites nulle part ; mais elles pourraient figurer dans le code des bienséances littéraires, au chapitre qui serait intitulé : *Du respect pour le public*.

Mon premier volume avait été trop bien accueilli pour en punir les lecteurs en leur infligeant un dernier volume trop hâtif.

Un livre, si petit qu'il soit, m'a toujours paru une grosse affaire dans laquelle il convient de ne s'embarquer qu'avec une grande circonspection.

Tout autre chose est le journal, qui représente le pain quotidien du public; on se contente ici de la fortune du pot. Le journal, on se familiarise volontiers à le faire comme on se familiarise à le lire; c'est, de part et d'autre, un compromis entre l'auteur et le lecteur et la chose ne tire pas à conséquence. Improvisation courante, on le lit et on l'écrit au jour la journée, comme le nom même l'indique. Le livre, quelle différence! il n'entre pas dans la ration ordinaire, dans le menu accepté des lectures quotidiennes : c'est un *extra;* il faut demander une ouverture de crédit à l'attention publique.

Tout auteur qui lance un livre me semble s'exprimer ainsi : « Mesdames et Messieurs, — comme nous disions aux Conférences, — veuillez un moment interrompre vos affaires ou suspendre vos plaisirs, je me crois capable de compenser tout cela par le temps que vous me consacrerez; car je me fais fort de vous récréer ou de vous instruire. »

Si l'auteur est modeste, il ajoute : « Ne vous dérangez pas trop cependant. Il vous suffira de m'accorder quelques-uns de ces repos forcés ou de ces entr'actes de la vie qu'on nomme les moments perdus. Quand vous prendrez le chemin de fer ou le lit, ne m'oubliez pas; je suis un compagnon de voyage ou de sommeil très-accommodant. J'aime fort la promenade aussi, et vous iriez vous asseoir dans le jardin de votre maison ou courir dans les bois du bon Dieu que je serais bien fier si vous me mettiez de la partie en me mettant dans votre poche. Au reste, je ne suis pas pressé, je suis patient parce que j'ai le temps d'attendre, parce que, comparé au journal, je suis éternel. »

Voilà, mot pour mot, ce que me semble dire un auteur au public, et comme l'auteur est patient après que son ouvrage a paru, il est patient aussi avant qu'il paraisse. C'est ainsi que les années s'écoulent; c'est ainsi que j'en ai laissé passer quatre ou cinq des meilleures. J'ai donné le temps de mourir à deux de mes hôtes illustres du *premier quartier*.

Jasmin et Reboul sont partis pour toujours.

Je ne monterai plus, à Nîmes, cet escalier de pierre à rampe de fer qui conduisait à la radieuse demeure du poëte, et du balcon de laquelle on voyait les arènes.

Je ne me querellerai plus à Agen, dans la fraîche boutique ou dans la vigne riante de Jasmin.

Adieu paniers, vendanges sont faites; adieu à ces éternels absents; ils ont passé la frontière de la postérité.

Quant aux auteurs qui vivent encore sans savoir s'ils se survivront, je les range tous en deux classes : ceux qu'on lit et ceux qu'on ne lit pas. Et si j'ai souvent envié les premiers, c'est surtout à cause du privilége qu'ils ont de construire une maison de papier où ils peuvent clouer à perpétuelle demeure les noms des personnes qu'ils ont aimées.

Ce doit être une grande joie, ce me semble, pour un écrivain en crédit, que d'envoyer la lumière de sa lanterne sur des gens qui, sans ce rayon inattendu, seraient restés dans l'ombre. Et pour ceux-ci, pour ces obscurs mis soudainement en lumière, c'est tout bénéfice, dans un siècle curieux et investigateur comme le nôtre, qui a la passion de l'inconnu et des inconnus au point qu'il s'éprend plus volontiers d'un masque que d'un visage.

Et pour les auteurs eux-mêmes, quelle favorable époque que la nôtre, et quelle rassurante perspective ! ils mettent à la loterie du temps, de ce temps qui bonifie les livres comme les vins.

Il suffit de durer un peu pour avoir son jour.

La critique actuelle déteste tant les vivants que, pour les battre, elle ressuscite les morts, qui sont peu gênants d'ailleurs, et ne prennent la place de personne ; c'est pourquoi on leur crée une seconde vie.

C'est pourquoi on revient à tant d'hommes et à tant de choses qu'on croyait morts et enterrés. Un pauvre auteur dormait bien tranquille sous le gazon de l'oubli : arrive un antiquaire, un délicat, un érudit, qui le flaire, le découvre, et voilà notre endormi lancé en plein tumulte et en plein soleil.

Ceci ne date pas d'hier.

Sans la Fontaine, Baruch serait resté le plus petit des petits prophètes. Pélisson visite par hasard un cimetière de village : on lui montre dans un coin la place où Sarrazin gisait incognito. Ce délaissement l'offusque, et aussitôt il appelle l'éclat sur le poëte méconnu; il le glorifie doublement, édifiant pour le corps un riche tombeau et pour les œuvres une magnifique édition dont il écrit lui-même la préface.

Ces cordialités d'outre-tombe s'expliquent à merveille. Chacun de nous a dans les morts des ancêtres non pas selon la nature, mais selon le goût, l'aptitude, le tempérament; je les appellerai des parents spirituels. Nous laissons de la même manière des descendants spirituels qui ne tiennent à nous ni par la chair, ni par le sang, mais par l'âme.

La mode est aujourd'hui à ces exhumations et à ces renaissances, l'archéologie règne et gouverne partout; l'amour de l'ancien va jusqu'à l'engouement du bric-à-brac littéraire.

Au théâtre, on reprend à l'envi les pièces oubliées; dans les salons, les vieilles romances sont chantées avec fureur; les éditeurs se disputent les vieux livres, et vous ne trouverez pas un édifice de quelque valeur qui ne soit repris et rajeuni comme les opéras-comiques de nos pères.

Et cette ardeur s'applique aux hommes comme aux choses : il n'est pas jusqu'au grammairien Lhomond qui n'obtienne sa petite statue sur la petite place de sa petite ville.

Hâtons-nous donc de vieillir, tout est là; aussi, sans vouloir me comparer orgueilleusement même aux plus humbles, j'ose me faire cette illusion que quelque avocat stagiaire de l'avenir, quelque fureteur de bouquins, fouillant la nécropole de notre bibliothèque, déterrera quelque jour mes *Vieilles Lunes d'un Avocat*.

Je l'en remercie par avance. En attendant, mon livre est fait, je l'envoie au hasard dans le monde; qu'il y trouve autant de foyers ouverts que son aîné. Parbleu! c'est un beau sort que de devenir ainsi un familier du logis, l'hôte d'une maison qui vous admet et qu'on respecte. Une fois introduit dans la place, le reste n'est plus qu'une question de temps : on finit toujours par avoir son audience et même sa voix au chapitre; tôt ou tard on prendra la parole, fallût-il attendre les longues journées d'indisposition et de pluie.

Pour se rendre digne d'un tel honneur, il faut, avant de publier un livre, tourner sept fois sa plume entre ses doigts; car, si la nécessité peut vous contraindre à écrire un article de journal, rien ne vous condamne à faire un livre.

C'est pour cela que j'ai mis si longtemps à publier celui-ci, c'est-à-dire à donner un pendant et un complément au *Premier quartier des vieilles Lunes d'un Avocat;* et grâce à tous ces retards, le présent volume a failli perdre son titre en chemin.

La lettre suivante adressée à M. H. Taine va vous expliquer cette énigme.

« Paris, 19 juin 1867.

« Monsieur et honoré maître,

« Je m'appelle Frédéric-Thomas, exactement comme vous vous appelez Hippolyte Taine ; il n'y a entre ces deux noms qu'une énorme différence de talent que je me plais à reconnaître avec tout le monde.

« Vous n'avez pas vu d'inconvénient à publier *la Vie et les opinions de Frédéric-Thomas Graindorge,* etc., *recueillies par H. Taine;* j'espère, monsieur, que vous n'en verrez pas davantage à ce que je publie à mon tour mon dernier quartier des vieilles Lunes d'un Avocat sous ce titre : *Les vieilles Lunes de H. Taine Graindemil, mises en lumière par Frédéric-Thomas.*

« Toutefois, avant de me servir de votre nom, je crois devoir ne pas vous imiter et vous demander la permission de prendre cette liberté grande, avec laquelle j'ai l'honneur de me dire

« Votre bien dévoué (sans le moindre Graindorge)

« FRÉDÉRIC THOMAS. »

M. H. Taine me répondit :

« Monsieur et cher confrère,

« Je puis vous donner ma parole très-sérieuse que, si le nom de Frédéric Thomas Graindorge se trouve en partie le vôtre, c'est pure rencontre.

« Votre lettre me la montre pour la première fois, et, si elle vous déplaît, je la regrette de tout mon cœur; veuillez cependant remarquer que le nom de *Thomas* est pour vous un nom de famille et pour M. Graindorge un nom de baptême. Je n'avais pas l'honneur de vous connaître personnellement; je crois que dans le personnage rien ne peut vous désigner, et, en principe, je tiens que tout portrait d'un personnage réel et vivant doit être interdit dans une œuvre d'imagination ou d'observation. Quant au nom de *Graindemil* que vous m'offrez, je le décline, comme j'aurais décliné dans le nom de M. Frédéric Thomas Graindorge toute allusion à votre propre nom si, quand ces articles ont paru, il y a trois ans, dans *la Vie parisienne*, vous aviez cru y voir une personnalité.

« Agréez, monsieur et cher confrère, l'expression de mes sentiments très-dévoués,

« H. TAINE. »

« Barbizon, par Melun, Seine-et-Marne, 16 juin 1867. »

Cette lettre lue, vous conviendrez avec moi qu'il était difficile de trouver des raisons moins plausibles et moins concluantes. Je ne reprochais pas à M. H. Taine d'avoir fait mon portrait dans M. *Frédéric-Thomas Graindorge,* pas plus que je ne voulais faire le sien dans mon *Hippolyte Taine Græindemil.* En aucune façon. Je lui reprochais seulement d'avoir pris mon nom, tout comme je lui annonçais, qu'en vertu de la plus innocente des représailles, je me proposais de prendre le sien.

Son excuse que *Thomas* est un prénom ne se soutient pas davantage. Sans doute, le nom de Thomas considéré isolément est un prénom, comme Simon, comme Lucas, comme Adam, comme Martin, comme David ; mais il devient un nom de famille quand on l'associe à un autre prénom et qu'on dit : Jules Simon, Hippolyte Lucas, Adolphe Adam, Henri Martin, Félicien David.

Mais alors, allez-vous me dire, pourquoi vous êtes vous payé de ces raisons?

Je ne m'en suis point payé du tout ; j'ai attendu. J'imagine qu'à une prochaine édition, M. H. Taine changera, sans dommage pour son héros et pour ses lecteurs, un des deux prénoms de M. Graindorge. Les noms de son personnage ne sont pas tellement sacramentels qu'il ne puisse les modifier ou les intervertir : il mettrait, par exemple, *Félix* ou *François* à la place de *Frédéric* que je me tiendrais pour satisfait. Hors de là point de quartier et je garderai en permanence le nom de M. Hippolyte Taine Graindemil pour avoir l'honneur de le lui offrir à la première occasion.

Après la lettre de M. Hippolyte Taine, j'ai bien le droit de m'indemniser par deux autres lettres, signées celles-ci par deux vaillants amis, deux glorieux camarades qui par des procédés divers et des qualités toutes différentes sont les acclamés du roman quotidien et tiennent la corde dans le vaste champ de la curiosité publique.

Paul Féval m'écrit en prose après m'avoir lu, et Ponson du Terrail m'écrit en vers avant de me lire.

Mais au moment de me parer de cette prose et de ces vers un scrupule me saisit :

Est-il bien séant d'en user de la sorte?

Les vieux auteurs n'en faisaient jamais d'autres, ils se permettaient cette fumigation d'encens en famille. Personne ne s'en laissait trop entêter ni eux ni le public. C'était une mode, presque une formalité. Pas de livre dont la préface ne fût ornée de quatrains, de sonnets, de madrigaux, voire même de poëmes en français, souvent en latin et quelquefois en grec, tous à la louange de l'œuvre et de l'auteur.

Le vénérable Jean Papon au frontispice de ses *Arrêts notables* se laisse dire à son nez et à sa barbe; car il en avait une fort imposante :

> Qui pour juste loyer d'une immortelle vie
> De l'ouïr et le voir n'aura l'âme ravie?

Malherbe y faisait encore moins de façons. Et pour employer une expression vulgaire : il ne se l'envoyait pas dire, non; car, il se disait bel et bien à lui-même et de lui-même :

> Ce que Malherbe écrit dure éternellement.

Eh bien! à tout prendre, j'aimais mieux cette bonhomie de la vanité que cette hypocrisie de l'orgueil qui faisait jurer par d'autres auteurs que c'était bien malgré eux et à leur corps défendant qu'on les avait imprimés tout vifs, alors qu'ils avaient eux-mêmes très-bénévolement corrigé les épreuves.

A les en croire il n'avait rien moins fallu que les terrasser de haute lutte avec toutes les circonstances aggravantes de nuit, d'escalade et d'effraction dans une maison habitée par leur indomptable modestie, laquelle avait résisté comme une Lucrèce. Le poëte Saint-Amant trouvant ce thème trop rebattu songea à le varier en disant : « La crainte que j'ai eue que quelque libraire de province *n'eust* l'effronterie de faire imprimer mes vers sans mon consentement, m'a fait à la fin résoudre à les imprimer moi-même. »

A la bonne heure. Et que voilà bien un poëte normand digne d'être Gascon.

Cela dit je cite mes deux lettres.

 « En gare de la rue Saint-Lazare, en attendant
 le départ du train, le 18 juillet 1863.

« Mon cher ami,

« Après cette Lune en bas âge,
« Qu'on nomme la lune de miel
« Et qui se montre dans le ciel
« Aussi fuyante qu'un nuage ;

« La lune rousse vient, dit-on,
« Éclairer le seuil du poëte ;
« Mais, en dépit du vieux dicton,
« Ma lune rousse est incomplète :

« J'ai reçu, mon cher avocat,
« D'aimables vers un charmant livre,
« Qui tout à l'heure vont me suivre
« Sur mon vieux galet d'Étretat.

« Sur la falaise de granit,
« Si la mer déferle avec rage,

« Si les colères de l'orage
« Me font tressaillir dans mon lit ;

« Tandis que le vent sur les dunes
« Roulera le flot en courroux,
« Je lirai, moi, vos Vieilles Lunes,
« L'œil et le cœur tournés vers vous.

« A. de Ponson du Terrail. »

Voici maintenant la lettre de Paul Féval :

« Paris, 2 janvier 1864.

« Très-cher,

« J'ai passé ma soirée du 1ᵉʳ janvier dans les vieilles Lunes de cet avocat. J'ai tout lu et je t'envoie tes étrennes.

« C'est un livre charmant, bien écrit, spirituel, intéressant, ce qui a bien son cas, très-instructif.

« Quel dommage qu'une si vive et si bonne intelligence prenne la peine de répondre à cet honnête Reboul :

« Oui ; mais votre cave est à vous et un peuple n'est à personne.

« Ce qui constitue, en faveur de la cave de Reboul, l'évident avantage d'être à l'abri de l'ivrogne, tandis que nous, peuple, nous sommes éternellement en proie à tant de coquins de toutes nuances. Oh ! si fait un peuple est toujours à quelqu'un. C'est toi qui m'as envoyé un jour en Hongrie. Tu es cause que j'ai vu les paysans de là-bas, trembler à l'idée que les madgyars pourraient reprendre leur despotique *liberté!*

« Reboul est un grand chef, Laboulie aussi et toi, tu es *lisette*.

Lisetto de *Berangerou!*

« Ton livre est charmant; il m'a donné une délicieuse soirée, j'ai pris des notes dessus. La thèse de la récompense et de l'indemnité pour bévues judiciaires est indivise entre nous : seulement tu la soutiens mieux que moi.

« Tes aspects du Guadalquivir sont admirables. Hélas! tu oses parler de Rousseau *pur* en prononçant le nom de Mme de Warens, si platement honnie! Hélas! Lisette! Ton combat de taureaux est vraiment touché et si j'en fais jamais un, je te promets de te piller sans miséricorde.

« Bon an, mon bien cher ami; c'est insolent d'avoir tardé si longtemps à te lire. Mais j'aime mieux t'avoir lu à mon heure et m'être sincèrement complu à causer avec toi.

« Ton vieux

« Paul Féval. »

Après Féval, qu'il parle ou qu'il écrive, il faut tirer l'échelle; et tirer sa révérence aussi — ce que je fais avec empressement.

PREMIÈRE PARTIE

IMPRESSIONS D'AUDIENCE

I

LE PROCÈS D'ANNIBAL.

Pour introduire le plaidoyer suivant contre Annibal, il est indispensable d'emprunter à quelques journaux le récit de la conférence du 20 décembre 1865 à la salle Valentino.

Voici comment s'exprimait M. Henri de Pène dans sa *Gazette des Étrangers :*

« **La dernière** *causerie populaire* de la Société des gens de lettres au bénéfice de sa caisse de secours a donné lieu à quelques tumultes. Les noms annoncés de Méry et Frédéric Thomas avaient attiré une foule considérable qu'il a été impossible de maintenir ; les sergents de ville ont été refoulés, le contrôle débordé, l'administration paralysée, et le public s'est rué dans la salle qu'il a envahie, prenant de force les places louées et numérotées : il a fallu fermer les portes à neuf heures, et laisser dans la rue cinq ou six cents personnes, faute de place pour les recevoir.

« Le plus fâcheux c'est que parmi ces exclus, se trouvaient un certain nombre d'auditeurs qui avaient payé leurs places d'avance, et qui ont ainsi perdu leur argent et leur peine. La faute en est au public, dont l'impatience et l'impétuosité ont rendu impossibles les plus simples mesures d'ordre. »

M. E. Bouchery, dans la *Patrie* du 22 décembre 1865, racontait ainsi cette soirée littéraire :

« La séance s'ouvre par une lecture de M. Emmanuel Gonzalès sur les jardins de Monaco.

« Cependant le public revient à la charge, et de nouvelles phalanges de spectateurs se présentent. Quelques-uns finissent par entrer : longue interruption du lecteur, dont la voix ne peut parvenir à dominer le bruit. Une sorte de fièvre d'impatience a saisi l'auditoire, qui attend anxieusement la controverse promise. La lecture s'achève à peu près. La petite pièce est finie et la grande va commencer.

« Voici les deux adversaires en présence.

« A la droite du bureau, M. Frédéric Thomas, à gauche, Méry. Le bureau est composé de MM. Albéric Second, Champfleury, Élie Berthet et Georges Bell, qui sont les juges du camp.

« La parole est à M. Méry :

« Avant d'engager le feu, Méry explique, en façon de préambule, comment sont nées les conférences. Le père Laurent les inventa, il y a deux siècles, à Toulon. Il s'apercevait qu'on s'endormait pendant qu'il prêchait. Pour réveiller l'attention, il imagina de se donner un adversaire dans la personne d'un autre prédicateur de ses amis, et, au plus grand plaisir de son auditoire, qui dès lors ne dormit plus, ils controversèrent ainsi, se portant l'un à l'autre de furieux arguments. « C'est ce que nous « allons faire, mon adversaire et moi. » ajoute Méry.

« Ce préambule achevé, le véritable duel s'engage. La première passe est fournie par M. Frédéric Thomas. Il parle contre Annibal.

PLAIDOIRIE CONTRE ANNIBAL.

Mesdames et Messieurs,

Je ne voudrais pas commencer par vous dire que mon spirituel et savant ami Méry m'a joué un vilain tour en m'attirant ici, puisque vous êtes les juges du camp, mais entre nous c'est bien l'exacte vérité.

Je ne m'occupais pas d'Annibal, j'avais peut-être tort, mais enfin ce tort, si c'en est un, je le partageais avec plusieurs autres personnes, parmi lesquelles peut-être quelques-unes de celles qui me font l'honneur de m'écouter.

J'ajouterai d'ailleurs que le souvenir d'Annibal me récréait médiocrement. Il y a eu du froid entre nous au collége. Je me rappelle qu'ayant commis quelques barbarismes en le faisant voyager de la rivière de la Trébie au lac de Trasimène, je fus mis en retenue et depuis lors j'ai toujours gardé rancune au général carthaginois, lequel pourtant, je dois en convenir, était bien innocent du fait, car enfin s'il n'était pas étranger à l'événement, il était du moins bien étranger à la punition. Mais que voulez-vous, les enfants sont injustes et les hommes continuent les enfants. Ce qui fait que maintenant encore, je ne me sens pas transporté d'un violent enthousiasme pour Annibal.

Méry, au contraire, adore le fils d'Hamilcar Barca, il nourrit une véritable passion pour Annibal, une passion telle que plus consciencieux que Tite-Live et aussi scrupuleux que Polybe, il a suivi pas à pas, étape par étape, l'itinéraire d'Annibal. Il a fait après lui, j'oserai dire sur ses traces, toutes ses marches et contremarches depuis les Pyrénées jusqu'aux Alpes et depuis les Alpes jusqu'à Métaponte, en passant, bien entendu, en séjournant même à Capoue....

Donc Méry, qui avait ses desseins, m'entreprenait toujours à propos d'Annibal. « Quel bon client pour un avocat, s'écriait-il, *magnus mirandusque cliens*, c'est Juvénal qui le dit et je ne le lui fais pas dire. Un général à bons mots, ajoutait-il, qui savait quatre langues et aimait les hommes de lettres, au point qu'il en avait deux avec lui, Syllène et Sosile, le Lacédémonien qui écrivait en grec l'histoire d'Annibal, histoire qui, d'ailleurs, s'est perdue comme presque toutes les histoires. Et puis quelle famille que la sienne, ils n'étaient pas seulement des exterminateurs d'hommes, ils étaient des fondateurs de villes. Le frère d'Annibal, Magon, n'a-t-il pas donné son nom à Port-Mahon, qui rappelle une victoire française? sans compter que le beau-frère d'Annibal fit bâtir Carthagène et son père Hamilcar *Barca* fut le fondateur et le parrain de Barcelone. »

Méry faisait ici une pause. Puis d'un ton singulier qui aurait dû me donner à réfléchir, il terminait en soupirant : « Et dire qu'il ne marcha pas sur Rome après la bataille de Cannes! »

Ici je conviens que je donnai tête baissée dans ce piége carthaginois. Je ne devinai pas que Méry voulait m'induire en Annibal et qu'il cherchait un confident de tragédie. Je ne compris pas qu'il était dans la situation de ce prédicateur qui voulait avoir une conférence écrasante avec Voltaire ; mais qui, n'ayant pas le patriarche de Ferney sous la main, choisissait un autre interlocuteur. Cet interlocuteur était son bonnet carré qu'il chargeait de jouer le personnage de Voltaire. Quel mauvais quart d'heure passa ce bonnet. Je vais peut-être l'apprendre, car j'ai pris mon rôle de bonnet au sérieux. Toutefois, j'ose espérer que nous ne nous battrons pas, bien que nous soyons côte à côte et qu'ici la tête soit bien près du bonnet.

Voici donc ma thèse :

Je soutiens qu'Annibal eut le plus grand tort de ne pas marcher sur Rome après sa troisième ou tout au moins après sa quatrième victoire, après la bataille de Trasimène ou après la bataille de Cannes.

Annibal semblait prédestiné à écraser la puissance de Rome, l'éternelle ennemie de Carthage.

Il y était prédestiné par sa naissance, par son éducation, par son génie.

Son père Hamilcar Barca était un général aguerri qui avait battu les mercenaires coalisés avec les Numides et qui avait augmenté les conquêtes carthaginoises en Espagne ; malheureusement il avait mal fini ses campagnes ; car il avait été vaincu par les Romains dans la première guerre punique et dans une bataille navale, ce qui rendait encore l'affront plus sensible pour un Carthaginois.

Il faut dire que jamais défaite n'avait plus surpris et plus réjoui les Romains, aussi donnèrent-ils libre carrière aux manifestations de leur enthousiasme.

De cette victoire, ils s'évertuèrent à perpétuer le souvenir de toutes les manières et par la sculpture, et, ce qui ne s'était encore jamais vu, par la musique aussi.

Non contents d'élever un monument pour éterniser la honte de leurs ennemis, ils inventèrent une démonstration musicale qui semblait ajouter l'ironie à l'humiliation.

Le Sénat décréta que le général victorieux, le consul Duilius, toutes les fois qu'il reviendrait de souper en ville, serait escorté par deux porteurs de torche et précédé d'un joueur de flûte. Or, on comprend combien la fibre guerrière d'Hamilcar devait être froissée et agacée, quand la nuit il croyait entendre par la pensée cette sérénade qu'on lui donnait de l'autre côté de la Méditerranée et qui équivalait à une bordée de sifflets quotidiens.

Cette impertinente flûte n'avait pas encore suffi à l'expansion de la vanité romaine, on voulut un monument plus solide et, à cet effet, les Romains créèrent tout exprès et dressèrent la première colonne rostrale; vous savez, ces colonnes hérissées, de part et d'autre, de *rostres* ou d'éperons de navire. Cette colonne rostrale est encore debout auprès du Capitole. Et combien n'en a-t-on pas depuis construites sur le modèle de celle-là? Il y en a à Vienne, à Saint-Pétersbourg, à Madrid. Il y en a aussi à Paris, de telle sorte que si Hamilcar était ressuscité pour accompagner Abd-el-Kader dans la capitale de la France, il aurait vu sur notre place de la Concorde le témoignage humiliant de ses désastres et se fût trouvé bec à bec avec les colonnes rostrales qui en forment le principal ornement. Que de motifs pour exécrer le nom romain; aussi Hamilcar, désireux que sa haine ne mourût pas avec lui, chercha-t-il toutes les occasions pour la souffler dans l'âme ardente de son fils Annibal.

Celui-ci avait neuf ans à peine quand son père partit pour l'Espagne où il allait commander l'armée carthaginoise. L'enfant, voyant son père sur le point de s'embarquer, se jeta à son cou, le suppliant par ses caresses et ses larmes de l'emmener avec lui.

Le père, touché de ces instances et de ces prières y accéda, et permit à son fils de le suivre; mais, voulant frapper l'imagination de l'enfant, il le conduisit dans un temple où il allait célébrer un sacrifice pour le succès de son expédition.

Rien n'était plus sombre, plus terrifiant et plus grandiose que ces temples. Des colonnes frustes, des sphinx gigantesques taillés dans le roc semblaient supporter sur leur dos colossal la voûte du formidable édifice. Des hécatombes humaines disparaissaient dans de béantes fournaises....

Là, quand les sacrifices furent consommés, Hamilcar tira son épée nue et la plaça entre les mains de son fils, trop frêles pour la soutenir. Il saisit alors lui-même l'épée, et, ayant fait étendre les mains de son enfant sur ce fer glorieux, qui sans les Romains eût été invaincu, il lui fit jurer que lorsque son bras serait assez fort pour tenir cette épée, il s'en servirait pour percer au cœur les plus grands ennemis de sa patrie. Annibal, ému sans être intimidé, prêta son fameux serment. Il jura haine à mort à tout ce qui portait le nom romain.

Ce jour-là Hamilcar fut consolé. Ce jour-là il espéra que le lion de Carthage étoufferait la louve de Rome, et que l'épée de son fils aurait raison de l'insolente flûte de Duilius et de la colonne rostrale du Capitole.

Voilà donc Annibal parti pour l'Espagne avec son père. Il s'accoutuma ainsi de bonne heure à la rude existence des camps et se forma pour la guerre.

Neuf ans se passèrent ainsi, après lesquels Hamilcar fut tué sur le champ de bataille, à la tête de ses troupes.

Asdrubal, beau-frère d'Annibal et gendre d'Hamilcar, succéda à celui-ci. Annibal, qui n'avait que dix-huit ans à la mort de son père, revint à Carthage où il passa quatre années à étudier et à s'instruire.

Après ce temps-là, Asdrubal écrivit au Sénat de Carthage de lui envoyer Annibal qui avait vingt ans alors. Hannon, ennemi juré de la famille Barca, s'y opposa de toutes ses forces : mais l'ancien parti d'Hamilcar triompha de toutes les résistances, et Annibal partit une seconde fois pour l'Espagne.

Cette fois, ce n'est plus un enfant; c'est plus qu'un adolescent, c'est un homme mûri par l'étude, façonné à toutes les ruses de la guerre, ayant la conscience et l'ambition des grandes destinées qu'il allait accomplir.

Son retour à l'armée fut salué par des acclamations. Les soldats l'accueillirent avec un enthousiasme mêlé de superstition ; ils crurent revoir Hamilcar à leur tête : mêmes traits, même fierté, même feu dans le regard. Asdrubal le reçut avec joie et l'associa à sa fortune militaire.

Devenu l'idole de l'armée, Annibal fit trois campagnes sous Asdrubal et s'y couvrit de gloire. De telle sorte que, Asdrubal ayant été assassiné par un esclave gaulois dont il avait tué le maître, Annibal fut tout d'une voix proclamé par l'armée le successeur d'Asdrubal. Le Sénat et le peuple de Carthage ayant confirmé ce choix, le fils d'Hamilcar se vit, à vingt-six ans, investi du commandement général de l'Espagne. Dès lors, marchant à la conquête entière de la Péninsule, il s'empare d'Althéa, puis assiége Sagonte, ville alliée des Romains, sous les murs de laquelle il est blessé d'un trait à la jambe, mais qu'il emporte et détruit après huit mois de siége.

Trois années lui avaient suffi pour réduire toute l'Espagne. Après ces victoires, il rentre triomphant à Carthagène et y partage équitablement le butin entre les Africains et leurs auxiliaires. Il songea alors à organiser sa fameuse expédition contre Rome. Les dépouilles opimes remportées sur l'ennemi, les rançons des villes conquises et surtout les mines d'argent de la contrée lui fournirent les ressources qui furent de tout temps l'indispensable *nerf* de la guerre. Il composa ainsi une armée dont voici le dénombrement :

    90 000 fantassins,

    12 000 cavaliers,

    40 éléphants.

Et il partit ainsi, après s'être acquitté à Cadix d'un vœu fait à Hercule, et en laissant à Asdrubal, son frère, une autre armée pour gouverner et contenir l'Espagne.

Annibal avait alors vingt-neuf ans : Il traverse les Pyrénées par la Gaule méridionale en ami plus qu'en triomphateur. Un moment inquiété sur les bords du Rhône, il met en fuite les Allobroges qui gardaient les défilés des Alpes et, malgré les rigueurs d'un froid inusité, il s'engage avec son armée à travers ces précipices affreux, ces glaciers inaccessibles ; il les franchit dans quinze jours et arrive le 15 novembre de l'année 218 avant notre ère dans les plaines de l'Insubrie. Là, il trouve encore des Gaulois qui deviendront ses auxiliaires, des Gaulois descendants de ceux qui avaient colonisé cette contrée après la première invasion de Bellovèse.

Il y avait dix mois que l'armée d'Annibal était en marche, quand du haut des Alpes il lui montra, comme appât et comme récompense, les riches plaines de l'Éridan qu'elle allait conquérir.

Combien cette armée avait souffert, on le comprend. Bien peu de ceux qui étaient partis de Carthagène tenaient encore la campagne, et encore ressemblaient-ils plus à des spectres qu'à des soldats ; mais, tous étaient animés de l'ardeur de leur chef. Annibal passa la revue de son armée. Ses quatre-vingt-dix mille hommes d'infanterie étaient réduits presque au cinquième. De sa cavalerie, la moitié seulement avait péri, les chevaux avaient mieux résisté que les hommes et surtout que les éléphants engloutis presque tous dans les neiges des Alpes. Il lui restait donc vingt mille fantassins et six mille cavaliers.

La marche d'Annibal avait été si foudroyante, qu'il était déjà passé en Italie quand les Romains essayèrent de lui faire obstacle dans la Gaule. Une armée de Romains débarquée à Marseille pour aller le combattre arriva trop tard, et fut obligée de rebrousser chemin et de reprendre la mer pour retourner par Pise dans la haute Italie s'opposer en toute hâte à l'invasion d'Annibal.

C'est près de la rivière du Tessin que les deux armées se rencontrèrent. Une charge de la cavalerie numide décida du sort de la bataille. Le consul romain Publius Scipion fut blessé dans le combat et il aurait été tué sans le secours de son fils qui n'avait encore que dix-sept ans et préludait ainsi à cette grande lutte, qui, commencée par des défaites, devait finir par des triomphes et lui composer avec les désastres des ennemis le glorieux surnom de Scipion l'Africain.

Le consul blessé battit en retraite sur Plaisance et c'est en le poursuivant qu'Annibal se vit tout à coup en présence d'un second consul et d'une seconde armée romaine. Celle-ci était commandée par Sempronius, chef aussi présomptueux qu'inexpérimenté. Annibal le savait et en fit son profit. Il tendit un piége à la vanité du consul. Celui-ci, alléché par un petit avantage que lui avait ménagé la ruse de son ennemi pour l'entraîner, livra bataille et les deux armées se heurtèrent sur les bords de la Trébie. Le général carthaginois fut merveilleusement secondé par son frère Magon qu'il avait placé en embuscade avec une troupe d'élite et qui donna au moment décisif et quand la cavalerie carthaginoise, si redoutable dans les pays de plaines, eut commencé la déroute des Romains. Cette seconde armée fut presque anéantie. Vingt-six mille hommes y périrent et les Romains perdirent même leurs chars de bataille. Mais le froid était si rigoureux que les vainqueurs n'eurent pas la force de se réjouir de leur triomphe.

La fatigue de ses troupes et la rigueur de la saison forcèrent Annibal à faire une halte dans ses victoires. Il prit ses quartiers d'hiver dans la Gaule Cisalpine dont les peuples étaient devenus ses alliés.

L'année suivante, quand il fallut se remettre en campagne, Annibal eut sur les bras deux nouvelles armées romaines qui l'attendaient à l'issue des Apennins. La ruse seule pouvait le sauver; il trompa par des marches simulées le consul Flaminius et tourna les Apennins en débouchant vers les marais de Clusium. Pendant quatre jours et quatre nuits les Carthaginois cheminèrent à travers des marécages. Annibal, lui-même, monté sur le seul éléphant qui lui restât, perdit un œil d'une fluxion négligée et eut toutes les peines du monde à sortir de ces marais. Mais enfin, son armée toucha la terre ferme près du lac Trasimène et surprit les Romains. Ceux-ci, attaqués à la fois de front, en queue, en flanc, ayant d'ailleurs le lac à leur gauche, furent investis et taillés en pièces sans avoir pu se déployer. Quinze mille morts parmi lesquels le consul Flaminius lui-même tué par un Insubrien, et six mille prisonniers furent le fruit de cette bataille dont Annibal ne tira point d'autre parti. Il se contente de ravager l'Ombrie, le Picenum, il arme ses soldats d'après le système romain et va ravitailler son armée dans les plaines fertiles de l'Adria, d'où il expédie un vaisseau pour aller porter la nouvelle de ses succès au Sénat de Carthage.

Rome était dans la consternation ; elle s'attendait à chaque instant à voir Annibal à ses portes. On recourut alors à l'expédient héroïque employé dans toutes les grandes crises : on proclama la dictature, et Quintus Fabius fut nommé pour rétablir la chose publique.

Son plan était de se tenir imperturbablement sur la défensive, et de lasser ainsi l'impétuosité d'Annibal. Fabius le suit, l'observe, le harcèle sans jamais engager de combat ; mais, toujours prêt à profiter des fautes de son ennemi. En vain, sous les yeux de l'armée romaine, Annibal saccage l'Apulie, le pays des Marses, les terres des Samnites, rien ne déconcerte Fabius; il conduit l'armée romaine sur les hauteurs, attendant l'heure propice de se précipiter sur l'armée ennemie, si celle-ci s'engage un jour dans quelque inextricable défilé. Ce jour arriva. Annibal, trompé par un guide qui s'était trompé lui-même, en entendant le nom de *Casinium* pour celui de *Casilinium*, se trouva tout à coup enfermé entre les rochers de Formies, les sables de Linterne et la mer. Il venait de tomber avec son armée dans le même piége où il avait entraîné Flaminius au lac de Trasimène. C'en était fait de l'armée carthaginoise, sans une des plus hardies et des plus ingénieuses inspirations de son général. La nuit venue, il fit réunir mille bœufs en attachant des fagots enflammés à leurs cornes et les poussa en avant. Ces animaux furieux se précipitèrent à travers les rangs ennemis et tracèrent en l'éclairant un passage par où les Carthaginois echappèrent aux Romains surpris et confondus par tant d'audace.

Ceux-ci, après avoir manqué une si belle occasion, furent humiliés d'avoir été pris pour dupes et rendirent Fabius responsable de cette déconvenue. Pour le punir, ils partagèrent le commandement entre le dictateur et Minutius Félix, son maître de cavalerie. C'était un affront, Fabius le subit pour l'amour de sa patrie et il ne s'en vengea qu'en venant au secours d'un collègue dont on lui imposait la collaboration, un jour que celui-ci s'était exposé à un échec qui fût devenu un désastre.

Cependant, le terme de la dictature de Fabius étant arrivé, les Romains reprirent leurs habitudes ordinaires de gouvernement, et nommèrent deux consuls, Paul Émile et Térentius Varron.

Paul Émile était un général de l'école de Fabius dont il prit les sages conseils avant de partir de Rome pour l'armée. Il était d'une famille patricienne. Térentius Varron était au contraire le fils d'un boucher enrichi; sa présomption égalait son ignorance. Rome avait eu la main malheureuse, elle venait de trouver un second Flaminius.

Personne, plus que lui, n'avait déblatéré contre les prudentes temporisations du dictateur. A l'entendre, le plus sûr moyen d'éterniser la guerre était de placer des Fabius à la tête des armées; quant à lui, il se flattait d'en finir dès qu'il serait en présence de l'ennemi.

Tels étaient les caractères des deux consuls qui allaient se mesurer avec Annibal.

Paul Émile, qui savait bien que la principale force de l'armée carthaginoise consistait dans la cavalerie, voulait éviter de combattre en rase campagne. Mais Terentius Varron ne s'arrêtait pas à des considérations pareilles, et comme il ne doutait de rien, il choisit le jour de son commandement pour livrer la fameuse bataille de Cannes.

Nous sommes dans les champs de Diomède, *Campi Diomedi*, qui s'appelèrent depuis et s'appellent encore les champs du sang, *Campi di Sangue*.

Le camp romain se composait de quatre-vingt-sept mille hommes, tandis que celui d'Annibal n'en comptait que cinquante mille au plus.

Voici la disposition des deux armées :

Celle des consuls groupait à son aile droite la cavalerie romaine et à son aile gauche la cavalerie des alliés.

Annibal, adoptant ce même ordre de bataille, opposa la cavalerie gauloise à la cavalerie romaine et plaça en face de la cavalerie des alliés sa fameuse cavalerie numide.

Restait le centre qui, selon l'habitude, fut occupé par l'infanterie des deux armées.

C'était au centre, d'ailleurs, que d'après le plan d'Annibal devait s'exécuter le mouvement décisif d'où dépendait la destinée de cette mémorable bataille.

Aussi Annibal s'était-il placé au centre, laissant à ses frères Asdrubal et Magon, qui l'avaient si puissamment secondé sur le Tessin et sur la Trébie, le commandement du reste de l'armée.

Du côté des Romains, Paul Émile s'était mis au

centre aussi, ayant sous ses ordres Scipion, tribun de la deuxième légion. Il y avait deux ans que Scipion s'était distingué sur les bords du Tessin. Il avait atteint l'âge de dix-neuf ans, douze ans de moins qu'Annibal.

Pour expliquer le mouvement que le chef carthaginois attendait de son infanterie, il est indispensable de dire qu'il l'avait divisée en deux fortes masses, laissant entre elles un grand espace vide.

La masse composant l'avant-garde était formée de troupes légères et la masse de réserve ne contenait que des troupes aguerries et solides; car à un moment donné, cette réserve devait opposer un mur infranchissable à l'élan des ennemis.

Le front de ce centre s'avançait à l'aventure vers le camp des Romains et avec sa pointe décrivait comme l'arc d'une arbalète. Annibal avait prévu que ces premières lignes seraient refoulées par les Romains et qu'alors, en reculant, l'arc serait aplati d'abord, puis creusé en croissant dont les deux cornes seraient la cavalerie gauloise et la cavalerie numide.

C'était pour former le creux de ce croissant et présenter ainsi à l'infanterie romaine une brèche par où pénétrer dans les rangs Carthaginois, qu'Annibal avait ménagé entre ses deux masses d'infanterie l'espace vide dont nous parlions plus haut.

Quoi qu'il en soit, la bataille commence. Ce sont les deux centres qui frappent les premiers coups. Aux javelots des Romains répondent les frondes des Carthaginois. Ces frondeurs, presque tous fournis par les îles Baléares, étaient fort habiles. Ils portaient chacun trois frondes au moyen desquelles ils lançaient des balles de plomb qui enfonçaient boucliers, casques et cuirasses.

De ces trois frondes, ils tenaient l'une à la main droite, la seconde était suspendue à leur col et la troisième nouée à leur ceinture. Pour les exercer dès l'enfance à viser juste, on plaçait le pain quotidien de chacun au bout d'une perche, et il fallait l'abattre pour avoir le droit de le manger ; on les obligeait donc ainsi à lapider leur nourriture avant de la prendre.

Cela les rendait très-adroits, et ils le prouvèrent en cette rencontre, car ce fut l'un de ces frondeurs qui frappa et blessa à mort le consul Paul Émile.

Le premier choc de la cavalerie fut terrible et dura longtemps, mais à la fin, les Gaulois et les Espagnols eurent le dessus.

Sur ces entrefaites, l'infanterie romaine s'était élancée et par son courant avait dispersé les troupes légères des Carthaginois. C'est alors qu'engagée au milieu des rangs ennemis, elle se trouva en face des phalanges d'élite qu'Annibal tenait en réserve depuis le commencement de la bataille. De telle façon que, pendant que le centre de l'armée romaine se heurtait à cette barrière infranchissable, les deux ailes de la cavalerie africaine prirent en flanc l'infanterie des Romains, et, bientôt même, au moyen d'une conversion par laquelle Asdrubal qui commandait la cavalerie carthaginoise s'était lié avec la cavalerie numide, l'investirent et l'enveloppèrent de toutes parts.

Ce fut alors le moment d'une mêlée générale. Jamais plan de bataille n'avait été concerté avec plus de sagesse, ni exécuté avec plus d'audace. Il est vrai qu'Annibal n'avait rien livré au hasard. Ayant à lutter contre des forces bien supérieures, il avait demandé des compensations à toutes les ressources de la guerre, à tous les avantages de lieu, de temps et de terrain. Ainsi, il s'était arrangé pour enrôler parmi ses auxiliaires jusqu'au vent, et jusqu'au soleil. Il avait eu l'adresse de disposer son armée de façon que la poussière qu'elle soulevait fût portée par le vent, le Vulturne, dans les yeux des Romains, éblouis déjà par les rayons d'une implacable lumière qui les frappait en plein visage.

La déroute de l'armée romaine fut complète. Dans les plaines où la cavalerie numide pouvait développer ses manœuvres, la fuite devenait impossible. Les fuyards étaient taillés en pièces ou faits prisonniers. Le consul Terentius Varron se réfugia à Venouse avec soixante-dix cavaliers.

Plus de cinquante mille Romains mordirent la poussière qui avait commencé par les aveugler. Treize mille furent faits prisonniers, et des anneaux de chevalier qu'on trouva sur le champ de bataille le vainqueur put remplir trois boisseaux, d'autres disent un seul qu'il envoya à Carthage.

Y en avait-il un? Y en avait il trois? Je ne chicanerai pas mon contradicteur à ce sujet. Je ne voudrais pas être accusé historiquement du délit de tromperie sur la quantité de la marchandise vendue.

Quoi qu'il en soit, cette déroute fut immense et la consternation que la nouvelle en causa à Rome fut égale à la joie qu'elle excita à Carthage, où Magon, le frère aîné d'Annibal, alla porter les trois boisseaux ou l'unique boisseau, comme vous voudrez, contenant les anneaux des chevaliers.

Que devait faire Annibal?

Marcher sur Rome, sans lui laisser le temps de respirer et de se reconnaître. Il devait profiter de ce désarroi général dont Montesquieu décrit ainsi les désastreux effets : « Ce n'est pas la perte réelle que l'on fait dans une bataille qui est si funeste à un État, mais la perte imaginaire et le découragement qui le prive des forces mêmes que la fortune lui avait laissées. »

Mais au lieu d'agir, Annibal s'endort dans son triomphe; imprudent, vous croisez les bras sur votre gloire!

Vous songez au repos, vous dont l'activité fit la moitié de la fortune.

Et quand votre chef de la cavalerie, le vieux Maharbal, vous convie à souper dans cinq jours au Capitole.

Vous répondez qu'il faut mûrir une telle résolution.

Oh! qu'il eut bien raison le vieux capitaine de s'écrier tristement:

« Vous savez vaincre, Annibal, mais vous ne savez pas profiter de la victoire. »

En effet, quelle admirable et unique occasion! La désolation et la terreur étaient dans toutes les âmes romaines; à ce point qu'il est raconté dans la vie de Scipion que plusieurs jeunes patriciens désespérant du salut de la République allaient quitter l'Italie sous les ordres de Metellus, quand Scipion à qui vous donnâtes le temps de le faire, dit à quelques amis : « Qui aime la République me suive! » Et il se rendit avec eux à la réunion. Là, il tira son épée et jura par Jupiter de rester fidèle à la République romaine. En même temps, il menaça Metellus de le tuer s'il ne faisait pas un semblable serment. Et Metellus le fit.

Et Metellus tint son serment. Et Scipion qui sera

demain Scipion l'Africain à votre grande honte, Scipion tint aussi son serment. Tout le monde l'a tenu, excepté vous, qui avez violé celui que vous aviez prêté entre les mains sacrées de votre brave père.

Que m'objecterez-vous?

Que vous n'aviez plus que trente-six mille hommes après Cannes et que vous ne pouviez assiéger Rome. Je vous répondrai qu'il ne fallait pas l'assiéger; qu'il fallait la surprendre et la prendre comme Brennus l'avait fait 174 ans auparavant, comme Scipion le fera dans quelques années, en s'emparant dans un seul jour de votre Rome espagnole à vous, de Carthagène, défendue pourtant par un de vos frères, Asdrubal.

Je vous entends; vous direz peut-être aussi que le vieux Maharbal était enflé de succès et enivré de jactance; que Rome trouva des soldats à envoyer partout : qu'elle arma huit mille esclaves et six mille criminels qu'on alla chercher dans les prisons, ce qui pour le dire en passant fait médiocrement l'éloge de la moralité de Rome où vous pouviez recruter des espions et des traîtres; car elle s'acheminait déjà vers l'injure de *Ville vénale* dont Jugurtha doit la flétrir.

Tout cela est vrai; mais tout cela ne se fit et ne put se faire que par votre faute et parce que vous laissâtes à Rome le temps de respirer, de se reconnaître et de revenir de sa terreur. Tite-Live vous le crie en latin : « Mora ejus diei satis creditur saluti fuisse urbi atque imperio. »

Prétendrez-vous que vous commandiez non à des citoyens, mais à des mercenaires : que vos soldats, outre qu'ils étaient indisciplinés, étaient surtout trop riches, pareils à ce soldat d'Horace refusant de monter à l'assaut et qui ne veut plus se faire tuer depuis qu'il a de quoi vivre ?

Donnerez-vous pour votre excuse ce fait qu'Alexandre pour forcer ses troupes à le suivre fit brûler tout le butin conquis : moyen héroïque que vous ne pouviez employer vous-même avec des soldats qui vous avaient vendu leurs services, mais non leurs personnes et leurs biens.

Tout cela peut être vrai : mais vous étiez Annibal.

Me direz-vous encore que vous aviez peur que la victoire vous abandonnât et que vous aviez vu de près ce moment décisif où un hasard, un grain de sable, un rien, précipitent les désastres des armées : que vous aviez épuisé toutes les bonnes chances de la guerre, qu'ainsi vous aviez eu à combattre de présomptueux capitaines, tels que : Sempronius, Flaminius, Minutius Félix et Terentius Varron ; que vous aviez eu le brouillard pour vous à la Trébie, les bœufs à Formies, le vent et le soleil à Cannes.

Cela est encore vrai, et ces miracles pouvaient se renouveler, car vous étiez Annibal.

Non, ne me donnez pas de ces mauvaises raisons, car ce qui eût été impossible pour d'autres devenait presque facile pour vous.

« Quand on examine bien cette foule d'obstacles qui se présentèrent devant Annibal et que cet homme extraordinaire surmonta tous, on a le plus beau spectacle que nous ait fourni l'antiquité. »

C'est Montesquieu que je vous cite encore et qui vous glorifie de la sorte. Eh bien! quand on est digne d'un pareil éloge, on était digne aussi de prendre Rome.

Et non-seulement vous ne l'avez pas fait, mais vous ne l'avez pas même tenté.

Eh bien! je veux vous accabler de concessions. Et pour vous absoudre, je consens à refuser ma confiance aux historiens qui tournaient les choses à la plus grande exaltation de Rome. Soit, je vous l'accorde, ils font comme certains médecins qui exagèrent la gravité de la maladie pour augmenter le mérite de la guérison. Ils se plaisent à nous montrer toujours Rome *à deux doigts* de sa perte, expression aussi banale qu'agaçante, heureusement réprouvée par le nouveau système métrique.

Je veux croire avec vous que Maharbal était un amphitryon téméraire, quand il vous invitait à dîner au Capitole dans cinq jours, car sa cavalerie si prépondérante dans une plaine vous eût été inutile, nuisible peut-être dans la prise d'une ville. Soit, je ne veux écouter ni Tite-Live, ni Polybe, ni Plutarque, ni Maharbal, je ne veux écouter qu'un seul juge que vous ne récuserez pas, car ce juge, ce sera vous-même, Annibal. Et avec vous et par vous je vais vous condamner sans rémission.

Vous y êtes allé à Rome cinq ans plus tard. Oh! je sais bien que vous n'y êtes pas entré, mais vous en avez tenté le siége. Oui, vous fîtes même cette fanfaronnade de mettre à l'encan les boutiques du Forum sans songer que les Romains pouvaient vous riposter par le mot de Léonidas : *Viens les prendre!*

Rome se moqua de vous, elle répondit à votre insolence par la risée et le mépris. Vous vendiez des boutiques, elle vendit, elle, et très-cher, le camp que vous occupiez, et sous vos yeux, elle envoya une armée en Espagne. Eh quoi! vous êtes allé camper sous les murs de Rome, alors que vous étiez affaibli, énervé, sans prestige, et vous n'y êtes pas allé quand vous étiez triomphant, invaincu et tout fumant encore du sang versé à Cannes.

Aussi douze ans plus tard, quand le sol se dérobait sous vos pas, quand Marcellus vous eut outrageusement battu, quand le consul Néron eut jeté dans votre camp près du lac Métaule — cette revanche du lac de Trasimène — la tête coupée de votre frère Asdrubal; quand, cédant le terrain pied à pied, à reculons, jusqu'à la mer en brave que vous étiez, quand il fallut quitter à jamais cette Italie que vous fouliez depuis seize ans, on dit que des pleurs de rage mouillèrent vos yeux, que des cris de désespoir s'échappèrent de votre poitrine, et que par trois fois le nom de Cannes fut prononcé dans ce suprême monologue d'un stérile repentir. Trop tard, malheureux, trop tard !

Vous le voyez donc bien, c'est vous-même qui par vos paroles et mieux encore que par vos paroles, par vos actes, c'est vous-même qui vous êtes accusé et condamné sans retour.

Mais en dehors de la nécessité des choses, en dehors du but de votre expédition, vous aviez encore le respect de votre serment qui vous attirait à Rome, il fallait donc y courir après la victoire de Cannes. Votre place était là. Tout vous y appelait. Le champ de bataille de votre triomphe ou de votre mort devait être ce même Capitole où vous conviait Maharbal.

C'est là que vous deviez porter le dernier coup au cœur de la puissance romaine. Il fallait la colonne rostrale abattue à vos pieds, ou vous-même abattu aux pieds de la colonne rostrale, mais tenant encore votre épée, et ayant le droit de dire en vous sacrifiant aux mânes de votre père et à l'amour de votre patrie : « Mon père, me voici fidèle au rendez-vous de la foi jurée, me voici ! je suis digne de toi et digne de Carthage. Les Dieux n'ont pas voulu que Rome succombât : mais je meurs pour la patrie avec la satisfaction d'avoir tenu mon serment. »

Et cette mort eût été plus glorieuse que celle que vous portiez sous forme de poison dans le chaton de votre bague et que vous fûtes obligé de vous donner chez Prussias, roi de Bithynie, à 64 ans.

Vous n'auriez atteint, il est vrai, que la moitié de cet âge ; mais Alexandre n'avait que trente-trois ans quand il mourut, et pourtant vous savez quel cas vous faisiez vous-même d'Alexandre, vous le savez bien, puisque interrogé par votre vainqueur Scipion sur les plus grands hommes de guerre de l'antiquité, vous nommâtes Alexandre le premier.

— Quel est le second ?
— Pyrrhus, répondîtes-vous.
— Et le troisième ?
— Le troisième, moi, Annibal.

Et l'illustre Romain vous ayant demandé avec une surprise hautaine :

— En quel rang vous placeriez-vous donc, Annibal, si vous m'aviez vaincu ?

Votre réponse ingénieuse n'en trahit pas moins votre humilité déguisée en flatterie.

— En ce cas, répondîtes-vous, je me serais nommé le premier.

Eh bien ! si vous étiez mort à Rome, Scipion ne vous aurait pas vaincu et il ne vous aurait pas interrogé. Et si, par hasard, il eût été curieux de connaître le plus grand capitaine de l'antiquité, vous n'auriez pas répondu, vous, couché glorieusement dans votre glorieux cercueil; mais la postérité aurait répondu pour vous à Scipion, et voici ce qu'elle lui aurait répondu : « Le plus grand capitaine de l'antiquité ce fut Annibal! » Ainsi donc, vainqueur ou vaincu, Rome devait être ou votre piédestal, ou votre tombeau.

J'ai fini, et maintenant qu'il me soit permis d'abandonner le grand capitaine pour ne m'adresser qu'au grand écrivain.

Je lui dirai, mon cher adversaire, je ne sais pas ce que vous allez dire, mais je sais bien ce que vous allez faire. Vous allez nous traiter comme votre intime ami Annibal traita les Romains à la bataille de Cannes, vous allez nous envoyer le soleil et la poussière dans les yeux, le soleil de votre esprit, la poussière brillante de votre riche imagination. Mais je vous préviens que j'ai pris mes précautions pour n'être pas ébloui et comme je n'ai pas l'avantage d'être borgne comme votre héros Annibal, je vais fermer les yeux, mais pour mieux ouvrir les oreilles! Et maintenant parlez! Je m'assieds et je vous écoute.

Ce plaidoyer fini, reprenons le compte rendu du journal *la Patrie*.

« Méry se lève à son tour, mais avant de prendre

la parole il s'était déjà mêlé à la discussion par la plus spirituelle des pantomimes. Son adversaire emporté par un mouvement soudain l'ayant apostrophé de ce reproche direct et personnel : « Vous deviez marcher sur Rome, Monsieur ! » Méry avait fait un geste étonné qui semblait dire : « Moi, à Rome ! et qu'y serais-je donc allé faire, grand Dieu ! »

Et le public d'applaudir à tonnerres.

Cette fois Méry ne se contente pas de gesticuler. Il parle et il n'a pas parlé que tous les arguments de son adversaire semblent disparaître à tire-d'aile, comme un vol d'oiseaux effrayés. Nous avons essayé de refaire en partie le plaidoyer de M. Fréd. Thomas. Quant à reproduire celui de Méry, c'est impossible.

Ah! vous vouliez qu'Annibal marchât sur Rome? s'écrie-t-il. Et partant de là, Méry nous raconte tant d'histoires sur Marseille, sur les brayes de ses premiers habitants, faites d'un chanvre cultivé au lieu même où se trouve aujourd'hui le Canebière (la Canebière, vous l'entendez !); sur les bandes espagnoles et gauloises dont se composait l'armée d'Annibal; sur la misère de ces soldats qui mangeaient des herbes en guise d'épinards et, pour tout reconfort, buvaient de l'eau dans le creux de la main; sur la mort du consul Flaminius, percé d'un coup de lance à Trasimène par un Gaulois, c'est-à-dire par un Français, c'est-à-dire par un zouave ; sur les promesses de bien-être continuellement faites aux soldats et jamais remplies; enfin sur Capoue la charmante, d'où l'on venait de tous les points du monde, de Pœstum, de Sybaris, etc., que, violentée, surmenée en quelque sorte par cette verve intarissable, l'assemblée tout entière avait l'air de demander grâce à l'orateur.

Lui, comme le dieu : « Vous m'écouterez jusqu'au bout ! » semblait-il dire. Et, de fait, il avait cessé de parler qu'on l'écoutait encore.

La joute était finie, il ne restait plus que l'arrêt à rendre. Et là-dessus nous laissons la parole à M. Albéric Second, le président des juges du camp.

« Cépendant, écrit-il, les quatre juges se consultent à voix basse et ne savent à quel saint se vouer; ils sont partagés sur la question Annibal....

Alors le président se lève à son tour. Il donnerait tout au monde pour improviser ce qu'il est chargé de dire, — ou tout au moins pour avoir l'air d'improviser ses paroles; mais attendu qu'il se défie très-justement de lui-même, il se résout à tirer un papier de sa poche, et d'une voix assez mal assurée, il s'exprime en ces termes :

« Mesdames et messieurs,

« Ce n'est pas seulement aux dieux que plaisent les nombres impairs.

« Ils ne plaisent pas moins aux tribunaux, qui ont de bonnes raisons pour les chérir.

« Nous avons commis une faute, et nous venons la confesser humblement.

« En nous adjoignant un cinquième juge de la thèse historique qui vient d'être si brillamment soutenue devant vous, nous eussions échappé au grave embarras où nous nous trouvons en ce moment.

« Deux juges donnent raison à l'argumentation puissante de M. Frédéric Thomas.

« Les deux autres donnent raison à l'argumentation non moins puissante de M. Méry.

« Le secret de nos délibérations devant être religieusement gardé, souffrez que je vous taise les noms des uns et des autres.

« En Angleterre on nous contraindrait sans doute à rester en séance jusqu'à ce que la majorité fût acquise à la cause soutenue par l'un des deux orateurs.

« Nos convictions étant égales à notre entêtement, nous espérons que votre exigence n'ira pas jusque-là, et que vous nous dispenserez de finir nos jours dans la salle Valentino.

« D'ailleurs, y a-t-il urgence dans la cause?

« Nous ne le croyons pas.

« Le litige en question se débattant depuis environ deux mille ans, il nous paraît que l'intimé

Annibal peut bien, sans péril, attendre quelques siècles encore.

« C'est pourquoi nous léguons l'héritage de ce jugement à nos enfants qui, eux, le légueront à leurs fils.

« Les héritages moraux sont assez généralement les seuls que les hommes de lettres lèguent à leur postérité, et il en sera ainsi jusqu'au jour où la propriété littéraire sera garantie à jamais par la loi que nous attendons. »

Le président reçoit, lui aussi, sa petite salve de bravos.

II

LA CINQUANTAINE DE M. BERRYER.

Paris, le 27 décembre 1861.

Hier, dans les salons de l'Exposition des arts, rue Chauchat, n° 11, a été donnée la fête de l'éloquence.

On peut ainsi dire, car Berryer représente l'é'oquence comme Béranger la chanson, comme Talma ou Rachel la tragédie déclamée et Malibran la tragédie lyrique.

Aussi tout le monde a-t-il approuvé cette formule délicate mise dans la bouche de l'ordonnateur du banquet : *Monsieur Berryer est servi!*

Car Berryer, ce soir-là, était le héros de la fête; car il devait les effacer tous, les plus brillants et les plus illustres accourus là de tous les points de l'horizon ou de toutes les sommités du pouvoir; car tous, formant l'état-major de cette gloire exceptionnelle, ne revendiquaient d'autre titre à cette invitation que l'honneur d'avoir été les élus de la profession et d'avoir tenu ou de tenir encore le bâton de maréchal de notre ordre. Les bâtonniers en exercice de toutes les cours impériales de France, depuis la Savoie jusqu'à l'Algérie, se trouvaient à ce solennel rendez-vous à côté des anciens bâtonniers du barreau de Paris.

Une seule exception avait été faite en dehors du barreau pour que la magistrature fût aussi représentée dans la personne de ses chefs. M. Devienne, premier président de la cour impériale, et M. Benoît-Champy, président du tribunal civil, étaient au nombre des invités.

Un peu avant sept heures, M. Berryer, qu'accompagnait Jules Favre, a été introduit. Il était visiblement ému, et, sur le seuil du salon, il a donné une fraternelle accolade à Odilon Barrot; puis, parcourant les rangs ainsi qu'un général passerait une revue, il a distribué de droite et de gauche des sourires de bienveillance et des poignées de main qui semblaient obéir au discernement de l'estime ou à l'inspiration de l'amitié.

A sept heures un quart, chacun a pris place autour de la table en fer à cheval dressée dans le grand salon de l'Exposition. Pas de trophées ni d'inscriptions. La présence et les noms des convives ne proclamaient-ils pas plus haut que toute parole ou tout emblème la signification d'un tel concours ?

Il était de bon goût que des hommes dont c'est la profession de parler fussent sobres de harangues. Ainsi a-t-on fait.

L'éloquence s'est réduite à l'indispensable, et quatre discours seulement ont été prononcés.

M. Jules Favre s'est levé le premier et a porté un toast au héros de la réunion, à Berryer.

Il faudrait la parole enchanteresse de l'orateur pour rendre le charme des expressions et le bonheur des pensées qu'il a rencontrées en tressant cette couronne d'éloquence digne de la tête qui allait la recevoir.

Presque à chaque phrase notre bâtonnier se voyait arrêté par des explosions de bravos. Il n'avançait qu'à petits pas, comme ces triomphateurs dont la marche est à chaque instant interrompue par les flots et les acclamations de la foule.

Les passages les plus applaudis ont été ceux où, dans un magnifique langage, il félicite Berryer de sa fidélité au même culte, de son dévouement obstiné à la défense du droit, et de l'indépendance de sa vie.

Le tour de M. Berryer est venu. Quel silence, quel recueillement! On attendait cette voix souveraine qui tonne depuis cinquante ans, et qui depuis 1811 s'est consacrée à cette profession que M. de Salvandy, ouvrant à Berryer les portes de l'Académie, appelait *cette libre profession qui ne fait pas de victimes et qui les défend.*

S'il eût été là, ce grand maître de l'Université, il eût rencontré encore le même homme qu'il glorifia alors : la même grandeur, la même indépendance, la même modestie. Il aurait pu lui dire encore :

« Que parlez-vous de votre *dénuement*, monsieur? Depuis quarante ans vous avez été mêlé toujours aux affaires publiques, et quand, au milieu de cette solennité, votre pays vous contemple, seul peut-être dans cette enceinte vous ne portez d'autre distinction, d'autre marque de vos travaux que la palme académique qui vous vient de nous et le rayon qui vous vient de Dieu. »

M. Berryer était si ému que, pour la première fois de sa vie peut-être, la parole lui résistait. On eût dit que son cœur allait éclater.

Mais bientôt il a pu épancher toute sa reconnaissance. Puis, par une de ces inspirations soudaines qui sont le privilége des belles âmes, tout à coup le souvenir de son père est venu attendrir et sanctifier sa joie. Et quand, offrant comme un hommage de piété filiale ce triomphe à son père, Berryer nous a remerciés tous avec un accent inexprimable de *cette fête qui n'était pas un adieu,* tous les cœurs se sont sentis oppressés et tous les yeux humides. On n'avait pas la force d'applaudir, on écoutait, et ce n'est que plus tard que les acclamations ont pu se donner carrière.

M. Marie a pris ensuite la parole pour porter un toast à l'union des barreaux de France. M. Pervinquières, doyen du barreau de Poitiers, y a répondu au nom des bâtonniers de toutes les cours des départements.

Les nobles sentiments heureusement exprimés par les deux orateurs ont soulevé des approbations unanimes.

Rien de plus sain, de plus fortifiant pour la conscience et la dignité humaines que de pareilles solennités. La glorification du travail, de l'indépendance, du génie inspire toutes les vertus qu'elle exalte. Plutarque a suscité plus de héros qu'il n'en a célébrés.

Honorons toujours les hommes, à quelque drapeau qu'ils appartiennent, quand ils nous apparaissent ornés de leur gloire comme Cornélie de ses enfants.

Que leur importent les honneurs et les dignités? Tout cela n'ajoute rien aux hommes d'un mérite réel et d'une valeur personnelle. Que le pouvoir leur arrive, il ne les grandit pas; qu'il les abandonne, et ils n'en sont pas diminués. Ils ne descendent pas par la raison qu'ils ne sont pas montés. Il leur suffit de se tenir debout pour être au niveau des plus hautes dignités.

Ah! c'est qu'il est des honoraires que nous appelons, nous, les *honoraires du bon Dieu*. Ils ne se pèsent ni ne se calculent, ceux-ci ; immatériels comme l'âme, impondérables comme l'esprit, c'est le serrement de main d'un ami fier de votre gloire ; c'est le murmure flatteur de l'estime qui vous fait partout une permanente ovation ; c'est la bénédiction d'une famille qu'on a sauvée ; c'est enfin le pavois royal dressé par les admirations de ses confrères.

Les gens *pratiques* vous diront peut-être que tout cela n'a rien de solide. Qu'est-ce après tout, un bruit, un rayon, une flamme? Sans doute ; mais ce bruit électrise, ce rayon illumine, cette flamme est le foyer du génie !

Demandez à Berryer s'il échangerait contre des millions ses honoraires du bon Dieu.

Plus de deux cents personnes ont pris part à cette fête.

Fête intime et de famille par sa cordialité.

Mais fête extérieure et publique par son retentissement, et qui restera comme la manifestation la plus éclatante pour l'indépendance de la parole, la passion du vrai, la défense du juste et le dévouement à la plus chère de nos libertés.

Tout le monde en avait le sentiment, et tout le

monde était ému comme dans la collaboration d'une grande œuvre qu'on accomplit en commun. Cette belle fête de l'éloquence, unique jusqu'ici, aura un pendant dans l'avenir, nous le prédisons à coup sûr, M. Jules Favre n'a qu'à veillir pour cela. Puissions-nous, tous ceux qui assistions à la fête de Berryer, assister un jour à la fête de Jules Favre! Toujours est-il que l'inimitable discours de notre bâtonnier n'est autre chose qu'un titre de plus et qu'un ajournement certain pour cette solennité future dont l'admiration a pris note et que la confraternité célébrera.

Il nous a paru intéressant de donner les noms et la place des convives à ce banquet unique dans les fastes du barreau.

M. Berryer, président du banquet avait : à sa droite M. Devienne, premier président de la Cour impériale de Paris ;

A sa gauche M. Dupin aîné, ancien bâtonnier de Paris.

En face de M. Berryer, M. le bâtonnier en exercice, Jules Favre ;

A sa droite M. Delangle, ancien bâtonnier de Paris ;

A sa gauche M. Benoît-Champy, président du tribunal de la Seine.

A la droite de M. Berryer et après M. le président Devienne : M. Marie, ancien bâtonnier de Paris; M. Dattas, bâtonnier de Lyon; M. Gaudry, ancien bâtonnier de Paris; M. Rigault, bâtonnier d'Aix; M. Bertin, membre du Conseil de l'ordre de Paris; M. Demolombe, ancien bâtonnier de Caen; M. Rivière, membre du Conseil de Paris; M. Rey, bâtonnier de Chambéry; M. Allou, membre du Conseil de Paris; M. Sisteron, bâtonnier de Grenoble; M. Mathieu, ancien membre du Conseil de Paris; M. Volland, bâtonnier de Nancy; M. de Sèze, ancien bâtonnier de Bordeaux; M. Pervinquières, bâtonnier de Poitiers; M. Émile Leroux, ancien bâtonnier de Beauvais.

A la gauche de M. Berryer et après M. Dupin : M. Chaix-d'Est-Ange, ancien bâtonnier de Paris; M. Boinvilliers, ancien bâtonnier de Paris; M. Deschamps, bâtonnier de Rouen; M. Desboudet, membre du Conseil de Paris; M. Thureau, membre du Conseil de Paris; M. Tripart, bâtonnier de Besançon; M. Rivolet, membre du Conseil de Paris; M. Lachaud, membre du Conseil de Paris; M. Jouhanneaud, bâtonnier de Limoges; M. Crémieux, membre du Conseil de Paris; M. Redon, bâtonnier de Nîmes; M. Senard, ancien bâtonnier de Rouen; M. Bérard-Desglajeux, avocat; M. Salveton, bâtonnier de Riom; M. Bac, ancien bâtonnier de Limoges.

A la droite de M. Jules Favre et après M. Delangle : M. Baroche, ancien bâtonnier de Paris ; M. Plocque, ancien bâtonnier de Paris ; M. Rumeau, bâtonnier de Toulouse ; M. Paillard de Villeneuve, membre du Conseil de Paris ; M. Denis, bâtonnier de Rennes ; M. Lacan, membre du Conseil de Paris ; M. Salvat, bâtonnier de Bourges ; M. Leblond, membre du Conseil de Paris ; M. Lombard, bâtonnier de Dijon ; M. Coin de Lisle, ancien membre du Conseil de Paris ; M. Boulangé, bâtonnier de Metz ; M. Fontaine d'Orléans, ancien membre du Conseil de Paris ; M. Morroux, bâtonnier d'Orléans ; M. Victor Lefranc, ancien bâtonnier de Mont-de-Marsan.

A la gauche de M. le bâtonnier Jules Favre et après M. le président Benoît-Champy : M. Duvergier, ancien bâtonnier de Paris ; M. Delprat, bâtonnier de Bordeaux ; M. Caignet, membre du Conseil de Paris ; M. Daussy, bâtonnier d'Amiens ; M. du Teil, membre du Conseil de Paris ; M. Fairé, bâtonnier d'Angers ; M. Templier, membre du Conseil de Paris ; M. Desmarest, membre du Conseil de Paris ; M. Dupont, bâtonnier de Douai ; M. Lavaux, ancien membre du Conseil de Paris ; M Odilon Barrot, ancien membre du Conseil de Paris ; M. Cazal, bâtonnier de Montpellier ; M. Laboulie, ancien bâtonnier d'Aix ; M. Casaubon, bâtonnier de Pau ; MM. Royer-Collard et Duranton, professeurs à la Faculté de droit de Paris.

Après les membres du Conseil de l'Ordre de Paris en exercice et anciens, et les bâtonniers des Cours impériales venaient les avocats du barreau de Paris.

III

MORT DE BERRYER.

« Paris, 30 novembre 1868.

De quoi vous parler si ce n'est de Berryer, de sa maladie supportée avec tant de courage, de sa mort reçue avec tant de sérénité.

Il a voulu mourir *chez lui*, et il est mort à son château d'Augerville, au milieu de ses arbres qu'il aima et de ses voisins qui furent ses clients naturels.

A Paris, l'homme ne rayonne pas, il se concentre ; à Paris on n'a pas de *chez soi :* on est un numéro dans une rue, un étage dans une maison. Parlez donc du toit de vos pères alors que vous n'avez pas une ardoise ou une tuile dans le toit omnibus qui sert de couvercle à ce réfectoire à compartiments et à ce dortoir cellulaire qui composent une maison.

En Berryer s'éteint la plus belle organisation d'orateur depuis Mirabeau. Il avait tout pour lui. La nature avait épuisé en sa faveur tous les dons de l'éloquence. Tête large et dominatrice, regard pénétrant et clair, que la bienveillance savait adoucir, quand il ne s'armait pas de toutes les foudres de la colère. Même souplesse dans cette voix admirable qui vous caressait comme une mélodie, ou vous excitait comme le clairon des combats.

Après cet hommage rendu aux plus rares qualités de l'orateur, nous oserons dire une vérité qui ressemble à un blasphème.

Dans l'éloquence de M. Berryer, la parole était la chose absolument secondaire. Il en était de lui comme de ces merveilleux acteurs pour lesquels il n'y a pas de mauvaises pièces, pourvu qu'elles offrent des sentiments à jouer et à rendre.

Ce n'est donc pas tant ce qu'il disait, mais c'est ce qu'il exprimait qui lui donnait cette domination des cœurs et cette dictature des âmes.

Entre le lire et l'entendre il y avait toute la distance qui sépare une bataille à laquelle on assiste d'une bataille dont on lit le bulletin. On ne connaît pas Berryer quand on n'a pas vu et entendu *rugir* le *monstre*.

Aussi croirait-on volontiers que la sténographie

l'a trahi ou laissé en chemin quand on compare les effets produits aux paroles prononcées.

Ah ! c'est que chez lui le mot n'est qu'un thème, qu'un *argument*; mais que la voix l'échauffe, que le regard l'illumine, que le geste le passionne ; le mouvement vivifie tout cela et le mot n'est plus un texte : il devient un tableau et un drame.

Voilà pourquoi, dans la préface qui précède son livre des *Modèles d'éloquence judiciaire*, il ne met pas de frontières à l'immense domaine qu'il attribue à la parole. J'entends, dit-il, la parole « conçue dans la plus large acception, parole de la voix, parole du regard, parole du geste, et qui sera éloquente suivant le mode de sa manifestation. »

Personne ne parla mieux que lui cette parole-là ; mais la parole proprement dite, il la dédaignait presque.

On eût dit qu'elle n'était pour lui que l'explication et la légende des grands tableaux que peignait son éloquence.

Quand les barreaux de toute la France l'acclamèrent, par la voix de leurs représentants, à cette fête qui lui fut donnée pour célébrer sa cinquantaine d'avocat, il était tellement ému qu'il ne pouvait parler. Quand le vase est trop plein, l'eau n'en peut sortir. Les larmes le suffoquaient, son éloquence ne se manifestait que par mots entrecoupés, par élans, par interjections.

Cette explosion contrariée d'un Vésuve latent vous saisissait l'âme; c'était touchant, émouvant, sublime! lui seul en souffrait. Quand tout à coup, par un mouvement d'exquise bonne grâce, se tournant vers Jules Favre : « Monsieur le bâtonnier, lui dit-il, vous m'aviez conseillé pour me soutenir de jeter quelques mots sur le papier, mais qu'en ferais-je? Dans mon émotion, je ne pourrais pas les lire. »

Berryer était tout entier là dedans. Il appartenait à l'émotion qui s'emparait de lui, et c'est précisément cette parfaite concordance, cette union intime du sentiment et de l'orateur qui déterminaient ces attendrissements universels et ces transports d'enthousiasme dont nous parlent les récits de ses triomphes.

Quelques jours avant sa mort, quand, à peine arrivé à son château, il se traîne agonisant sous des portraits qui lui sont chers, il les regarde avec attendrissement, puis il laisse tomber deux mots, et tout le monde fond en larmes.

Qu'a-t-il dit? « Mon père! ma mère! »

Rien de plus, et pourtant l'émotion est à son comble.

Jamais personne ne justifia mieux que Berryer cette expression si énergique de Malherbe : « Visage d'homme fait vertu. » Tant que le *visage d'homme* est là devant vous, le miracle opère;

mais l'*homme* disparu, la *vertu* s'évanouit. Et l'on s'étonne de voir des paroles inertes produire de si puissants effets!

Cela explique à merveille pourquoi Berryer était journalier et inégal comme le soleil, comme le génie.

Ce qu'il serait dans une affaire, il ne l'a jamais su à l'avance; tout dépendait de la cause, de l'auditoire, de la disposition des esprits, de la température de cet air ambiant qui refroidit ou qui échauffe l'orateur. Aller terre à terre lui répugnait, ou plutôt il ne pouvait pas. Comme certains oiseaux des hautes régions, il planait mais ne savait pas marcher. Une cause vulgaire, il l'eût très-mal plaidée. Il lui fallait des intérêts à la taille de sa pensée; il lui fallait la grande mer pour déployer à l'aise les *maîtresses voiles* de l'éloquence. Parfois il descendait au niveau de la conversation, puis tout à coup, donnant un grand coup d'aile, il s'élevait dans les airs et disparaissait dans la nue pour gronder comme le tonnerre.

Par exemple, il fallait bien se garder de le choquer ou de l'interrompre. Le lion se réveillait alors. L'orateur éclatait en apostrophes soudaines, en ripostes écrasantes: comme ces machines électriques qui, lorsqu'on se hasarde à les toucher, vous terrassent en se couvrant d'étincelles. Un ministre se souviendra longtemps d'avoir provoqué cette terrible litanie des présidents de la sixième chambre invariablement récompensés par le siége de conseillers pour leur rigueur envers la presse.

Tant de qualités si éminentes et de dons si rares n'ont jamais déconcerté l'imperturbable modestie de Berryer. Cela lui semblait si naturel, et il faisait si peu d'efforts pour être lui-même, qu'il ne lui venait pas à l'esprit qu'il pût en ressentir de l'orgueil, de même que nul de nous ne songerait à tirer vanité de savoir marcher ou de savoir lire.

Il ne nous déplaît pas, précisément parce que nous sommes d'un camp opposé à celui de Berryer, de rendre justice à un tel ennemi. Nier ses adversaires serait aussi absurde que de ne vouloir reconnaître de beaux fleuves et de grandes montagnes que dans sa patrie.

D'ailleurs, Berryer lui-même ne cédait pas aux préjugés et aux entraînements de son parti devant les évidences de l'histoire.

Nous devons lui savoir gré de s'être écrié un jour, dans un magnifique mouvement d'éloquence : « Je n'oublierai jamais que la Convention a sauvé mon pays. »

Ce qu'il faut louer dans Berryer, c'est d'avoir été un homme et de s'être tenu debout. Ce qu'il faut donner en exemple, c'est l'unité de sa vie, qui en a fait la dignité et l'honneur. Ce qu'il faut glorifier en lui, c'est d'avoir tiré sa valeur de lui-même, de son propre fonds ; c'est de n'avoir accepté aucun emploi quand il pouvait les remplir tous.

Dans un banquet qui lui fut offert il y a deux ans par le barreau de Toulouse, il laissa deviner son secret à cet endroit-là : « Je n'ai pas dédaigné les emplois, dit-il, je les ai craints. »

Et il a bien fait de les craindre, les emplois l'eussent diminué. L'indépendance seule peut grandir des hommes tels que lui.

On se demande comment, dans une génération si essentiellement irrévérencieuse, pour qui toute supériorité est une gêne et toute admiration un fardeau, il était parvenu à inspirer ces sentiments d'un autre âge, la déférence et le respect. Personne qui ne s'inclinât devant son éloquence, qui avait de la majesté et de la race comme lui. Personne qui ne le saluât comme le roi de la parole quand, missionnaire de l'éloquence, il allait au loin faire entendre sa voix, cette voix qui, selon Jules Favre, « couvrait le bruit de nos luttes politiques pour retentir dans la postérité. »

Cette postérité, il vient d'y entrer par une belle et grande porte ; car il prend congé de la vie par un acte de virilité et d'héroïsme. Son dernier souffle, il l'a consacré à la revendication du droit éternel contre la force éphémère.

A un homme qui avait si bien vécu, Dieu devait bien cette récompense de bien mourir.

Le barreau tout entier peut prendre le deuil et le porter longtemps ; car il faut répéter ce cri qu'un panégyriste met dans la bouche de la France à la mort d'Henri IV : *Cecidit corona capitis nostri*, la couronne de notre tête est tombée.

IV

LE PALAIS DE JUSTICE[1].

La justice nous appelle
De l'autre côté de l'eau.
Voici la Sainte-Chapelle
Où l'on pria pour Boileau.

Et de fait quand après avoir traversé le Louvre, comme Béranger, on se dirige par le quai de la Mégisserie et le Pont au Change vers le Palais de Justice, c'est la flèche dorée de la Sainte-Chapelle qui apparaît tout d'abord au-dessus des éteignoirs ardoisés des tours. L'aiguille de son clocher perce

---

1. Extrait de *Paris-Guide*, avec l'autorisation des éditeurs MM. A. Lacroix et Verboeckhoven.

le ciel, en dominant ce quadrilatère de dômes, de pavillons, de crêtes dentelées qu'étreignent les deux bras de la Seine.

On dit souvent : *l'édifice de nos lois.* Si cette figure cessait d'en être une et qu'il fallût la prendre dans sa signification positive, elle serait réalisée par notre Palais de Justice. De même que l'ensemble confus de nos lois s'est formé par l'alluvion de tous les âges, de même ce palais présente des spécimens et des vestiges de toutes les époques. Juxtaposées ou superposées, les constructions les plus diverses se choquent, se contrarient, s'ajustent ou s'enchevêtrent dans un pêle-mêle qui n'est pourtant pas un chaos et d'où jaillissent çà et là de maîtresses œuvres, d'un seul jet et d'un grand style. On dirait que le temps, en collaboration avec l'histoire, s'est fait l'architecte de ce monde à part et en a combiné les éléments dans une composition disparate et gauchement grandiose, mais empreinte d'une violente harmonie et d'une claustrale majesté.

Vous avez sous les yeux ce que le président de Thou appelait *le Capitole de la France*, c'est-à-dire le monument le plus curieux et le plus ancien de la Cité, le plus riche, à coup sûr, de grands souvenirs.

Le comte Eudes y soutint et y repoussa un siége de deux années par les Normands : c'était alors une forteresse. Le fils de Hugues Capet, Robert le Pieux, en fit un château, et saint Louis un palais, que Philippe le Bel agrandit, et que Louis XII restaura.

Ces pierres historiques ont vu tant de choses depuis la francisque des rois chevelus jusqu'à l'épée de François I*er*, jusqu'au panache de Henri IV et à l'éperon de Louis XIV !

Louis le Gros y affranchit les communes et y mourut, Philippe Auguste s'y maria, Louis IX y promulgua ses *Établissements* et cette *Pragmatique sanction*, première revendication des libertés de l'Église gallicane.

Résidence officielle des rois de la première et de la seconde race, le Palais, même quand, pour aller habiter l'hôtel Saint-Paul et le Louvre, la royauté l'abandonna complétement à la justice, le Palais n'en resta pas moins le théâtre et le centre de tous les grands événements et manifestations politiques. Fêtes et séditions, lits de justice, états généraux, cours plénières s'assemblaient là, soit que le peuple voulût se mutiner, la bourgeoisie réclamait ses droits ou la royauté imposer ses édits, soit enfin que le parlement dût enregistrer des lettres de jussion, ou proclamer, par exemple, la majorité de Louis XIV, dont il devait, plus tard, casser le testament.

Ainsi, après avoir été le séjour de nos anciens

rois, le berceau et le rempart de Paris, le Palais de Justice aura été encore le témoin et l'arène des luttes nationales pour la conquête de nos libertés.

C'est par le pont au Change qu'on se rend d'ordinaire au Palais de Justice. Il suffit de s'avancer de quelques pas dans la Cité, par un magnifique boulevard où rien ne rappelle l'étroite rue de la Barillerie et encore moins la voie romaine tracée par César.

Du pont même on peut apercevoir le relief des colonnes qui bordent le premier pavillon de la grande façade.

Mais si vous le voulez bien, ce n'est pas le chemin de tout le monde que nous prendrons, mais le chemin des écoliers. Nous allons faire le tour du Palais avant de nous y introduire. Nous sommes au bout du pont au Change, du côté de la Cité. A notre gauche, le somptueux bâtiment du tribunal de Commerce, dont le dôme a l'air d'un couvercle mobile tournant sur un diorama. A droite et à l'autre angle du boulevard, l'ancien donjon du Palais, la tour de l'Horloge, portant au sommet de ses murailles de six mètres d'épaisseur un beffroi dont la cage déborde en encorbellement et dont la cloche fut le tocsin qui donna le premier signal des massacres de la Saint-Barthélemy dans la nuit du 23 au 24 août 1572. Une heure du matin venait de sonner à cette belle horloge qui a donné son nom à la tour, horloge qui fut une merveille du règne de Charles V, horloge que restaura Germain Pilon, et que nos édiles ont rétabli avec son auvent fleurdelisé et sa devise latine qui invite les magistrats à distribuer la justice aussi impartialement qu'elle répartit elle-même le temps entre les heures.

Puisque nous suivons le quai en descendant le cours de la Seine, nous passons au pied de cette tour carrée, et en poursuivant notre marche, après avoir longé le fossé de pierre bordé d'une grille qui sépare l'édifice du quai, nous rencontrons bientôt la grande porte en ogive de la Conciergerie. C'est par là qu'on entre dans les Cuisines de saint Louis, qui servent depuis si longtemps de prison. Un peu plus loin, toujours sur le quai, s'arrondit la *Tour d'argent*, qui gardait le trésor du même roi. Une étroite courtine la relie à une tour jumelle, aux rares fenêtres aveuglées de ces barreaux en losanges dont l'entrelacement formant saillie donne à toutes ces ouvertures des aspects de cachot. Ici cet appareil et ces grilles sont tout à fait en situation; car cette tour, sous un nom railleur, couvrait une signification sinistre. On l'appelait tour *Bon Bée* ou *Bon Bec*, parce que la question qu'on y infligeait faisait trouver bon bec à qui aurait voulu se taire.

Par surcroît, au-dessous de ces cachots étaient

les oubliettes. Il y en avait deux, dit-on, qu'une chausse-trape au niveau du sol recouvrait. Le prisonnier était amené dans cet endroit obscur. Le poids de son corps faisait tout à coup basculer la machine et un abîme était ouvert. Le malheureux disparaissait dans un puits dont les murs hérissés de pointes le lardaient et le taillaient en pièces dans sa chute. Il bondissait ainsi de mutilations en mutilations, et ce n'est qu'en lambeaux qu'il arrivait au fond du gouffre où il expirait, en attendant que quelque crue de la Seine vînt dans ses flots bourbeux emporter les restes de son cadavre.

La dernière tour, moins haute que toutes les autres, est encastrée dans les murs; c'est la seule qui porte une couronne de créneaux, et elle a pris le nom de *Tour de César*, de ce qu'elle fut élevée sur les fondations d'un fort bâti par ce conquérant.

Un peu plus loin, les constructions récentes s'ajustent à l'enceinte féodale. Nous touchons aux confins du palais de ce côté; car la rue Harlay, qui sert de trait d'union entre les deux quais lui sert aussi de frontière.

Nous côtoyons maintenant la célèbre *cour de Harlay*, dont la place est occupée aujourd'hui par les nouveaux bâtiments destinés à la Cour de cassation.

Cette façade du palais tournée vers le Pont-Neuf semble avoir été imitée de la grande façade qui regarde Notre-Dame. Elle en rappelle la structure imposante et le caractère magistral. Construite dans le style gréco-égyptien, cette façade est élevée sur un soubassement et forme neuf travées encadrées de colonnes composites cannelées qui supportent l'entablement. Des figures allégoriques en relief et debout sont là comme les divinités tutélaires du lieu ; elles représentent la Justice, la Vérité, la Prudence, la Protection et la Loi.

Aux deux angles supérieurs de cette façade, un aigle géant étend ses ailes et semble prendre l'essor.

La rue Harlay parcourue dans toute sa longueur vous conduit sur le quai parallèle au quai de l'Horloge, c'est-à-dire sur le quai des Orfévres.

Sur ce quai débouche la rue de Jérusalem, destinée à disparaître bientôt, où l'on voit encore, au numéro 5, une maison qui, au seizième siècle, fut habitée par un conseiller clerc, chanoine de la Sainte-Chapelle, sous le toit duquel fit explosion la fameuse satire Ménippée.

C'est du logis du chanoine Gillot que partit cet éclat de rire gaulois qui, dans un moment de défection universelle, fut le cri de ralliement, l'indignation du bon sens et la revendication du patriotisme. Deux magistrats et deux poëtes, dans un pique-nique d'esprit, composèrent cette œuvre de génie.

Viennent des époques plus calmes, et le poëme du *Lutrin* devra éclore au même lieu.

Aussi Boileau vint-il au monde dans la maison, quelques-uns même prétendent dans la propre chambre du chanoine Gillot.

Quel terrain plus propice à la raillerie française! Entendez d'ici le rire dictateur de Voltaire. L'auteur de *Candide* n'est pas loin; il l'affirme lui-même dans son épître à Boileau, auquel il dit :

> Dans la cour du Palais, je naquis ton voisin.

Le père Arouet habitait, en effet, à l'angle de la rue de Nazareth, un édifice encore existant, qui dépendait de la Cour des Comptes.

Et probablement c'est en mémoire des impressions de son berceau que Voltaire a rendu ce glorieux hommage aux interprètes de la Loi : « La plus belle fonction de l'humanité est celle de rendre la justice. »

Chemin faisant, nous avons contourné la préfecture de Police, englobée dans l'enceinte judiciaire; puis, en nous engageant dans la rue de la Sainte-Chapelle, nous pénétrons dans l'intérieur du Palais par le bâtiment neuf affecté au service de la police correctionnelle, du parquet et de l'instruction. On passe sous une voûte qui débouche dans la Cour de la Sainte-Chapelle, et, en effet, un des côtés de cette cour est formé par cette perle de l'art gothique, que l'architecte Lassus a coiffée d'une flèche flamboyante qui, pour n'être pas du même style que l'église, ne s'y adapte pas moins avec beaucoup d'harmonie.

Pierre de Montereau ne mit que trois ans à construire la Sainte-Chapelle, terminée en 1247. Les fleurs de lis de saint Louis s'y marient aux armes de Castille, en l'honneur de la mère du fondateur, mais on n'y voit plus la statue de la Vierge, qui, d'après une naïve légende, aurait penché sa tête vers Duns Scott, quand ce philosophe scolastique alla l'implorer avant de soutenir sa thèse sur l'immaculée conception. Toutefois on voit encore à la hauteur du transsept la petite chapelle que Louis XI appliqua entre les contre-forts de la grande, et par laquelle il s'introduisait dans l'église, pour monter en tapinois dans une logette grillagée qui regarde de biais le maître-autel; du fond de ce réduit il pouvait, invisible, assister à la messe tout en surveillant ce qui se passait dans la nef. C'est dans la Sainte-Chapelle qu'on célèbre tous les ans, à la rentrée des tribunaux, la messe du Saint Esprit, appelée autrefois la *messe rouge* ou *des révérences*, parce que *nosseigneurs* du Parlement s'y rendaient en grand costume, et qu'en allant à l'offrande, ils faisaient des révérences de tous côtés.

La cour de la Sainte-Chapelle est la plus vaste

de toutes. En se portant au milieu, on a l'église en face; sur la gauche, en retour d'équerre, l'ancien hôtel de la Cour des Comptes, devenu l'hôtel du préfet de police; et derrière soi le bâtiment neuf affecté à la juridiction correctionnelle. Si vous entrez dans le domaine du Tribunal correctionnel, vous trouvez un grand escalier de pierre qui, se divisant en deux rampes parallèles, monte à un large palier, au premier étage, sur lequel débouchent en regard l'une de l'autre la sixième et la septième chambre. La huitième occupe l'étage supérieur, et fait vis-à-vis à la chambre dite des expropriations, où chaque coup de marteau des démolitions est tarifé par un jury, et où tous les expropriés viennent se faire consoler par des indemnités préalables.

Dans un angle formé par le même bâtiment et au rez-de-chaussée, un portail presque toujours fermé donne accès à une voûte sombre sous laquelle s'engouffrent comme à la dérobée ces fourgons aveugles qui ne prennent la respiration et la lumière que par le haut, cachots mobiles à quatre roues qui transportent les détenus de la prison au tribunal. Une fois ces fourgons entrés et le portail verrouillé derrière eux, on extrait les captifs un à un pour les insérer dans les cellules de LA SOURICIÈRE; ainsi se nomme cette prison-antichambre où l'on dépose pour quelques heures les détenus que MM. les juges d'instruction interrogent dans les combles, ou que d'autres magistrats égrènent au premier et au second étage, dans ces chapelets de vagabonds, de voleurs et de repris de justice qui se déroulent tous les jours devant les trois chambres correctionnelles.

Nous pouvons maintenant poursuivre notre route en passant sous les gargouilles, à l'ombre des tourelles et clochetons de l'église. Il ne nous reste plus qu'à doubler le chevet de la Sainte-Chapelle, et par trois arcades nous arriverons à une seconde cour qui est la cour d'honneur du Palais.

Nous voilà donc revenus presque à notre point de départ. La cour d'honneur est bordée, du côté du boulevard, par une grille monumentale, merveille de serrurerie, qui date de 1787.

Vu du seuil de cette grille, le Palais offre un aspect un peu lourd, un peu massif, mais d'un ensemble imposant. Sa façade, construite après le second incendie du 10 janvier 1776, a tout à fait grand air.

Cet immense perron d'où tombe un peuple noir,

pour parler comme *la Némésis* de Barthélemy, exhausse l'édifice et lui donne plus de majesté. Deux avant-corps, se projetant comme deux bras des deux côtés du bâtiment central, bordent la cour et aboutissent à la grille. Le pavillon du milieu est surmonté d'un dôme quadrangulaire sur lequel flotte un drapeau planté en paratonnerre. Sous le rebord inférieur de ce dôme, s'ouvre comme un œil de cyclope un grand cadran au bas duquel, et sur un entablement à balustrade, se tiennent debout quatre statues allégoriques.

L'édifice semble avoir voulu rendre sensibles, par la disposition de ses étages, les degrés de juridiction de la justice qu'on y rend.

En contre-bas et au fond de la cour à gauche, le tribunal de simple police; c'est, en quelque manière, le sous-sol de la justice. Au rez-de-chaussée, plusieurs chambres du tribunal de première instance, et au-dessus, à l'étage supérieur, presque toutes les chambres de la Cour impériale.

Il faut ajouter que cette cour d'honneur où nous sommes s'appelle plus spécialement la *Cour du Mai*, à cause du privilége qu'avaient les clercs de la Basoche d'y planter tous les ans, le dernier samedi du mois de *mai*, un chêne qu'ils allaient choisir dans la forêt de Bondy. C'était une juridiction que cette Basoche, c'était aussi une armée, et quelle armée! Elle rassembla un jour dix mille *suppôts* ou *sujets* aux obsèques d'un roi de la Basoche. Le véritable roi en fut effrayé. L'ombrageux Henri III supprima le titre de roi de la Basoche, disant qu'en France il ne pouvait y avoir d'autre roi que lui.

La fête de la plantation du mai et celle de la *revue* annuelle ou *monstre générale* des clercs de la Basoche étaient les grandes solennités du Palais; le Parlement vaquait d'ordinaire ces jours-là. Nous lisons en effet dans un arrêt du 25 juin 1540 que François Ier voulut assister à une de ces revues, et qu'il vint tout exprès à Paris. M. le procureur général l'atteste en demandant à la Cour de déclarer par arrêt que ce serait fête, que d'ailleurs le *très-bel et triomphant équipage* du roi de la Bazoche devant partir du palais, « il y aurait grand bruit et tumulte en la Grand'Salle pour les tambours et phifres qui sonneraient, au moyen de quoi ne pourrait la Cour entendre à l'expédition des procès. »

Dans cette même cour était aussi, au bas de l'ancien escalier, le montoir qui servait aux magistrats à mettre pied à terre quand ils arrivaient de grand matin, « sur leurs mulets, raconte Duchesne, priant Dieu et disant leurs heures et chapelets par les chemins. »

Rabelais voit moins respectueusement les mêmes choses. Son Pantagruel, sous prétexte de garder ces mules, ne s'amusait-il pas à couper à quelqu'une l'*estrivière*, « et quand le gros enflé de conseiller ha pris son bransle pour monter sus, ils tombent tous plats.... et, eulx, arrivés au logis, ils font fouetter monsieur du page comme seigle vert. »

C'est là aussi que le bourreau brûlait les livres condamnés au feu et marquait les criminels condamnés à l'exposition publique. Montons les degrés et traversons le vestibule, qui n'est autre qu'une galerie conduisant, à gauche à la Sainte-Chapelle, à droite à la salle des Pas-Perdus : prenons le milieu, et, après avoir franchi la porte sur laquelle on lit *Cour impériale*, gravissons les marches de cet escalier de pierre à trois révolutions. Pour nous en faire les honneurs se tient, dans une éblouissante niche, une très-coquette statue de la Justice, nullement aveugle, mais fort éveillée au contraire, qui montre de la meilleure grâce du monde un livre ouvert, sur les pages duquel on lit cette inscription : *In legibus salus*. On ne s'étonne pas que cette grande dame du siècle dernier, que cette duchesse de la Justice si bien attifée de broderies et de dentelles parle latin ; on sent qu'elle est la sœur cadette de Philaminte qui, pour l'amour du grec, embrassait les gens. Si nous franchissons toutes les marches blanches de cet escalier très-clair, nous arriverons tout au bout à la première chambre de la Cour, en laissant à main gauche une salle commune donnant accès à la deuxième et troisième chambre. Sur le battant droit de cette salle, vous apercevrez comme le cercle d'une cible. La peinture de cette porte a disparu sous le martelage des coups ; ce ne sont pas les pointes d'une lance ou les balles d'un pistolet qui ont laissé ces empreintes, mais la clef de l'huissier qui, en frappant contre le bois, annonce l'ouverture des audiences de la première chambre.

Car si les huissiers n'introduisent plus et ne reconduisent plus MM. les présidents dans l'enceinte du Palais, ils annoncent du moins le moment où ces magistrats prennent séance.

La PREMIÈRE CHAMBRE étant la seule qui ne ressemble pas à toutes les autres et la seule aussi où se tiennent les audiences solennelles, doit arrêter un instant notre attention.

Aux jours ordinaires, la Cour en robes noires et réduite au nombre des conseillers qui la composent, se place sur un seul rang, le plus bas et le plus rapproché du parquet. Dans les solennités, et alors que plusieurs chambres sont réunies, les magistrats revêtent leurs robes rouges et remplissent également les banquettes du bas et les gradins supérieurs adossés contre les lambris.

Ce spectacle a quelque chose de sévère et de majestueux qui attirait la contemplation de M. de Maistre, et faisait dire à Royer-Collard que c'est à ces audiences qu'il avait *appris le respect.*

Par une disposition récente, le fauteuil de M. le

premier président, placé au degré le plus élevé de l'amphithéâtre, est au milieu. Auparavant, il était seul, isolé à l'angle gauche de la salle, comme le sommet d'un éventail ouvert, dont les banquettes des magistrats auraient fourni les branches. Nous préférions cette disposition traditionnelle conservée encore dans les grand'chambres de la plupart des anciens Parlements. Cela tranchait avec cette mise en scène vulgaire qui est le lieu commun de la justice.

Le plus précieux ornement de notre première chambre est un tableau sur bois en forme de tryptique, une des raretés de la peinture. Ce tableau, de l'époque de Van Eyck, représente un crucifiement avec ces éblouissantes couleurs du peintre de Bruges. Grâce aux anachronismes les plus heureux, de grands saints et de grands rois se rencontrent sur le Calvaire. Saint Jean et saint Denis y coudoient saint Louis et Charlemagne. On prétend même que le peintre a voulu figurer en si bonne compagnie. Il l'aurait fait avec une grande discrétion, en se mettant au dernier plan sous l'accoutrement d'un personnage subalterne.

Ce tableau, outre sa valeur comme œuvre d'art, a une réelle importance pour l'histoire de Paris, parce que le peintre y a représenté l'abbaye Saint-Germain et le Louvre, tels qu'étaient les deux édifices à cette époque lointaine.

Regagnons l'escalier, s'il vous plaît, et quand nous en aurons descendu les marches, dirigeons-nous en tournant à gauche par la galerie du vestiaire au fond de laquelle nous trouverons la Salle des Pas-Perdus. Le seuil de cette salle est exhaussé de six degrés.

Tous les jours, quand les audiences s'ouvrent, les huissiers crient: « Le tribunal, messieurs, chapeau bas! » Ils pourraient dire aux visiteurs qui franchissent ce seuil : « Chapeau bas! messieurs, l'Histoire ! »

Découvrons-nous, en effet, car c'est ici que se sont accomplis ou célébrés les plus grands faits de nos annales. Le plus intéressant de notre histoire a tenu ou s'est répercuté entre ces quatre murs.

Disons d'abord ce qu'est aujourd'hui la salle des Pas-Perdus. Épargnée par l'incendie du 10 janvier 1776, elle est restée telle que Jacques Debrosses la reconstruisit après le mémorable incendie de 1617.

Elle ne mesure pas moins de soixante-treize mètres de longueur sur vingt-huit de large. Sa capacité étonne le regard sans l'absorber. L'œil plonge dans deux vastes nefs parallèles dont les voûtes en se joignant s'appuient sur des piliers gigantesques, qui divisent la salle dans le sens de sa longueur. De grands arceaux sous lesquels il faut passer pour aller d'une nef dans l'autre, relient entre eux ces piliers. Aux carapaces de ces voûtes sont percés des œils-de-bœuf profonds, qui projettent le jour dans la salle déjà abondamment fournie de lumière par de larges baies surmontées de demi-rosaces, ouvertes aux deux extrémités de cet immense vaisseau.

Trois ou quatre écrivains soucieusement assis, le dos tourné au mur, devant une table noire, ne se doutent guère que leurs prédécesseurs devinrent les procureurs de l'ancien temps.

A main droite en entrant et presque en face du pilier dit des consultations, à cause des avis gratuits que les anciens avocats distribuaient en cet endroit au populaire, vous remarquerez, adossé à la paroi de la salle, un monument de marbre blanc à colonnes, très-lourd et très-froid, dédié à la mémoire de Malesherbes. Un bas-relief représente Malesherbes et de Sèze visitant Louis XVI dans la prison du Temple. L'inscription dédicatoire, d'une très-pure latinité, a été écrite par la main du roi qui signa la Charte.

De ce même côté, vers l'extrémité de la salle dont elle occupait presque toute la largeur, on vous montrera l'emplacement de la tant célèbre table de marbre qui, selon Froissart, avait été faite « avec la plus belle tranche connue au monde. »

Sur cette salle des Pas-Perdus s'ouvrent la Chambre civile et criminelle de la Cour de cassation, la quatrième Chambre de la Cour impériale, et les première et cinquième du Tribual. Pour aller aux trois autres Chambres de première instance, il faut prendre l'une des deux branches d'un escalier de pierre qui fait vis-à-vis au monument de Malesherbes. Cet escalier monte au premier étage d'une sorte de *patio* recouvert en verre, et dont les deux galeries communiquent entre elles au moyen d'un pont d'une coupe très-gracieuse.

Si l'on tient à voir la salle des Pas-Perdus dans toute son animation, c'est vers onze heures du matin, à l'ouverture des audiences, qu'il faut la visiter.

Elle est alors envahie par une foule bariolée dans laquelle dominent les robes noires et les cravates blanches, avec force dossiers sous le bras. Juges, avocats, avoués, greffiers, huissiers, journalistes, sténographes, sans compter les plaideurs, les petits clercs et ces employés du papier timbré, des chemins de fer, de la poste, des tabacs, des forêts, de l'octroi; qui viennent prêter serment à l'ouverture de la première Chambre Partout des gens affairés qui se croisent, se heurtent, s'évitent. Les avocats surtout sont aux champs : celui-ci accourt tout essoufflé, il boutonne sa robe et attache son rabat en arpentant les dalles pour ne pas manquer l'appel des causes. Ceux-là se communiquent des pièces en toute hâte avant d'engager le combat.

D'autres cherchent leurs clients qui, de leur côté sont en quête de leurs avocats. Entre les groupes circulent les petits clercs. Inquiets comme des âmes en peine, ces alertes aides de camp de la Patrocine tiennent à la main des conclusions additionnelles, munitions de la dernière heure qu'il faut remettre au plus vite entre les mains des artilleurs qui doivent les lancer. Ce bruit et ce mouvement rendent l'immense salle bourdonnante comme une ruche et agitée comme une fourmilière. Seul paisible dans cette mêlée, l'habitué frotte ses mains oisives, il observe, il regarde autour de lui, il voudrait flairer une cause intéressante ; mais ce qu'il recherche avant tout, c'est le poêle qui chauffe le mieux et la chambre où l'on est le plus commodément assis.

Ce premier feu passé, cette impatiente multitude se distribue et se disperse entre ces chambres béantes. Peu à peu, la physionomie et la population de la salle s'éclaircissent. Ce tourbillon s'apaise. Les plaidoiries s'engagent, et alors les avocats qui ne plaident pas se promènent. Ils devisent en vrais péripatéticiens, attendant que le rôle de l'audience vienne les recruter.

A ce moment-là il est impossible, avec la diversité des Chambres, la variété des causes et l'ensemble des talents du barreau de Paris, il est impossible que dans quelque salle, à droite ou à gauche, en haut ou en bas, au civil ou au criminel, au siége du ministère public ou à la barre des avocats, il ne se prononce pas quelque discours ou éloquent, ou instructif, ou spirituel. Le tout est de savoir orienter sa curiosité.

Il y a des jours et il y a des chances pour ces bonnes fortunes de l'oreille. La première Chambre de la Cour et du Tribunal, la sixième de la Police correctionnelle, ont ordinairement le dessus du panier des causes qui les compètent. Le vendredi est un jour consacré aux grands débats.

Ajoutons qu'il n'y a pas d'autre lieu public dans Paris où l'on trouve rassemblés, tous les jours, tant de personnages remarquables. Abri du talent, refuge du travail, champ d'asile pour les blessés de tous les partis, le barreau parisien est à la fois une pépinière et un hôtel des invalides pour les hommes de la politique.

Les ministres du passé s'y promènent au bras des ministres de l'avenir. Ces mêmes voix qui s'échauffent pour un intérêt privé ont débattu ou débattront les intérêts des Républiques et des Empires.

Aussi, anciens ministres, anciens représentants, anciens ambassadeurs y coudoient les députés en exercice. Orateurs, savants, académiciens, journalistes, tout cela se mêle et se confond dans cette multitude qui est une élite.

Voilà ce qu'est aujourd'hui la salle des Pas-Perdus.

Si nous voulons savoir ce qu'elle était autrefois, il faut le demander au grand poëte, au maître par excellence dans l'art de faire revivre le moyen âge, pittoresque et passionné. Voici comment Victor Hugo décrit la Grand'Salle :

« Au-dessus de nos têtes, une double voûte en ogive lambrissée en sculptures de bois, peinte d'azur, fleurdelisée en or; sous nos pieds un pavé alternatif de marbre blanc et noir.

« A quelques pas de nous un énorme pilier, puis un autre, puis un autre, en tout sept piliers dans la longueur de la salle. Autour des quatre premiers piliers, des boutiques de marchands, toutes étincelantes de verre et de clinquant : autour des trois derniers, des bancs de bois de chêne, usés et polis par le haut-de-chausses des plaideurs et la robe des procureurs.

« A l'entour de la salle, le long de ces hautes murailles, entre les portes, entre les croisées, entre les piliers, l'interminable rangée des statues de tous les rois de France depuis Pharamond; les rois fainéants, les bras pendants et les yeux baissés; les rois vaillants et bataillards, la tête et les mains hardiment levées au ciel. »

Enguerrand de Marigny, ministre de Philippe le Bel, édifia toutes ces merveilles, qu'inaugura son roi, en 1313, par huit jours de réjouissances publiques dans lesquelles il arma chevaliers ses trois fils. Enguerrand plaça son propre buste sous les pieds de la statue de son maître; mais cette effigie fut plus tard arrachée de sa niche et ignominieusement traînée à travers les degrés que ce malheureux ministre avait dressés lui-même. Cette salle était admirablement disposée pour toutes ces fêtes d'apparat. Les rois y recevaient les hommages de leurs vassaux, y solennisaient leurs entrées, leurs avénements, leurs mariages, y assemblaient les états généraux et y tenaient cours plénières. C'est autour de la table de marbre que furent célébrées les noces de Catherine de France, fille de Charles VI, avec Henri V, roi d'Angleterre, à la même place où s'était assis précédemment un autre roi du même pays, Edouard II, gendre et vassal de Philippe le Bel. C'est encore là qu'au milieu de huit cents chevaliers, l'empereur Charles IV et son fils Venceslas, dit l'*Ivrogne*, roi de Bohême, furent conviés à un splendide festin, après lequel on donna une représentation merveilleuse de la prise de Jérusalem par les croisés. On y vit un gigantesque vaisseau avec ses agrès et son équipage manœuvrant au milieu de la Grand'Salle, et transportant les preux de Godefroy de Bouillon.

Il ne faut pas oublier que sur cette même table de marbre et après les *Mystères de la Passion*, les clercs de la Basoche jouèrent longtemps ces *Farces*, *Moralités* et *Sotties* dont la licence aristophanesque n'épargnait personne, ce qui les fit emprisonner sous Charles VIII, mais encourager sous Louis XII, dont l'intelligente sagesse « pensait par là sçavoir beaucoup de choses, lesquelles autrement il luy était impossible d'entendre. »

Cette table, tour à tour table de festin, trône, théâtre, était encore un tribunal ; car, par un de ces contrastes qui plaisaient tant au moyen âge, c'était là que la juridiction de la connétablie et de l'amirauté tenait ses audiences, les jours où la Basoche ne tenait pas les siennes. C'est dans cette salle que, pendant la captivité du roi Jean, le prévot Marcel égorgea Robert de Clermont et Jean de Conflans, maréchal de Champagne, sous les yeux mêmes du dauphin, qui fut tellement épouvanté par cette scène, qu'il prit en horreur le séjour du Palais et se hâta de faire construire l'hôtel Saint-Paul pour y fixer sa résidence.

Ces voûtes retentirent aussi des tumultes, des cabales et des séditions de la Ligue et de la Fronde. La foule armée inondait les cours, les degrés et les salles. Les conseillers du temps de Mazarin ne se rendaient au Palais qu'en portant des poignards sous leurs robes, et, pour se mettre à la mode, le cardinal de Retz en cachait un sous son rochet, qu'on appelait le *bréviaire de notre archevêque*. Cela ne l'empêcha pas, le 18 août 1650, au moment où il essayait de pénétrer de vive force dans la Grand'-

Chambre, de trouver son col pris entre les deux battants de la porte, et il aurait été infailliblement étranglé sous cette pression commandée par le duc de la Rochefoucauld, son ennemi, si M. de Champlatreux, le fils du premier président Molé, ne fût accouru à son secours, ordonnant d'autorité d'ouvrir cette porte, et dégageant ainsi la tête fort compromise du coadjuteur.

La *Grand'Chambre*, avons-nous dit. C'est aujourd'hui la chambre civile et criminelle de la Cour de cassation. Chambre royale sous saint Louis, qui la fonda et qui l'habitait, elle devint plus tard la chambre des plaids et enfin la grand'chambre du Parlement.

Vainement lui a-t-on enlevé sa physionomie d'autrefois, elle garde encore je ne sais quel air de grande race qui fait que les statues de l'Hôpital et de d'Aguesseau n'y sont nullement déplacées. Elle fut longtemps l'orgueil et le luxe de nos rois. Elle était alors *lambrissée de culs de lampes dorés et vermillonnés avec un artifice singulier*. Louis XII, qui se plaisait à y conduire tous les princes étrangers pour offrir à leur admiration *le bon ordre de sa justice*, la fit dorer avec de l'or de ducats de Hollande. Elle avait deux tribunes, dites lanternes, délicatement sculptées, places de faveur où l'on montait par des échelles mobiles.

La Révolution fit de la Grand'Chambre d'abord

son *Tribunal de cassation* et ensuite son *Tribunal révolutionnaire*. « On remplaça les tentures chargées d'armoiries inconstitutionnelles, » ce qui s'explique à merveille ; mais, poussant jusqu'au fanatisme le culte de l'égalité, on supprima les lanternes et à la place « du plafond de bois de chêne tout entrelacé d'ogives, on mit un plafond lisse et sans ornement. »

Dès lors, ces mêmes voûtes qui avaient vu tant de monarques étrangers depuis l'empereur Sigismond jusqu'à Pierre le Grand, czar de toutes les Russies, qui avaient retenti des voix aimées de nos rois de France depuis saint Louis jusqu'à François 1er et Henri IV, ces mêmes voûtes virent mettre en accusation et condamner à mort une reine de France. Elles entendirent les accents suprêmes des Girondins, les mâles paroles de Charlotte Corday, de Mme Roland et les sanglots de la Dubarry.

C'est là que, pendant si longtemps, avait vécu et trôné cette magistrature française, unique au monde, qui n'a d'analogue dans aucune autre histoire, qui fut comme le lest de l'esprit national et le haut clergé de la justice. Là, fleurirent, dans les temps légendaires et héroïques des Parlements, ces dynasties de magistrats taillés dans le roc de la tradition et de la vertu.

Inclinons-nous devant cette austère compagnie

qui tient une si grande place dans l'État et dont les *souverains* élus (car on désignait quelquefois ainsi les premiers présidents) portaient comme insignes de leur dignité le costume même de nos rois, ce qui se voyait dans cette Grand'Chambre par un tableau d'Albert Durer où le roi Charles VII était représenté en costume de premier président. Et dans les cérémonies publiques c'était encore le premier président qui avait le droit de marcher immédiatement après le roi et avant ses fils. Aussi quel dévouement à la patrie! Pendant les désastres et les captivités de nos rois, c'était le Parlement qui administrait le royaume avec une telle sollicitude, qu'après la glorieuse défaite de Pavie, on vit le premier président lui-même monter la garde à l'une des portes de la cité.

Nous ne saurions aujourd'hui nous faire une idée exacte de cette puissante compagnie dont les arrêts étaient des lois, les remontrances des conseils écoutés, qui cassait les testaments des rois les plus absolus, et dont les princes étrangers sollicitaient parfois l'arbitrage mais redoutaient les sentences quand, au lieu de les accueillir en visiteurs, elle les mandait à sa barre comme ses justiciables.

C'est, en effet, une chose à donner le vertige que cette ubiquité d'omnipotence du Parlement, reconnue au milieu du morcellement des peuples, de la diversité des États, de la contrariété des coutumes et des juridictions qui déchiquetaient le sol politique au moyen âge.

Le Parlement de Paris planait sur toute cette confusion; il ne craignait pas de *citer à comparaître* l'empereur Charles-Quint lui-même; il l'ajournait bravement à son de trompe sur la frontière; et, comme l'empereur faisait défaut, on lui confisquait, platoniquement il est vrai, mais par arrêt, l'Artois, la Flandre et le Charolais. Ce n'est pas tout, les mêmes magistrats osaient envoyer leurs émissaires à l'étranger et savaient les y faire respecter et obéir. Témoin la note d'un huissier, qui déclare avoir vaqué trente-trois jours, lui troisième, avec trois chevaux, pour aller à Gand ajourner le comte de Flandres ; ajoutant qu'il a pris à Tournay « Jean le Clément, sergent royal, parce que ledit sergent parlait le langage flamand et qu'il connaissait les chemins et nature du pays. »

On n'accomplit ces choses que lorsqu'on a l'excitation de l'esprit de corps et le feu sacré de la justice.

Le sublime côtoyait quelquefois le ridicule. C'était héroïque ou c'était burlesque, mais c'était toujours grand. Chaque magistrat était à lui seul une justice. Ces ministres du droit qui gardèrent toujours une saisissante originalité avaient le secret de faire simplement les grandes choses. Et quelle familiarité de bon lieu ils savaient mêler à leurs actes, comme pour en faire la grâce de leur sévérité !

Ce Parlement, qui n'ordonnait jamais que *sur peine de la hart*, qui appliquait la torture et dressait la potence, qui faisait trembler les plus grands seigneurs au fond des châteaux les plus reculés, où il les atteignait par des missionnaires de terreur dans ces *grands jours*, qu'il promenait d'un bout à l'autre de la France ; ce Parlement avait aussi des tendresses et des coquetteries charmantes, des amusements presque enfantins : il recevait les aubades de la Basoche et riait à ses représentations, il écoutait les causes grasses en carnaval et se laissait fleurir le 1er mai par celui des princes qui obtenait l'honneur de lui présenter la *Baillée aux Roses*. Il réprimait aussi par arrêt son luxe domestique, défendant la soie à MM. les conseillers et « *priant* leurs femmes de se contenter d'aller sur hacquenées sans aller en lytière. »

Ainsi vécurent ces gens de robe que la satire Ménippée ne craignit pas d'appeler les tuteurs des rois et les médiateurs entre le prince et le peuple. Ces magistrats, esclaves et dispensateurs de la loi, austères et puissants comme elle, portaient aux pieds du trône les avis déplaisants de la sagesse qu'ils appuyaient des témérités réfléchies d'une insubordination fidèle et d'une hargneuse obéissance ; car si la royauté trouva quelquefois en eux des complaisances de courtisan, elle y trouva aussi des résistances de héros. A des défaillances de femmes, ils mêlèrent des opiniâtretés de martyrs et des petitesses de bourgeois à des prouesses de paladins. Ils furent les initiateurs de la parole indépendante, les propagateurs de l'esprit d'examen et, comme ils pratiquaient les mœurs de la liberté, ils furent les premiers à en parler le langage.

Toutes les pulsations de la pensée, toutes les impatiences du souffle national, ils les ressentirent pour les étouffer quelquefois ; mais pour les discipliner souvent et les rendre irrésistibles. Girondins de la royauté, ils eurent le sort de la modération et du bon sens entre les passions extrêmes, ils furent broyés en mécontentant tout le monde, ils se crurent eux-mêmes les ennemis et furent les victimes d'une révolution dont ils n'avaient été que les précurseurs.

Retrancher de nos annales ce qu'on a appelé avec un si injuste dédain la Robinocratie, ce serait en ôter ce qui fait le plus d'honneur au patriotisme, à l'intelligence et à la dignité de notre histoire. Nous foulons ici le sol sacré de la liberté sous la loi, le sol où a le mieux germé la franche parole de nos pères, un sol pétri de sel gaulois et d'indépendance, un sol vraiment français dont les tressaillements ont quelquefois agité le pays, mais pour lui épargner plus d'un tremblement de terre.

Mais où vont nous mener toutes ces réflexions qui nous égarent en chemin ? Il nous reste encore à parcourir la galerie de Saint-Louis, la bibliothèque et la Cour d'assises.

Donc au plus vite reprenons notre itinéraire. En sortant de la salle des Pas-Perdus, engageons-nous à droite dans une galerie vide qu'on appelle encore la GALERIE DES MERCIERS. Elle fut longtemps la promenade favorite et le rendez-vous de tout Paris. Le bel air était de s'y fouler entre deux rangées latérales de boutiques ou plutôt de *bonbonnières*. Le cardinal Bentivoglio y vit en 1695, « des marchandes aussi jolies que des Romaines, aussi pétulantes que des Vénitiennes, aussi polies et aussi éveillées que des Florentines. » Plus tard, un des Persans de Montesquieu, le sensible Ricca, fut ému en entendant *leurs voix trompeuses*. Mais Mercier, dont l'observation est plus mal séante, se sert de leur grâce pour flageller les disgrâces des *noirs individus* qui peuplent l'*antre de la chicane*. « Quels groupes de sangsues, s'écrie-t-il. Parmi ces robes, ces rabats, des marchandes de modes et des vendeuses de brochures. De jolies têtes ornées de rubans à côté de ces figures de jurisconsultes. Des sacs de procureurs reposent sur des pièces à ariettes, et tous ces loups en perruque font les galants auprès de ces petites marchandes. » Les *loups* sont encore là, sans perruque, il est vrai ; mais où sont les *petites marchandes ?* Passons, et tournons à main droite, en tirant une porte vitrée. La GALERIE DE SAINT-LOUIS est une des parties les mieux conservées du vieux Palais. Dix travées à arc surbaissé, séparées par des poutrelles peintes, la composent. C'est un spécimen en miniature des enluminures éblouissantes de l'ancienne Grand'Salle. Une statue de Louis IX debout, tenant à la main un livre fermé sur le plat duquel est écrit en lettres gothiques le mot *Loix*, occupe le fond de cette galerie, à côté d'un couloir qui descend à la Chambre des requêtes de la Cour de cassation et sur les parois duquel sont encadrés les portraits de douze avocats, magistrats ou légistes, depuis Cujas jusqu'à Gerbier.

En quittant la galerie Saint-Louis, vous êtes en face de la COUR D'ASSISES, où monte un escalier de pierres à deux rampes et en fer à cheval. Passez sous la voûte que forme la jonction de ces deux rampes et vous trébucherez dans un couloir obscur où pétille quelquefois en plein jour la mèche fumeuse d'un réverbère. Vous arrivez presque à tâtons à la chambre des appels de police correctionnelle, où vous lisez en frontispice un distique latin en l'honneur de l'ancienne justice, qui se préoccupait beaucoup plus de venger la société que de la défendre. Ce distique, composé par Santeuil, surmontait autrefois l'entrée de la salle du Châtelet. Vous tournez cette salle par la gauche, et en suivant des corridors qui se contredisent, à travers des escaliers qui se contrarient, vous aboutissez à un palier étroit où s'ouvrent les deux battants d'une porte, sur le linteau de laquelle on lirait une inscription, si la fenêtre à guillotine qui est censée l'éclairer envoyait assez de lumière pour cela. L'inscription est celle-ci : BIBLIOTHÈQUE DE MM. LES AVOCATS. Et, en effet, c'est là qu'ils étudient, parlent ou pérorent, selon qu'ils sont à la salle d'études, à la conférence, ou à *la Parlotte*. Elle compte vingt-huit mille volumes.

C'est un avocat, M. Ripardfonds, qui fonda cette bibliothèque pour ses confrères. Elle a aujourd'hui un membre de l'Institut pour conservateur ; mais son berceau fut beaucoup moins scientifique. Quand elle commença, dans la cour de l'archevêché, elle n'avait d'autre bibliothécaire qu'une vieille femme qui filait sa quenouille, assistée d'une jeune fille de dix-sept ans, pour donner les livres aux avocats.

Nous errons ici dans les parages du plus embrouillé des dédales. Impossible de faire dix pas sur le même niveau. Il faut toujours ou monter ou descendre. Partout des marches traîtresses où le pied trébuche ou s'enfonce. Ce ne sont que détours et corridors, escaliers tortus et couloirs borgnes, traversés par des tuyaux de poêles qui nouent leurs coudes sur vos têtes. Les portes y ressemblent à des guichets, les fenêtres à des soupiraux. Des treillis de fer croisent leurs mailles à toutes les ouvertures extérieures et presque toutes les issues sont garnies de grilles qui remplissent tout l'espace du sol à la voûte. On circule ainsi à travers toutes les clôtures dont la serrurerie peut armer la méfiance.

Il faut passer par ce labyrinthe pour aller à la *Buvette*, au *Petit Parquet*, au dépôt de la Préfecture de police.

Retournons sur nos pas, et par l'escalier qui fait face à la galerie de Saint-Louis, montons à la Cour d'assises. C'est une des plus vastes salles du Palais, l'ancienne chambre des Enquêtes. Son plafond, couvert de peintures, se disloque et ne tient plus que par des ligatures de fer. Outre la grande porte d'entrée, partout des portes de dégagement pour introduire la Cour, les jurés, les témoins, les accusés.

C'est là que, tous les jours, douze hommes probes et libres jugent souverainement leurs semblables. De leurs verdicts dépendent l'honneur et la vie des citoyens ; car ici le banc des accusés est du bois dont on construit l'échafaud.

Mais, chemin faisant, la journée s'est écoulée,

les salles se dépeuplent, le vide se fait. Ces galeries, si tumultueuses naguère, deviennent mornes comme des catacombes.

La nuit arrive, les grilles se ferment, les lanternes s'allument. Sous ces voûtes désertes, aucun bruit.

Le Palais s'endort ou plutôt il s'enterre, mais pour ressusciter demain.

V

RÉHABILITATION DES COUPABLES CONDAMNÉS.

La plus grande préoccupation de la loi pénale et les plus grands efforts de la justice criminelle devraient se concentrer sur la réhabilitation des condamnés. Nous ne parlons pas ici des condamnés innocents pour qui cette réhabilitation est un droit auguste et sacré; nous parlons des condamnés coupables pour qui cette réhabilitation devrait être la récompense du repentir.

Le principe est bien inscrit dans nos codes, mais évidemment personne ne soupçonnerait les résultats qu'il donne s'ils n'étaient consignés dans cet inventaire si instructif que dresse tous les ans M. le garde des sceaux sur la criminalité de la

France. Interrogeons la réflexion avant de consulter la statistique officielle. La réflexion répond que la première condition de la peine étant de corriger celui qui la subit, l'expérience devrait offrir au moins autant de condamnés amendés que de condamnés pervertis, et comme le signe de l'amendement est la réhabilitation et le signe du contraire la récidive, on demande à la statistique autant de réhabilités que de récidivistes.

Telle est la théorie, examinons maintenant la pratique. La pratique présente dans une période de cinq années, de 1851 à 1860, 42 256 récidives contre 310 réhabilitations. C'est à n'y pas croire. La statistique elle-même, si aguerrie qu'elle soit contre toutes les éventualités, rougit et s'humilie devant un résultat si déplorablement exigu : mais enfin on s'habitue à tout, et il a bien fallu en prendre son parti.

M. le garde des sceaux, dans son rapport sur l'année 1863, signale un accroissement dans ce chapitre, « qui marque, dit-il, un véritable progrès moral. »

Or, voici dans quelle beaucoup trop modeste proportion ce mouvement s'accomplit :

L'année 1863 constate 130 réhabilitations. « Elles ont donc presque doublé en cinq ans, » continue M. le ministre, en se félicitant de cette progression.

Et comprenant néanmoins combien est pauvre et lente cette augmentation, le rapporteur ajoute :

« On peut affirmer que le progrès serait plus sensible encore si, au cours, et surtout à l'expiration de leur peine, les détenus recevaient des instructions sur les conditions à remplir pour obtenir la réhabilitation et des exhortations à mériter cette réintégration dans tous les droits du citoyen. »

Ici vous m'arrêtez en croyant que j'ai mal copié les paroles que je cite. Je vous entends me dire : « Pourquoi donc faire parler M. le ministre comme un député ou même comme un simple journaliste? Que ceux-ci émettent des vœux à la bonne heure; ils ne peuvent pas faire autre chose. Mais comment me persuaderez-vous qu'un ministre, qui a la réalité à son service, se contente d'une aspiration? Est-ce que quand vous avez la clef de votre maison dans votre poche, au lieu de sortir ou d'entrer à votre gré, vous faites des vœux pour que votre porte soit ouverte ou fermée.

— Non sans doute, mais vous oubliez qu'en France, par une singulière anomalie, les maisons de détention ne sont pas du ressort du ministre de la justice. Le tribunal dépend de lui; mais non pas la prison. Il gouverne ceux qui prononcent la peine, mais non pas ceux qui la subissent ou qui l'appliquent. Et voilà pourquoi le garde des sceaux en est réduit lui-même à former des vœux au lieu d'exécuter des actes.

Tout cela prouve qu'il y a un progrès urgent et

immense à faire au sujet de la réhabilitation. Nous dirons nos idées à cet égard, qu'il nous suffise pour aujourd'hui d'expliquer pourquoi la loi actuelle est si peu efficace. Cela tient à deux causes :

A la loi elle-même d'abord, et ensuite à des idées fausses qu'il faut s'évertuer à déraciner.

La loi a le tort d'exiger des formalités beaucoup trop nombreuses et beaucoup trop retentissantes surtout.

La loi du 3 juillet 1852 a compris les inconvénients des lois précédentes, mais elle n'y a ni assez satisfait ni assez remédié. Le délai qu'elle impose au condamné pour demander sa réhabilitation est encore trop long et les justifications trop minutieuses et trop publiques.

Pour rendre l'honneur à un coupable qui a payé sa dette à la société, c'est un mauvais moyen que de le contraindre à crier sur les toits sa faute déjà expiée, il aimera mieux alors qu'on l'oublie dans l'ombre et il repoussera un bienfait qu'il ne peut obtenir qu'en se diffamant.

Mais ce qui empêchera encore, tant qu'il subsistera, toute sérieuse amélioration, c'est le préjugé inhumain qui vous cloue à perpétuité au mal en laissant croire qu'on ne peut remonter au bien. C'est le préjugé qui déclare la tache indélébile, la chute irrémédiable, la faute irrémissible et qui de tout malade fait un incurable.

Avec son image de l'honneur, dont il a fait une *île escarpée et sans bords*, Boileau a consacré un mensonge barbare qui a découragé le courage en fermant toute issue à l'espérance.

Ce qu'il faut prêcher, ce qu'il faut enseigner, ce qu'il faut croire, au contraire, c'est la doctrine de la miséricorde, qui a été le plus irrésistible levier du christianisme; ce qu'il faut enseigner, c'est que toute faute s'efface, et qu'il est bon de tuer le veau gras au bénéfice de tout enfant prodigue; c'est qu'il n'y a rien de plus sain et de plus juste que de mieux traiter l'homme qui se relève après une chute que celui qui n'a jamais bronché dans sa voie : souvenons-nous toujours de cette parole si encourageante de l'Évangile, qu'il doit y avoir plus de joie pour un pécheur qui fait pénitence que pour quatre-vingt-dix-neuf justes qui n'ont pas besoin de pénitence.

Par ce chemin on marchera vers une loi efficace sur la réhabilitation. Cette loi ne sera complète que le jour où l'équilibre moral sera rétabli entre les réhabilités et les récidivistes.

Mais on ne fera rien de bon tant qu'on n'aura pas jeté à la mer l'*île* de Boileau, et qu'on ne l'aura pas remplacée par cette vérité : Il y a des repentirs plus méritoires que l'innocence.

VI

CIVILISATION DE LA GUERRE. — UN PROCÈS DE MŒURS.

1ᵉʳ août 1865.

Deux grands faits se sont produits qui, sans relever directement de la justice, l'intéressent et la réjouissent, parce que la justice est à la fois l'instrument le plus auguste comme la consécration la plus haute de la civilisation et du progrès.

De ces deux faits, le premier est ce traité international signé par quelques grandes puissances et beaucoup de petites pour atténuer les maux inséparables de la guerre.

Souffle de fraternité qui vient vivifier le droit des gens, voilà, au milieu de la bataille, installé le champ d'asile de l'humanité.

Le respect du malheur, l'inviolabilité du vaincu

sont désormais reconnus et proclamés. La furie du combat, la frénésie de la lutte s'arrêteront devant un drapeau qui n'est celui d'aucune nation, mais qui peut les protéger toutes, le drapeau noir de la blessure et de la mort.

Mettre hors de combat équivalait jadis à mettre hors de l'humanité. Le vaincu devenait l'otage, le patient, la victime du vainqueur ; il en deviendra aujourd'hui l'hôte et, mieux que cela, le frère.

Oh! que voilà une œuvre digne de notre siècle! Cela s'appelle parquer, cantonner, circonscrire un fléau. Mais la portée d'une telle mesure ne va-t-elle pas plus haut et plus loin?

Ces boucheries, ces égorgements, ces cris des mourants, ces défigurements affreux, ces blessures béantes, toute cette horrible misère dont se compose la gloire militaire, que sont-ils, si ce n'est un effet, un effet inévitable, je le veux bien? Le traité les appelle *les maux regrettables de la guerre*. Puisque ce sont des maux, pourquoi ne pas s'en prendre au mal générateur? puisque ce sont des conséquences, pourquoi ne pas attaquer le principe? Celui qui tarit la source n'a pas besoin d'endiguer le torrent.

Aujourd'hui, quand deux hommes, pour terminer une querelle, s'adressent à la force plutôt qu'à la justice, ils font acte de barbarie. Pourquoi deux nations, deux peuples, trouvent-ils encore naturel de faire ce que deux citoyens ne font plus? Cela tient peut-être à ce que les citoyens ont des juges établis, tandis que les nations n'en ont pas. Qui les empêche donc d'en établir? Pourquoi ne pas constituer un tribunal universel de la conciliation et de la paix?

D'ailleurs, la guerre n'est-elle pas destinée à disparaître? Le second fait que nous indiquions plus haut le démontre avec toute l'irrésistible énergie de la statistique. C'est un document officiel sur la fabrication de la poudre en France. Il y a, comme chacun sait, deux espèces de poudre : la poudre de guerre et la poudre de mine, c'est-à-dire la poudre qui détruit et la poudre qui édifie, celle qui dévaste et celle qui féconde.

Au commencement la poudre de mine ne formait qu'un sixième de la poudre employée pour et par la guerre. Aujourd'hui la proportion est complétement renversée.

Ainsi l'humanité fait son chemin ; c'est l'aiguille d'une horloge, elle avance sans qu'on s'en aperçoive; on ne la voit pas marcher, et pourtant on la voit arriver.

Il est un dernier procès qui attire l'œil et attriste la méditation, en ce qu'il est comme l'échantillon d'un mal général. C'est celui qui vient de précipiter une grande dame, une véritable comtesse celle-là, des hauteurs de la considération et de la fortune dans les bas-fonds de la police correctionnelle.

Avoir porté un nom éclatant, avoir eu des châteaux, des terres, quatre-vingt mille livres de rente pour aller se faire décapiter moralement par la justice, entre une couturière et un agent d'affaires, quelle destinée et quel enseignement!

La fortune, si grande qu'elle soit, n'est donc pas une garantie contre la misère?

L'ordre et la bonne conduite sont de meilleurs préservatifs.

Si riche qu'on soit, quand les dépenses excèdent le revenu, la ruine se cache fatalement au bout du chemin, et chaque jour vous en rapproche. Dans le crédit, quand l'équilibre est rompu, la chute devient inévitable. Il n'y a que l'architecture qui ait pu opérer ce miracle de tenir perpétuellement debout la tour penchée de Pise.

Mais qu'y faire? Il est si doux de vivre à l'aventure!

Le travail, l'économie, l'ordre, la patience, allons donc! vieilleries que tout cela. C'était bon pour les anciens. Ce qu'il nous faut, à nous, c'est l'improvisation de la fortune, le jeu, la bourse, les loteries. S'enrichir en un clin d'œil, par un coup de foudre et un coup du sort, à la bonne heure! Un éclair, un tour de roue, un gros lot en perspective: en voilà plus qu'il n'en faut pour défrayer des années d'oisiveté, de dissipation et de rêves dorés qui se terminent souvent par un réveil dans la misère et dans la honte.

Il est vrai qu'entre plusieurs millions de joueurs il en est un qui a gagné une opulence. Celui-là commande un *Te Deum!* il fait dire des messes pour remercier le ciel de cette aubaine. On mêle ainsi la divinité à tous les vices ; on la met de moitié dans toutes ses passions. Vous verrez que bientôt on ira prier Dieu pour qu'il dicte de bons numéros comme une somnambule. La messe du Saint-Esprit ne sera plus que la messe du veau d'or.

Là-dessus, on crie contre le luxe sans songer que ce luxe n'est pas un accident, mais une résultante. Or, on ne refait pas un pays avec un réquisitoire.

Le frère de la Maintenon parlant du frère de la Montespan, M. de Vivonne, à qui sa sœur avait obtenu le bâton de maréchal de France, disait avec la naïveté d'un cynisme qui s'ignore : « Pour moi, j'ai eu mon bâton en argent. »

Eh bien! nous sommes trop ce frère-là ; nous laissons trop toutes choses se convertir en argent. Le sentiment, le patriotisme et l'honneur ne se frappent pourtant pas à la monnaie.

La plus grande cause de la corruption d'une société c'est son appétit des richesses. Cette corruption est en raison directe de son amour pour l'argent et en raison inverse de son amour pour la vertu.

Les anciens Romains, non pas les Romains avilis de la décadence, mais le peuple roi des époques viriles, ces grands citoyens durent ce sceau impérissable qu'ils ont gravé sur l'imposante éternité de leur gloire à ce qu'ils n'accordèrent à la richesse que la place subordonnée qui lui convient. Chez eux, la récompense la moins estimée était la couronne d'or, tandis que la plus enviée et la plus précieuse était la couronne en feuilles de chêne.

Le luxe ne disparaîtra pas sous la critique, parce que la critique n'éteint que les petits foyers; les grands, elle les attise au contraire.

Tonner contre les mœurs, qui sont notre œuvre à tous, c'est se montrer aussi injuste qu'un homme qui, d'un sac où il aurait mis des cailloux, prétendrait retirer des diamants.

Voyons! vous abattez nos maisons et vous nous condamnez à habiter des palais. Nous sommes bien forcés, pour être dignes d'y entrer, de nous couvrir de magnificences.

Ne faut-il pas que l'habit réponde à la demeure? peut-on se vêtir autrement qu'on se loge? Il y a une certaine corrélation, une harmonie impérieuse qui commandent ces solidarités des choses. Tou s'enchaîne. Rappelons-nous l'histoire de la pantoufle de Diderot. Vraiment on fait une si grande part et on accorde une si belle place à l'apparence, à la superficie, au costume ; on professe un tel culte pour l'uniforme, les dorures, le clinquant, la poudre aux yeux, que chacun veut éblouir son voisin.

Tout cela se tient et se tient si bien que, pour emporter le mal, il faudrait aussi emporter le malade. Or, personne ne peut vouloir d'un tel remède.

Cette fièvre passera, non pas avec des paroles, mais avec des actions.

Des exemples partis de haut seraient la plus efficace des propagandes. N'est-ce pas le législateur Solon qui avait coutume de dire que les grands qui veulent corriger les petits sans se corriger eux-mêmes ressemblent à un insensé qui voudrait redresser l'ombre sans redresser le corps.

Cette fièvre passera surtout par l'excès du mal, par des désastres nombreux, par des catastrophes multipliées, par des leçons aussi effrayantes que celles que Mme la comtesse de Nacquart vient de recevoir, et qu'elle pourra méditer dans le silence de sa cellule, un silence qui durera trois ans.

Oui, à force de revers, de chutes, de ruines, nous finirons par apprendre et par comprendre qu'il faut s'attacher plus à la substance qu'à la surface, priser l'homme au-dessus de l'habit, et que la dignité et l'indépendance doivent avoir le pas sur la fortune dans le respect des honnêtes gens.

VII

M. DELANGLE SUCCESSEUR DE M. DUPIN. — ÉTUDE SUR LE CHANCELIER D'AGUESSEAU, PAR M. ERNEST FALCONNET.

28 novembre 1865.

M. Delangle succède à M. Dupin dans les fonctions de procureur général à la Cour de cassation.

En politique, voilà la grande affaire. Le roi est mort, vive le roi ! Cette maxime s'applique à tout : c'est le Montjoie et Saint-Denis que crient tous les intérêts.

Ce que dit l'Écriture de notre naissance peut se dire aussi de notre mort ; nous naissons pour la joie et pour la tristesse de plusieurs.

M. Delangle semblait prédestiné à remplacer M. Dupin ; on s'attendait à voir un précédent se convertir en habitude. Dès 1852, en effet, à M. Dupin, démissionnaire à temps, fut substitué M. Delangle, sans que le fardeau fût trop lourd ; à M. Dupin, démissionnaire à perpétuité de par la mort, M. Delangle succède encore sans mettre l'héritage en péril.

Tous les deux appartiennent au même coin de terre et procèdent des mêmes idées. La petite ville de Varzy s'enorgueillit d'avoir abrité leurs berceaux côte à côte, et les idées gallicanes ne se sont pas mal trouvées de les avoir eus tous les deux pour interprètes.

Dans le bilan d'orateur de M. Delangle se détache un discours prononcé à l'une des dernières sessions du Sénat sur ce qu'il faut entendre par outrage à la religion, et cette dissertation éloquente retentit comme une protestation de la philosophie et comme une revendication de la liberté d'examen sur l'intolérance de l'obscurantisme.

Cette installation du procureur général à la Cour de cassation vaut la peine d'être étudiée par quelques côtés. M. Dupin a déjà trouvé dans M. le premier président un panégyriste expert, maître passé en fait de style. Et c'est justement cette dextérité de plume qui a permis à M. le premier président de mettre des sourdines à certains éloges et un filet de vinaigre dans l'eau bénite de la cour.

Les revirements du défunt ont été plutôt excusés

que justifiés. Les honnêtes gens s'accorderont toujours en ceci, que les variations qui vont en contre-sens de l'intérêt sont seules respectables; tandis que les autres, qui marchent de conserve avec le profit, risquent fort de passer moins pour une conviction que pour un calcul.

En s'élevant au-dessus de ce que j'appellerai le cadre professionnel et la spécialité judiciaire, l'orateur a promené sa pensée dans le domaine des belles-lettres, qu'il appelle *bonnes lettres* par un reste de scrupule inhérent à l'austérité de la robe qu'il porte.

Quoi qu'il en soit, les lettres ont été fort choyées par dame justice, qui autrefois d'ailleurs ne leur marchandait pas les hommages, témoin le fameux éloge des gens de lettres prononcé en 1775 par M. le président Lamoignon devant l'Académie française.

Lamoignon, encore un magistrat du Nivernais celui-là; mais il n'était pas précisément de Varzy.

Ce qui ressort le mieux du discours de M. Delangle, c'est un dégoût mélancolique et profond des situations exclusivement politiques. Il y a, paraît-il, *mille tourments dont la Providence a placé la pointe à côté du pouvoir*. Nous nous en doutions un peu; mais heureusement cela ne dégoûtera personne. Les plus désespérés se contenteront de changer de place, et voilà tout. Et chacun en sera quitte, comme M. Delangle, en chantant l'idylle du retour au bercail et en faisant éclater la joie d'un échappé du pouvoir.

Il était naturel que d'Aguesseau fût de la fête; c'est un tableau solennel qu'on décroche volontiers du musée de l'histoire pour le faire admirer à toutes les expositions judiciaires. M. le premier président n'y a pas manqué.

Cela nous conduit à parler d'une étude biographique sur le même chancelier que M. E. Falconnet, conseiller à la cour impériale, a placée en tête de deux volumes des œuvres de d'Aguesseau, publiées dans la collection dite *Bibliothèque universelle des familles*. M. Falconnet a vécu avec son héros; il s'est imprégné de sa pensée, pénétré de ses travaux; il l'aime et veut le faire aimer, et il y réussit, non en dissimulant les défaillances de l'homme, mais en mettant ses vertus en telle lumière qu'elles couvrent tout, comme la robe rouge de Richelieu.

Les *éloges* emphatiques de Thomas. qui représentent d'Aguesseau comme « un Spartiate austère parmi le faste de la Perse, » ont fait attribuer à cette grande figure des proportions qu'elle n'a jamais atteintes.

La gloire incontestable de d'Aguesseau c'est d'avoir été le Malherbe de l'éloquence judiciaire;

il porta sur un caractère indécis une grande majesté de parole.

C'est beaucoup, mais c'est tout.

Il se drape plus qu'il n'agit ; mais en écartant les plis et en perçant l'épiderme, on rencontre le courtisan.

S'il protége Fénelon tombé en discrédit, ce n'est pas l'amitié qui l'inspire, c'est la *prudence* qui lui fait ménager le vaincu du jour qui peut devenir le triomphateur du lendemain.

Le chancelier en convient lui-même, et cela avec une ingénuité qui vous choque, mais qui vous désarme aussi.

D'Aguesseau fut plutôt un effet qu'une cause. Rouage savant et docile d'un mécanisme dont il était une des pièces les plus brillantes, il ne sut avoir ni un mouvement qui lui fût propre ni une initiative qui lui fût personnelle.

Il n'a pas devancé son siècle, il l'a suivi. Ne pouvant le dominer, il l'a régenté. Il ne l'a pas conduit comme un novateur à la découverte du progrès; il l'a morigéné comme un pédagogue dans le sentier battu des mercuriales.

Satellite fidèle du roi-soleil, il tâtonne et trébuche aussitôt que son soleil s'est couché.

Longtemps il porta en lui l'âme du parlement, et alors il fut grand et fort parce qu'il s'appela Légion ; mais plus tard cette âme l'abandonna, et selon une expression qui devint pour lui la plus sanglante des satires, *Et homo factus est.*

Pourquoi ne dirions-nous pas aussi que, de sa belle conduite, son père et sa femme réclament une grande part? Otez-lui les leçons de son père et la mâle assistance de sa femme, vous le dépouillerez de la moitié de sa valeur.

Quand, MM. de Mesmes et Jolly de Fleury se trouvant malades, le chancelier est obligé de se rendre à Versailles pour essuyer seul la colère de celui qu'on appelait le grand roi, il adresse des adieux désolés à sa famille.

Si sa femme ne lui eût pas dit alors : « Allez, monsieur, agissez comme si vous n'aviez ni femme ni enfants; j'aime mieux vous voir conduire avec honneur à la Bastille que de vous voir revenir ici déshonoré, » qui peut assurer que d'Aguesseau n'eût pas laissé la moitié de son courage en chemin et n'eût pas perdu l'autre moitié sur le seuil de la chambre du roi?

Entre son père et sa femme, il trace noblement son sillon; mais il s'enfonce dans son œuvre sans regarder ni à droite ni à gauche, ni au-dessus ni au delà. Allée majestueuse et monotone de Versailles, n'ayant d'autre horizon qu'elle-même, voilà son image!

Il ne se plaça ni au-dessus ni au dedans de son siècle, mais à côté, comme un *ermite* et un *reclus* de la chancellerie, ainsi qu'il s'intitulait lui-même.

L'ôter de son époque, ce serait en ôter un magnifique ornement, mais non une pièce essentielle. Il n'a démoli aucune des mauvaises institutions de son temps : ni la torture, ni le secret des débats, ni les lettres de cachet, ni l'atrocité des supplices.

Les intuitions du prophète lui ont manqué aussi bien que les grandes vues du philosophe.

Il ne fut pas agité par les tressaillements souterrains de la révolution future; il ne sentit pas, comme d'Argenson, le vent qui soufflait d'Angleterre et qui faisait écrire à celui-ci : « On devient républicain même à la cour. »

D'Aguesseau s'absorba si bien dans son office qu'il ne vit rien autour de lui. Il traversa le rayonnement de Voltaire sans s'en apercevoir ; il n'en est ni blessé ni ébloui : il ne le voit pas.

Mais Voltaire, lui, vit d'Aguesseau et il le juge :

« D'Aguesseau, dit-il, n'a jamais parlé au cœur; il peut avoir défendu les lois, mais a-t-il défendu l'humanité? »

En effet, la sensibilité et l'onction firent toujours défaut à ce talent et à ce style dont la grandeur fut plutôt la maladie que la force.

Oh! s'il avait su dignement supporter sa disgrâce; s'il avait accepté la retraite comme un recueillement et une délivrance au lieu de la subir comme un malheur; s'il s'était retrempé dans sa famille, finissant en patriarche après avoir vécu en magistrat; s'il avait pu se résigner à son château de Fresnes comme le chancelier de Lhospital à sa maison du Vignay, combien il se fût montré grand et auguste! oui, quand bien même il n'eût conservé de sa splendeur de ministre qu'une *salière d'argent*, comme son glorieux prédécesseur, et quand bien même il eût été obligé, comme lui, de demander au roi une dot pour sa fille.

Mais non, d'Aguesseau céda à la nostalgie du pouvoir. Son exil de banlieue lui pesait. Il revint à la cour par une porte trop basse pour lui, puisque Law en tenait la clef. Combien il expia cruellement cette faiblesse!

Voyez aussi la différence des hommages de la postérité envers les deux chanceliers. C'est en 1795 que la République eut l'idée de décerner à Lhospital les honneurs du Panthéon, et c'est en 1810, sous l'Empire, que la statue de d'Aguesseau fut placée devant le péristyle du palais du Corps législatif parallèlement à celle du chancelier de Lhospital. L'architecte les mit en regard et à la même hauteur pour la symétrie de l'édifice, mais l'histoire a rompu cette égalité de niveau et reconnu entre les deux une grande distance. De cette distance, une apostrophe adressée au chancelier d'Aguesseau mesurera l'écart.

C'est qu'il y a dans l'existence de ces grands hommes tel incident à peine aperçu qui les frappe, comme le coup de poignard de la vérité donné à travers tous les faux semblants de l'admiration officielle.

Donc un jour que, désertant la cause du parlement, le chancelier soutenait, avec le zèle de tout nouveau converti, les intérêts de la cour, il s'oublia jusqu'à dire à un camarade de son ancienne opinion :

« Où donc avez-vous pris de pareils principes?

— Dans les plaidoyers de feu M. le chancelier d'Aguesseau, » lui fut-il répondu.

Ce mot foudroya le chancelier. Il dut lui sembler qu'on venait de l'enterrer vivant ; il courba la tête sous cette épitaphe qui scellait une sorte d'arrêt de mort morale.

Se survivre, c'est mettre au bout de son existence des années inutiles ; mais se démentir, c'est raturer toutes ses années glorieuses. Si le premier est un malheur, le second n'est-il pas un suicide?

M. Falconnet a profondément creusé son sujet ; il en a fait un tableau attrayant et coloré, un tableau de maître : d'Aguesseau y est peint avec la vérité de l'historien, tempérée par la déférence du magistrat pour un *grand modèle*. M. Falconnet appelle modestement son œuvre une *étude*.

Une étude, soit, mais une étude pour nous qui avons tant de choses à y apprendre.

VIII

A PROPOS D'UN ÉLOGE DE VERGNIAUD.

31 janvier 1866.

Les avocats ne s'occupent en public qu'un seul jour par an de leurs affaires, tandis qu'ils s'occupent toute l'année des affaires des autres.

C'est bien le moins que nous les écoutions un peu ce jour unique où ils plaident.... disons mieux : où ils parlent *pro domo.*

Ce jour-là s'appelle l'ouverture des conférences; ce jour-là, le chef de l'Ordre, autrement dit le bâtonnier, installe le personnel et le théâtre de la lice oratoire; il inaugure la salle d'escrime de la parole, et, dans un discours magistral fait pour la circonstance, il détaille aux stagiaires convoqués pour l'entendre les avantages et les obligations de la profession qu'ils vont embrasser.

A M. Desmarest, le bâtonnier en exercice, revenait cette année l'honneur de cet enseignement. Et l'on peut dire que jamais fardeau ne fut mieux proportionné aux épaules. Où trouver un plus séduisant professeur que celui-là ? La pensée s'échappe toute fleurie de cet esprit en belle humeur et de cette expansive nature. Ce qu'il prêche, il le fait et il le fait de si bonne grâce qu'il est impossible de n'être pas tenté de l'imiter.

Sa harangue souriante a promené l'attention, sans fatigue et sans secousse, des sommets les plus élevés de la philosophie à la familiarité de la leçon amicale et du conseil paternel.

Elle a mis en relief deux prérogatives qui semblent le fruit naturel de la profession d'avocat, c'est-à-dire la sociabilité de tous et l'indépendance de chacun.

« Ce qu'il faut à mon pays, s'est écrié l'orateur, c'est un barreau libre et digne de la liberté. »

Or, cette liberté suppose et engendre le progrès. Est-il possible d'appliquer les lois sans être tenté de les améliorer ?

Bonnes et saintes paroles qui germeront dans ces jeunes cœurs, épris de l'idéal et toujours en quête de ce mieux qui n'est pas l'ennemi du bien, mais qui en est l'épanouissement et le luxe.

Voilà pour l'esprit de liberté : passons à l'esprit de sociabilité.

C'est en effet un point de vue ingénieux que de dégager cette sociabilité de cette existence omnibus qui fait de l'Ordre des avocats une communauté, une réunion permanente. Ici nul ne peut agir seul, on est sans cesse en présence et en compagnie.

C'est ce que je voudrais appeler une véritable grâce de notre état.

Comparez notre profession à quelques autres et mesurez la distance qui sépare les deux régimes.

Le notaire a beau n'apparaître jamais sans ce collègue de style que lui impose la formule, il instrumente isolément, il fait ses actes sans le concours d'aucun de ses confrères.

Les médecins ! en voilà qui sont encore plus solitaires dans l'exercice de leur profession. Voyez-les au chevet d'un malade, ils se recueillent ; mais toujours seuls, ombrageux et jaloux, ils se meuvent dans un sillon cellulaire. Aussi comme ils se traitent dans l'intolérance de leurs doctrines. Rien de plus simple, ils marchent chacun à part. Ils ne se rencontrent que très-rarement et pour s'attaquer dans des occasions aussi fugitives que solennelles, où ils trouvent à peine le temps de se combattre sans prendre celui de s'aimer.

Quelle différence avec les avocats ! Ceux-ci sont condamnés à la douce peine des relations forcées à perpétuité, relations qui consistent à se contredire et à se chamailler toujours.

Encore si le combat fini chacun disparaissait pour aller dans un coin savourer sa victoire ou consoler son affront. Passe encore. Mais, loin de là. Il faut digérer sur place l'ivresse du triomphe ou l'humiliation de la défaite. Et, cette lutte finie, demain, tout à l'heure peut-être, on en recommence une autre, souvent avec le même adversaire. Cela vous habitue à recevoir le succès sans forfanterie et la chute sans faiblesse.

Celui auquel la lutte a été contraire doit se montrer vaincu, mais jamais blessé. Rien de mieux pour former le caractère. On apprend ainsi à succomber avec dignité, et comme Cazalès, frappé par la balle de Barnave dans un duel célèbre, on dirait volontiers avec un sourire : « Eh bien! j'étais ici pour cela! »

Après le discours de M. le bâtonnier, M. Colin de Verdières a lu une étude extrêmement soignée sur Vergniaud.

J'adresserai au secrétaire de la conférence un reproche qui le flattera sans doute, je lui reprocherai la précocité de sa sagesse. Le discours de M. de Verdières est plus âgé que son auteur. Il accuse la maturité d'un homme de quarante ans. Il offre trop tôt les qualités que le temps et l'expérience apportent jour à jour et une à une.

Faut-il blâmer la sévérité du jugement porté sur les grands hommes de cette grande époque ? A quoi bon. Sommes-nous de taille à toucher à ces figures de géants ? J'aime mieux trouver édifiante la tolérance de cet intelligent auditoire, dont la majorité, sans partager les idées de l'orateur, ne les a pas moins chaleureusement applaudies pour la manière dont elles étaient exprimées.

Pourquoi s'embarquer dans la politique qui nous mènerait trop loin ? Restons dans l'utilité professionnelle et pratique de ce discours.

L'auteur raconte sur Vergniaud, alors jeune avocat, la curieuse anecdote que voici :

« Un procureur apporte deux causes au chef futur des Girondins.

« Le jeune Vergniaud, troublé dans ses chères rêveries, se résigne d'abord, mais d'assez mauvaise grâce, à entendre le récit d'une fastidieuse affaire.

« Mais bientôt, impatienté, il n'y peut plus tenir, se lève brusquement, ouvre son secrétaire, et, rassuré sans doute par l'examen de sa fortune présente, il congédie le procureur étonné. »

Cette historiette est charmante ; que pensez-vous que sera le commentaire ?

Je vous entends. C'est un jeune homme qui raconte, vous dites-vous en aparté, bien évidemment il donnera raison à Vergniaud ; il comprendra que le procureur seul, porteur des deux dossiers, avait le droit de se montrer si fort *étonné*.

Quant à lui, s'il est surpris, il l'est agréablement, et il ne manquera pas d'approuver Vergniaud pour n'avoir pas voulu s'égosiller dans une affaire ennuyeuse qui ne le prenait ni par le cœur ni par l'intelligence. Il félicitera Vergniaud de s'être réservé pour des causes qui devaient inspirer sa parole et échauffer son âme.

Combien vous êtes loin de la vérité!

M. Collin de Verdières va donner sur les doigts du jeune Vergniaud; il va le morigéner sur son indolence. Lisez plutôt :

« Cette blâmable indifférence existerait-elle encore de nos jours? A coup sûr elle est chose rare. Peut-être se trouve-t-elle à Bordeaux? A Paris, on la dit inconnue. »

Tant pis, mon jeune confrère, si elle est inconnue à Paris, cette *blâmable indifférence*, car nous l'honorons de toute notre estime ; c'est vous dire que nous ne nous entendons plus. Savez-vous comment je l'appelle, moi, cette blâmable indifférence? Je l'appelle la prérogative la plus précieuse de la liberté de l'avocat. C'est justement là l'honneur et la dignité de notre profession d'avoir le droit de refuser la cause et le client qui nous déplaisent. Mais sans cela nous ne serions que des marchands de paroles. Notre cabinet est ouvert à tout le monde, sans doute; mais nous ne sommes pas, Dieu merci, à la merci d'une sonnette d'apothicaire. Le métier veut qu'on prenne tout ce qui se présente; la profession et l'art exigent, au contraire, qu'on choisisse : ce n'est qu'à ce prix qu'on est vraiment digne du titre d'avocat.

Bacon a dit de l'argent quelque chose qui s'applique à merveille au dossier : L'argent est un bon serviteur et un méchant maître. Nous avons, grâce à Dieu! des apôtres de cette blâmable indifférence de Vergniaud. Il en est peu, j'en conviens; mais enfin il en est jusqu'à trois que je ne veux pas nommer, de peur qu'on plaçât sur leur qualité l'étiquette d'un défaut et que cette réserve ne fût taxée de paresse. Un des plus éminents parmi ceux que nous regrettons, c'était ce délicat, ce raffiné de goût, cet esprit tendre, cette sensibilité exquise dont l'éloquence prenait ses aises et ses heures, mais qui vous entraînait toujours par la parole la plus enchanteresse et la plus pénétrante des convictions. J'ai nommé un ancien ministre, un ancien bâtonnier, j'ai nommé Bethmont.

Si je remontais plus haut, je trouverais un conseiller du parlement de Paris qui, pour s'exempter d'un rapport fastidieux sur un procès qui ne l'était pas moins, préféra donner aux parties la somme pour laquelle on plaidait. Eh bien! ne vaut-il pas mieux que Des Barreaux n'ait pas fait ce rapport, et qu'il ait fait à la place le plus beau sonnet peut-être de la langue française : *Grand Dieu, tes jugements sont remplis d'équité.*

Et vous-même, mon jeune confrère, n'eût-il pas été dommage que deux ou trois dossiers de trop vous eussent pris le temps que vous avez si heureusement consacré à votre excellent discours?

IX

INDEMNITÉ AUX CONDAMNÉS INNOCENTS.

19 mai 1866.

Un sergent-fourrier du 15ᵉ de ligne, son temps de service fini, était rentré dans son village.

Il y vivait en paix, quand un gendarme survint. Un gendarme ne va jamais seul. Donc deux gendarmes, un beau dimanche, arrêtèrent Sébastien Mazeraud comme insoumis.

« Moi! s'écria le sergent aussi interloqué que stupéfait; mais vous n'y pensez pas, camarades! j'ai payé ma dette à la patrie, j'ai mon congé bien en règle.

— Possible! mais vous allez nous suivre.

— Où donc, s'il vous plaît?

— Vous le saurez plus tard. Nous allons vous

conduire à l'amiable et de brigade en brigade au 67e régiment de ligne, pour lequel vous avez signé un rengagement et touché une prime de 960 francs.

— Moi ! jamais. Je vous jure que vous me prenez pour un autre. »

Et en effet, on le prenait pour un autre ; mais on ne le prenait pas moins. Et une fois pris, on le garda, et on le garda douze jours, après lesquels on découvrit qu'un déserteur, nommé Bessard, avait jugé expédient d'usurper le nom de Mazeraud et de commettre un faux qui vient de lui attirer cinq ans de travaux forcés.

Et qu'a dit la justice à Mazeraud?

« Vous êtes libre ; je m'étais trompée. »

— Est-ce tout? — Oui, certes, c'est tout.

Il a fallu douze jours pour découvrir ce quiproquo, douze grands jours pendant lesquels Sébastien Mazeraud fut enlevé à sa famille en larmes, couvert de honte aux yeux de tous ses concitoyens, qui le virent partir, pour être traîné les fers aux mains de prison en prison.

Et la loi, qui a frappé injustement cet homme dont elle a fait une sorte de martyr, la loi ne lui doit rien.

Voilà vraiment une iniquité qui révolte.

Quand un particulier me casse bras ou jambe, il m'indemnise ; quand le gouvernement prend ma maison ou mon champ, il m'indemnise aussi. Et quand un juge m'aura pris ma liberté, mon honneur, quelquefois la vie, ni ce juge ni le gouvernement dont il est le préposé ne me feront raison de ce préjudice ! je n'aurai, ni moi ni les miens, droit à une réparation soit morale, soit pécuniaire ! ce sera tant pis pour moi !

Et ce sera précisément par la justice, qui est instituée pour réparer les torts, que ces torts, qu'on ne réparera pas, me seront causés.

En vérité, c'est à ne pas y croire. Indemnité aux victimes des erreurs judiciaires, quoi de plus sacré ? Pourquoi laisser à un avenir, si prochain qu'il soit, l'honneur d'appliquer cet indiscutable principe ?

7 mai 1867.

Voici un nouveau fait qui crée cette nécessité :

Dans un abominable crime d'assassinat et de viol qui a mis en révolution, il y a un mois à peine, le village de Merinchal, où il a été commis, et la ville d'Aubusson, où il a été jugé, un pauvre diable a été compromis; deux fois même il a été mis en prison. Il se nomme Dupuy, plus connu sous le sobriquet de *Ratier*, tiré de son genre d'industrie, si l'on peut appeler industrie une occupation qui déguise la mendicité. Après de longs débats, le président interpelle ainsi ce malheureux :

« Vous avez eu le malheur d'être poursuivi pour un crime que vous n'avez pas commis ; la justice a proclamé votre innocence.

— Oui, monsieur le président ; mais ce que je vous demanderai, c'est comment il se fait que la justice ne me donne pas une indemnité. Je cherche ma vie, moi, péniblement, et on m'a gardé en prison cela deux fois. »

Et devant cette supplique si écrasante de bon sens, si saisissante de vérité, le magistrat est obligé de chercher des excuses pour justifier cette défaillance de la loi.

« C'est regrettable sans doute, repond-il avec douleur ; mais, comprenez-le, l'intérêt de la société veut que parfois, quand il s'agit de l'intérêt de tous, elle froisse des intérêts particuliers respectables. »

Ce à quoi le mendiant réplique : « C'est égal, pour un innocent et un pauvre diable comme moi, c'est bien malheureux. »

Il aurait pu ajouter : « C'est plus que malheureux, c'est inique. »

« Quand vous, société, vous me prenez un coin de terre ou un pan de mur, vous m'indemnisez, et quand vous me prenez ma liberté, mon honneur, mes moyens d'existence, et quelquefois cette existence même, c'est tant pis pour moi. Vous ne devez rien ni à moi, ni aux miens, ni à ma vie, ni à ma mémoire. »

Ce pauvre diable a bien raison de ne pas comprendre cela. Il ne comprend pas, lui, à qui tout le monde donne, que la justice ait pu lui ravir, sans dédommagement aucun, le seul bien qu'il possède, sa liberté; il ne comprend pas, et je ne comprends pas plus que lui, que la France attende encore une loi que la Suisse pratique et que le Portugal vient d'adopter; il ne comprend pas enfin que notre justice, notre sainte justice, en soit réduite à recevoir l'aumône d'un mendiant.

21 mai 1867.

L'humanité vient de faire une conquête.

Elle s'appelle la réhabilitation des condamnés innocents.

Désormais une loi dont l'initiative revient tout entière et fait le plus grand honneur au Corps législatif autorise, à des conditions trop restreintes encore, mais fort élargies pourtant, la révision des procès criminels et correctionnels.

Saluons avec joie un bienfait légal dont nous avons tant de fois sollicité l'avénement.

La société pourra à l'avenir rendre l'honneur à qui elle l'a iniquement ravi; mais elle ne pourra, en vertu de la loi, lui rendre autre chose.

Pourquoi s'arrêter en chemin, en si beau chemin?

Pourquoi destituer une réhabilitation de ce qui l'affirme, la sanctionne, la consacre? L'indemnité.

Mais sans l'indemnité pour le préjudice souffert, ne voyez-vous pas que votre réhabilitation est incomplète et votre loi boiteuse? Au lieu d'une réhabilitation vraie, efficace, entière, que m'accordez-vous? Ce qu'on a nommé avec autant d'esprit que de vérité une *réhabilitation honorifique*.

C'est-à-dire une part, une fraction importante, je le veux bien, un à-compte sérieux, sur une dette sacrée que vous n'acquittez pas ou plutôt que vous n'acquittez qu'en partie. Cela ressemble au concordat d'un failli que vous m'imposez avec un dividende de vingt-cinq ou cinquante pour cent.

Nous appelons ceci une *dette*, entendez-le bien, une dette dans la plus rigoureuse acception du mot, car il ne faut pas équivoquer.

L'injustice dont j'ai souffert, qui m'a pris, indépendamment de mon honneur, mon état ou ma fortune et quelquefois la vie, cette injustice est directement votre fait, à vous société représentée par la magistrature ou par le jury, vos préposés, vos fondés de pouvoir, vos interprètes. C'est donc à vous, société, qui avez fait le mal, de le réparer : de même que lorsque vous vous êtes emparée de ma maison, pour votre utilité publique, vous m'avez payé ma maison.

On a eu tort de comparer le préjudice occasionné par une erreur de la justice avec celui que causent les fléaux et les calamités publiques.

L'inondation, le feu du ciel, les sauterelles, submergent, incendient ou ravagent mon champ. La société ne me doit rien, absolument rien, parce que ce n'est pas elle qui a déchaîné le sinistre, parce qu'elle ne commande pas aux éléments et qu'elle est forcée, comme moi, de courber la tête devant la force majeure.

Donc si, quand j'ai été victime d'un désastre, la société vient à mon aide, c'est un acte de générosité et non un acte de justice qu'elle accomplit. Elle m'accorde à titre gracieux et au nom de la fraternité humaine un secours qu'elle ne me doit pas ; mais elle n'acquitte pas une dette dont j'ai le droit d'exiger le payement.

Un aérolithe m'écrase, c'est tant pis pour moi. La société n'est tenue à aucune réparation parce qu'elle n'a pas dirigé cette pierre tombée du ciel.

Mais la guillotine me coupe la tête injustement ; dans ce cas, la société me doit réhabilitation pour moi, indemnité pour mes héritiers, parce que c'est elle qui a dirigé le couteau.

Entre les deux hypothèses, il y a un abîme, dont M. le garde des sceaux a très-habilement profité pour y engloutir ce qu'il a appelé le *principe dangereux* de l'indemnité matérielle et pécuniaire.

A ce propos, constatons que si l'opposition démocratique avait fait plus de diligence, si elle eût depuis quelques jours proposé un amendement à la commission au lieu de le présenter pendant la discussion publique, à la dernière heure, *in extremis*, comme on l'a si ingénieusement dit en excusant ce retard, il est probable que ce principe, que nous regardons, nous, non pas comme dangereux, — Dieu nous en préserve ! — mais comme le plus juste, le plus rationnel et le plus salutaire de tous, eût prévalu ; et que cette minorité formidable de 74 voix qui a voté pour lui serait devenue une majorité et l'eût fait adopter.

Quoi qu'il en soit, la séance a été bonne pour l'humanité et pour la justice. Le Corps législatif a bien le droit de s'en glorifier et de s'en réjouir.

X

EXHIBITION DE L'ÉCHAFAUD[1].

7 mai 1867.

Nous avons bien souvent blâmé l'exhibition de l'échafaud. Ce hideux spectacle est devenu, pour cette horde de sauvages que la civilisation enfante, comme un rendez-vous de scandale, une orgie d'indécentes curiosités, une sorte de partie de plaisir dans l'horrible.

Cette publicité n'est ni bonne, ni saine, ni salutaire. L'exemple, si exemple il y a, tourne contre lui-même. Un condamné vient de vous le dire à

---

1. Dans sa séance du 21 avril 1868, la Chambre des communes de l'Angleterre a adopté un bill demandant que l'exécution des criminels ait lieu à l'intérieur des prisons et non sur la place publique.

Beauvais : « J'en ai vu exécuter trois. Vous voyez que ce n'est pas ça qui retient les coupables. »

Cette voix d'un condamné à mort qui va subir son supplice sera-t-elle entendue ?

L'échafaud se décidera-t-il enfin à faire son œuvre à huis clos ? Dans un pays où l'on interdit avec raison les courses de taureaux pour ne pas habituer l'œil de la foule à la vue du sang, continuera-t-on cette inconséquence de ne pas laisser tuer un taureau dans un cirque, tout en souffrant qu'un homme soit tué en pleine place publique sur une estrade ?

Il serait bon de ne pas toujours bafouer cette pauvre logique et de savoir enfin ce qu'on veut.

Autrefois, il n'y a pas bien longtemps, l'échafaud cherchait le grand jour, la publicité, la foule. L'exécution était annoncée, les cloches sonnaient le glas de l'homme encore vivant, mais qui allait mourir. Les têtes tombaient à quatre heures sur la place de Grève, devant la multitude assemblée et convoquée.

Plus tard, changement de système. On choisit une heure incommode et une place éloignée. On avait compté que huit heures du matin et la barrière Saint-Jacques seraient deux empêchements que de rares curieux surmonteraient.

Enfin une heure plus impossible encore a été

trouvée, et on exécute aujourd'hui presque sur le seuil de la prison.

Mais qu'importe l'heure et qu'importe le lieu, si le journal vient m'apporter à domicile le compte rendu de l'exécution.

Pour les millions de lecteurs qui ne seraient pas plus allés voir l'échafaud à quatre heures du soir, place de Grève, qu'à cinq heures du matin, place de la Roquette, je vous demande quel résultat vous avez obtenu par cette substitution d'heures et de localités. Cela peut déranger les journalistes, mais pour les lecteurs n'est-ce pas absolument la même chose ?

Que prétendez-vous donc ? Interdire ces récits aux journaux ? A cette interpellation je répondrai : Certes, non. Chacun administre sa publicité et sa dignité à sa manière, et les journalistes sont assez enveloppés de restrictions et de menaces pour ne pas en ajouter de nouvelles. Ce que je voudrais, ce qui serait plus simple, plus humain et plus juste, c'est qu'on ne pût rien raconter parce qu'on n'aurait pu rien voir; c'est que l'exécution eût lieu comme au bagne, dans l'intérieur de l'établissement pénitentiaire.

L'homme condamné à mort n'est plus de ce monde. On l'enferme dans sa prison. Qu'il y disparaisse et que sa mort ne soit qu'une date.

Sans l'échafaud-tribune, l'échafaud-réclame,

l'échafaud-exhibition et spectacle, Lemaire n'aurait peut-être pas commis son crime; mais à coup sûr il n'aurait pas dit après son arrêt : « J'ai enfin ce que je désirais; merci messieurs de la cour et du jury. »

Or, malheureusement, Lemaire était d'une école qui ne manque pas d'écoliers.

XI

LES NOMS INHOSPITALIERS.

18 octobre 1866.

L'éloge d'un avocat anglais proposé et exécuté par des avocats français ; voilà une de ces idées qui hier aurait passé pour une témérité, une défection ou un scandale, et qui aujourd'hui n'est plus qu'une inspiration du progrès et fait le plus grand honneur à l'esprit libéral de notre barreau.

Cédons avec joie à ce souffle vivifiant et nouveau qui, en grandissant, aura bientôt fait de balayer ces barrières ineptes et ces antagonismes barbares qui irritent et parquent les hommes au lieu de les fusionner au foyer immense de la civilisation universelle.

Quand le feu sacré de la fraternité nous aura bien

pénétrés, nous renoncerons à tous ces noms de bataille qui perpétuèrent le souvenir des discordes et des guerres entre les nations, et qui, aujourd'hui que les peuples vivent les uns chez les autres, produisent l'effet d'une diffamation internationale.

Le Français qui voyage à l'étranger est humilié de voir en Russie, en Prusse, en Autriche, en Espagne principalement et en Angleterre surtout, des noms qui nous confrontent toujours avec nos désastres. Ici, ce sera les fêtes anniversaires de la ville de Dresde; là, les colonnes et les rues qui parlent de la capitulation de Baylen; et, à Londres, des profusions de Waterloo et de Trafalgar, qui font croire qu'un Français ne peut se promener dans cette ville sans être souffleté à chaque coin de rue par un insolent écriteau. Avons-nous le droit de nous plaindre? Allons donc! ne sommes-nous pas sinon les créateurs, du moins les maîtres du genre? Dénombrons un peu les ponts d'Arcole, et de l'Alma et d'Iéna; comptons les avenues d'Austerlitz et les rues de Castiglione, du Mont-Thabor et d'Aboukir, sans omettre les boulevards de Magenta, de Sébastopol et de Solférino, etc.

Tous ces *Souviens-toi*, qui pour nous sont des témoignages de gloire, se tournent en insultes gratuites envers les étrangers qui nous font l'honneur de nous visiter, qui souvent nous admirent et ne demandent pas mieux que de nous aimer.

Pourquoi les refroidir et les blesserpar de pénibles commémorations ? Ne voit-on pas que tout cela est aussi vieux que les panaches des anciens racoleurs de l'ancien quai de la Ferraille, aussi vieux que la colonne de Rosbach et le lion de Waterloo ?

Si les particuliers s'avisaient de se traiter entre eux comme les nations entre elles, il faudrait entendre le *tolle* général que pousseraient toutes les voix sensées et honnêtes.

Que penseriez-vous d'un allié ou d'un ami qui, dans la maison où vous recevriez l'hospitalité, vous saluerait par les aménités suivantes : « Ce tableau représente la prison où fut enfermé votre aïeul ; plus loin vous voyez la plume qui servit à votre grand-oncle à signer son bilan avant sa banqueroute ; dans ce cadre vous trouverez le jugement qui condamna votre père en police correctionnelle : il est à côté d'une épée qui lui fut enlevée dans un duel où il prit honteusement la fuite ? »

Eh bien ! ce langage qui nous révolterait d'homme à homme est pourtant celui qu'échangent les nations.

Que conclure ? Qu'il serait bien plus intelligent et bien plus hospitalier, au lieu de prendre aux étrangers les noms de leurs défaites, de leur emprunter les noms de leurs grands hommes pour en parer nos murailles. Est-ce que l'avenue Lord-

Byron et la rue Franklin n'inaugurent pas un système qui, en se généralisant, deviendrait une leçon pour nos voisins, en même temps qu'un honneur pour la France et une gloire pour l'humanité ?

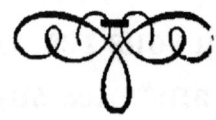

XII

DEUX AVOCATS EN VOYAGE. — LES PROCÈS DE PRESSE.

27 novembre 1867.

Le palais est en plein exercice; il bourdonne comme une ruche et travaille comme un atelier. La machine est chauffée à toute vapeur.

On plaide partout et sur tout; on plaide en haut et en bas, au nord et au midi, à tous les étages comme à tous les degrés de juridiction.

Autant les dernières audiences du mois d'août se traînent languissantes et vides entre la désertion du barreau et la fatigue de la magistrature, autant les dernières audiences de novembre sont remplies et animées par la parole rafraîchie des avocats et l'attention renouvelée des juges. Partout l'ardeur de bien faire, de bien dire, de bien écouter.

Pour les plaideurs et pour les procès, c'est la bonne saison.

En province, on fait rage aussi, et les avocats de Paris, comme des missionnaires d'éloquence, transportent leur parole aux quatre points cardinaux.

Chemin faisant, ils recueillent des ovations ou trônent dans des banquets. Il y a quelques mois, on fêtait M. Jules Favre à Carcassonne, et, il y a quelques jours à peine, c'était le tour de M. Berryer à Toulouse.

Ces aubaines de la renommée, de la bonne renommée, ces glorifications, en parlant à la personne ; ces apothéoses à des hommes bien vivants et vivant bien, ne sauraient être trop encouragées. Ces hommages spontanés ne coûtent rien à personne et honorent tout le monde.

Sans compter qu'il est d'une saine pratique et d'un bon exemple de montrer qu'il existe des honneurs en dehors du décret du 24 messidor an XII, et que toutes les explosions de la gratitude ne sont pas réglées par le cérémonial officiel.

Il est salutaire de démontrer que ce n'est pas toujours la *robe qu'on salue*, c'est-à-dire la dignité, la fonction, l'uniforme ; mais que c'est quelquefois le mérite personnel, le *contenu du pourpoint*, c'est-à-dire l'homme. Et quand un citoyen a excellé dans une profession, quand il la remplit avec éclat et désintéressement, rien de mieux que de l'en féliciter de temps en temps et tout haut, en présence de l'opinion publique qui applaudit.

Les gens qui conservent leur fidélité à quelque chose, quand ce quelque chose n'est ni le budget qui rémunère, ni le succès qui éblouit, ces gens-là sont assez rares pour qu'on prenne la peine de signaler leur louable originalité. Il restera toujours assez d'adorateurs pour saluer le soleil levant ou le soleil levé.

M. Berryer a laissé échapper un mot charmant, qui vaut son pesant d'or pour la modestie et pour la finesse :

« Je n'ai pas dédaigné les emplois, a-t-il dit, je les ai craints. »

Et comme il a bien fait de les craindre. Tant d'autres les craignent si peu qu'ils en prennent plusieurs à la fois, le plus qu'ils peuvent.

Cette fureur des places ne date pas d'aujourd'hui. Il y a plus de quatre cents ans que Philippe de Commines signalait cette maladie de la France. Voici comment il juge ses contemporains : « Ils n'ont souci de rien, écrit-il, sinon d'offices et états que trop bien ils savent faire valoir. »

Et ce qu'un tel mal a d'essentiellement pernicieux, c'est qu'il est incurable. Une fois atteint, on s'en ressent toujours. L'emploi vous dévore quand on le garde, et il vous désole quand on le perd. La nostalgie de la fonction vous poursuit sans cesse.

Notre procureur général près la Cour de cassation, que nous citions naguère, a constaté ce phénomène en termes fort ingénieux. Excusant sans justifier les variations intéressées de son prédécesseur, il disait : « Ce que les hommes qui ont été mêlés constamment à la vie des nations supportent le plus impatiemment, c'est de quitter la scène et d'acteurs qu'ils étaient de devenir spectateurs. »

Je vous entends, et tout est attique, jusqu'à votre comparaison.

Certes, l'esprit n'a pas grand effort à faire ni la pensée grand écart pour passer de M. Dupin à la comédie.

Il y a peut-être aussi une autre raison pour laquelle les gens dont vous parlez tiennent encore à revenir sur la scène. C'est que là seulement on reçoit, tandis que partout ailleurs on paye.

Il est si dur de vivre de ses revenus, et il est si doux d'avoir une place et même deux.

Une place, remarquez bien la vertu de ce mot, *avoir une place*. Et quand on n'a pas de place, c'est donc à dire qu'on est en dehors de tout, qu'on est exclu du monde et de la société. Eh quoi! on est donc condamné à vivre errant, vagabond, sans asile ni assiette. On est enfin sans place, c'est-à-dire un degré plus bas qu'un surnuméraire.

Sous l'ancien régime, quand on n'avait pas de

titre on n'était pas né. Aujourd'hui, on n'existe pas quand on n'a pas de place.

Rien de meilleur donc que de protester contre cet entraînement général en glorifiant des gens qui, sans avoir pris aucun emploi, seraient capables de les remplir tous, et qui, plutôt que d'accepter des places brillantes, ont préféré conquérir des positions souveraines.

Qu'était allé faire M. Berryer à Toulouse? Plaider pour un révérend père dominicain, légataire universel de l'abbé Lacordaire, restaurateur de cet ordre, et dont le testament est attaqué par l'héritier naturel, le frère de l'éloquent prédicateur.

L'héritage du P. Lacordaire! Voilà deux idées qui s'ajustent si mal qu'elles semblent s'exclure. Malgré soi on se souvient des éloges convaincus que le révérend académicien adressait à la pauvreté. Ne s'écriait-il pas, dans le feu de son enthousiasme : « En général, les grands hommes de l'antiquité ont été pauvres. » Ou encore : « Un grand cœur dans une petite maison est toujours ce qui m'a touché davantage ici-bas ! »

Le moyen de ne pas s'étonner après cela que l'écrivain qui a signé ces choses laisse des dépouilles opimes que dispute un frère en religion à un frère de par la loi et de par la nature?

Il est d'autres procès que nous voudrions voir également beaucoup plus rares : ce sont les procès de presse. Pourquoi ? Parce que rien n'est plus délicat que de telles causes, et que la plupart ne servent et ne remédient à rien. En outre, parce que le sentiment public est toujours choqué de voir un délit de presse frappé des mêmes peines que les délits communs, et d'entendre condamner un écrivain à la prison, ni plus ni moins que si c'était un voleur.

Quand la politique ouvre une cellule de prison et y insère un publiciste, la conscience du philosophe est plus troublée que satisfaite.

Pourquoi ? Parce que cette prison ne fait du tort qu'à l'individu, ce qui n'est profitable à rien ni à personne, et qu'elle fait du bien à ses idées, ce qui est fâcheux pour tout le monde, puisque ces idées vous les avez condamnées comme nuisibles ;

Parce que, au lieu d'arrêter l'homme, il semble qu'il eût été mieux d'arrêter l'idée, et que le moyen le plus sûr d'arrêter les idées pernicieuses, c'est de les combattre par les idées salutaires et de les tuer par la discussion.

Opposez journal à journal, livre à livre, prédication à prédication ; c'est à merveille. Tout le monde devient juge et tout le monde y gagne, car du choc des doctrines jaillit la lumière de la vérité.

Au contraire, condamnez une œuvre, vous lui donnez par cela même et l'attrait du fruit défendu et le prestige de la persécution. J'entends encore le mot de saint Paul : « Croyez-moi, car je suis souvent en prison ! »

Et, en effet, on ne croit qu'aux idées de ceux qui, pour les faire prévaloir, affrontent la douleur et le sacrifice.

Le public a pour habitude de considérer celui qui parle et l'intérêt qui le fait parler.

Un homme qui est en bon lieu, à l'abri des bourrasques de l'existence, recevant en plein visage le soleil de la faveur, celui-là ne produit pas grand effet, car on comprend que l'oiseau chante selon le nid : il obéit au génie du lieu. Et bien autre chose est ce qui provient de la situation, ce que commande l'entourage et ce qui s'échappe d'abondance, ce qui sort directement du *contenu du pourpoint*, ce qui, à tout risque, part du cœur et par cela même y va.

Paul-Louis Courier, entrant à Sainte-Pélagie après son pamphlet sur le château de Chambord, écrivait ceci à sa femme pour la rassurer : « Béranger disait l'autre jour : *A la place de Courier, je « ne donnerais pas ses deux mois de prison pour cent « mille francs ;* ne me plains donc pas trop, chère « femme. »

Et, en effet, Mme Courier comprit que pour servir les intérêts et les idées de son mari, rien n'équivalait à la prison.

Osons le dire avec le profond respect que mérite la première législation du monde : pour que la loi satisfasse à toutes les exigences de l'équité, il est indispensable qu'elle ne punisse que ce que les mœurs réprouvent ; sans quoi, lorsque les mœurs et les lois sont en contradiction, ce sont les mœurs qui l'emportent toujours. Que dirait le Persan de Montesquieu s'il entendait infliger le même châtiment qui frappe le larron à l'auteur qui fait un livre ou au citoyen qui se bat en duel ?

Que penserait-il surtout s'il voyait les gens de cœur refuser de saluer l'homme qui refuse de se battre, lequel est pourtant irréprochable devant la loi, et serrer la main de celui qui a offensé cette même loi en se battant et qu'elle condamne pour s'être battu ?

Cette peine omnibus, qui se nomme la prison, ne sied pas à toutes les infractions de la loi, et on s'explique les bonnes raisons qui avaient décidé nos pères à diversifier les châtiments selon les délits et à pratiquer ce qu'on a appelé la spécialisation des peines.

Et, pour en revenir à notre Persan, quelle impression eût été la sienne si, devant le tribunal de Rodez, dans le procès intenté au rédacteur de la *Semaine catholique*, il eût entendu l'évêque du diocèse répondre au procureur impérial, qui lui offrait un fauteuil :

« Merci, monsieur ; la place d'honneur est aujourd'hui pour l'évêque à côté de l'accusé. »

La place d'honneur sur les bancs de la police correctionnelle ! Quel renversement d'idées, et quelle stupéfaction pour un Persan !

Cela signifie qu'il faut faire le moins possible de tels procès, qui permettent au courage et au bon sens de dire des choses justes qui ressemblent à des blasphèmes.

XIII

DU DROIT DE GRACE.

27 janvier 1867.

On s'est entretenu, ces jours derniers, de quelques recours en grâce, et notamment de celui qui avait été formé par les deux soldats condamnés à mort par le conseil de guerre de Paris et exécutés ce matin.

Autrefois, le droit de grâce n'appartenait pas exclusivement au souverain. Des princes, des seigneurs et autres grands personnages, tant ecclésiastiques que séculiers, jouissaient de cette prérogative dans de certaines limites et à certaines conditions. Le plus favorisé, l'abbé de Saint-Claude, avait le pouvoir de faire grâce. A l'archevêque de Lyon était attribué le droit de libérer un forçat chaque fois que la chaîne des galériens passait par cette ville. Et le chapitre de Rouen, à chaque fête de l'Ascension, élargissait un condamné à mort qu'on couronnait de fleurs et qu'on promenait ensuite en triomphe par les rues, aux grandes acclamations d'une population immense accourue à ce spectacle, plus humain et plus moral, il faut en convenir, que celui qui attire la foule autour de l'échafaud.

En Auvergne existait un usage aussi poétique et plus émouvant peut-être. Nous en trouvons la mention dans le *Masuier du haut et bas Auvergne*, imprimé à Lyon en 1505. D'après cet usage, un condamné à mort, marchât-il déjà vers la potence, obtenait sa grâce immédiate si une jeune fille consentait à le prendre pour mari. Cela faisait dire à l'abbé Fléchier, s'égayant sur cette *permutation de peine*, « qu'un homme qui pouvait être aimé ne devait point être puni, et qu'une chaîne valait bien l'autre. »

C'est d'un tel usage que vient cette histoire, répétée par Montaigne, d'un Picard auquel, étant déjà sur l'échelle, on présente une femme « et que (comme nostre justice permest quelquefois) s'il la voulait espouser on lui sauverait la vie. » Mais le Picard s'étant aperçu que la demoiselle boitait : « Attache ! attache ! dit-il au bourreau, elle cloche. »

De telle sorte que, ayant refusé ce mariage *in ex-*

tremis, il ne restait au Picard qu'une suprême ressource de salut, la rupture de la corde, auquel cas encore le condamné échappait au supplice.

Depuis longtemps déjà le droit de grâce a été remis aux seules mains du chef de l'État. Presque tous les criminalistes, et à leur tête Montesquieu, ont proclamé les bienfaits de ce droit de grâce. Toutefois, Barbeyrac et Beccaria lui-même l'ont combattu, le déclarant contraire à la justice et incompatible avec l'égalité devant la loi. Bentham, Filangieri et Pastoret sont passés à cette nouvelle doctrine.

Nous ne pouvons discuter quant à nous cet attribut de la souveraineté, le plus précieux peut-être, et dont l'exercice a empêché quelquefois des erreurs judiciaires qui auraient été irréparables sans lui. Bien certainement Lesurques ne serait pas monté sur l'échafaud si, à l'époque où il y porta sa tête, le droit de grâce n'eût été aboli « pour tout crime poursuivi par voie de jurés. »

La grâce ne se borne pas seulement aux condamnations capitales : elle s'étend aux délits aussi bien qu'aux crimes et même aux simples contraventions. Ce qui fait que toutes peines, depuis les plus graves jusqu'à celles de simple police, peuvent être également remises.

Pour les condamnés du droit commun, rien à

dire ; mais où l'inégalité devient flagrante, c'est lorsqu'il s'agit de délits exceptionnels, comme par exemple les délits de presse.

Toutes les fois qu'un écrivain est condamné à la prison, on se demande si ce sera un emprisonnement nominal ou un emprisonnement effectif. En un mot, subira-t-il ou ne subira-t-il pas la peine qui lui est infligée ?

Ainsi voilà deux journalistes condamnés le même jour pour délit de presse à la même peine, supposons deux mois de prison. C'est énorme pour un homme qui vit de son temps, de son travail et de sa liberté.

Dans le droit commun cela suffit pour le déshonorer ; mais, en matière de presse, il a beau en être autrement comme résultat, la prison n'en est pas moins la prison, et on se rappelle les doléances de Paul-Louis Courier écrivant à sa femme : « On m'enferme le soir à neuf heures, à double tour, dans ma chambre ; cela me contrarie extrêmement, quoique je n'aie nulle envie de sortir.... Cinq jours, depuis que je suis enfermé, m'ont paru longs, et les cinquante-cinq jours qui me restent me paraissent aussi bien longs ! »

Eh bien ! si Paul-Louis Courier eût été un journaliste *agréable* au pouvoir, s'il eût écrit dans le *Drapeau blanc* au lieu d'écrire dans le *Censeur*, il n'eût jamais entendu les verrous de Sainte-Pélagie.

Ce qui fait que la justice a dans ces circonstances deux poids et deux mesures.

Mais ici on vous dit: Qu'y faire? Et on vous arrête avec les formules et les lieux communs qui empêchent tant de bonnes choses de s'exécuter.

Voici l'objection : La grâce étant une faveur personnelle, il est loisible à chacun de la refuser ou d'en profiter. Or, qui répond qu'une grâce spontanément accordée, par le motif qu'elle n'a pu être sollicitée, ne serait pas refusée par celui qui en aurait été l'objet; et, par voie de conséquence, quel scandale si un gracié venait réclamer hautement le droit de subir sa peine !

Il ne faut que s'entendre.

Oui, la grâce est une faveur personnelle quand on pose en principe absolu, ce qui est contraire à la loi et aux faits, qu'il faut nécessairement la demander pour l'obtenir. Mais la grâce spontanément accordée est-elle une faveur personnelle? En aucune façon, c'est un jugement suprême rendu sur l'exécution d'une peine par celui-là même au nom duquel s'exécutent tous les jugements.

La grâce, tout comme la peine, n'intéresse pas seulement un individu, mais elle intéresse la société tout entière; le souverain n'a pas besoin qu'on la sollicite pour l'accorder. Cela arrive quelquefois pour les peines capitales, cela arrive toujours pour les amnisties, qui ne sont que des grâces collectives. Pourquoi donc en serait-il autrement pour les grâces particulières, qui ne sont que des amnisties privées ?

De cette façon, la grâce comme la peine, qui sont en dehors et au-dessus de moi, m'atteignent sans que mon consentement soit nécessaire. Et je n'ai pas plus le droit de faire ma prison quand j'ai ma grâce que de ne la faire pas quand je ne l'ai pas.

Et d'ailleurs où serait le danger? Ce danger serait forcément une glorification.

Heureux le pays dont on pourrait dire: « Ils se plaignent, savez-vous de quoi? de n'être pas mis sous les verrous ! Quel droit croyez-vous qu'on leur refuse? Le droit d'aller en prison. »

XIV

HORS DU JURY POINT DE SALUT.

21 mai 1867.

La loi sur la presse continue à être l'objectif de bien des préoccupations.

Nous ne saurions trop le répéter : hors du jury point de salut. On ne trouvera à côté aucune solution durable et définitive. Il faudra se contenter d'expédients et de palliatifs ; concluons qu'il faut revenir au jury. C'est qu'en dehors de ce point rationnel et définitif on ne rencontrera que des difficultés et des expédients. C'est qu'avec le jury les inconvénients de la loi, quelle qu'elle soit, s'atténuent, tandis qu'avec les juges ordinaires ils s'aggravent.

Un conseiller à la cour impériale dont la docte expérience faisait loi dans ces matières, M. Oscar

Pinard, s'écriait, il y a trois ans à peine, en proclamant la nécessité du jury: « Rien n'est plus contraire à la politique à laquelle il n'en coûte rien de changer que l'immobilité de la justice. »

Le jury seul, qui est l'opinion publique, convient au jugement de ces délits qui ne sont que des délits d'opinion.

Ce n'est pas tout: dans un délit ordinaire le gouvernement n'a qu'un intérêt social; dans la plupart des délits de presse au contraire il a un intérêt personnel. Le gouvernement n'est plus juge, il est partie en cause.

Qu'un voleur soit condamné à trois mois ou à trois ans de prison, qu'est-ce que cela fait à ceux qui nous gouvernent? Absolument rien; mais il leur importe beaucoup qu'un journaliste soit frappé ou absous. Condamné, c'est dans certains cas un triomphe pour le gouvernement; acquitté, c'est un soufflet. Le gouvernement peut donc être quelquefois, et par la force des choses, l'adversaire du journaliste, et par conséquent un plaideur aussi.

Or, que penseriez-vous d'un juge qui pourrait recevoir des présents d'un plaideur?

Grâce à Dieu, ce système de séduction a péri avec l'ancien régime; mais enfin autrefois il était parfaitement admis, reconnu par les lois, il était accepté par les mœurs.

Papon, qui dédiait ses arrêts notables à *monsei-*

gneur de Harlay, premier président du parlement, et qui les rédigeait quatre-vingt-deux ans avant que Racine fît dire par un juge à son fils:

> . . . . Compare prix pour prix,
> Les *étrennes* d'un juge à celles d'un marquis:

Papon constate que, de son temps, il y avait beaucoup de magistrats « qui, sous la fiance des dispositions de droit commun, se jactaient d'avoir, après leurs gages et espèces payés, toujours quelque gibier pendu au croc de leur cuisine. »

Et il ajoute que « leur cuisine fournie desdits présents, ils faisoient revendre le reste pour complaire à l'avarice de leurs femmes, estat et revenus. »

Plus tard, ces *dispositions de droit commun*, qu'on invoquait hardiment, devinrent des délits, des exceptions dont on se cacha, exceptions même très-rares, disons-le à l'honneur de l'ancienne magistrature.

Et, pour en être convaincu, il suffit de se rappeler cet éclat violent, ce *tolle* général que produisit dans les mœurs pourtant si relâchées de l'époque cette fameuse montre en or et ces trois cents louis de Beaumarchais remis à la femme du conseiller Goesman pour obtenir audience de son mari.

Eh bien! je suppose que ces offrandes eussent été

dans les habitudes judiciaires du temps de Beaumarchais, comme elles l'étaient du temps de Papon, et je suppose que l'auteur du *Mariage de Figaro* eût pu les adresser ouvertement sans rougir lui-même et sans faire rougir autrui, non-seulement à la femme de M. Goesman, mais au rapporteur de son procès, à M. Goesman lui-même. Qu'est-ce qu'une montre en or et trois cent louis à côté de l'avancement, des récompenses et des distinctions de toute sorte dont le pouvoir est le suprême dispensateur? Et s'il arrivait qu'un plaideur eût entre les mains de tels moyens d'entraînement, qui pourrait soutenir qu'il n'y aurait pas là un certain péril pour la justice?

Sans doute en France, où nous avons l'honneur et le bonheur de posséder la première magistrature du monde, le danger serait cent fois moindre que partout ailleurs.

Mais enfin ce péril ne serait-il que la plus extravagante des chimères, n'arriverait-il qu'à l'ombre de ce soupçon qui ne devait pas même effleurer la femme de César, qu'il faudrait encore en préserver notre magistrature.

Conclusion éternelle et sempiternelle, le jury.

XV

OBSÈQUES D'UN MAGISTRAT ET D'UN AVOCAT.
M. Oscar Pinard et M. Freslon.

Paris, 4 février 1867.

Le Palais est en deuil.

La mort nous prend les meilleurs, et ce qui ajoute à la désolation des coups qu'elle frappe c'est leur soudaineté. Après le nom estimé de M. Portier se sont brusquement inscrits sur notre liste funèbre les noms si chers de MM. Oscar Pinard et Freslon.

Nos regrets les accompagnent tous les deux quoique à des titres divers; car ils ne se ressemblaient guère. L'un a fourni toute sa carrière dans notre palais, l'autre n'y est arrivé que sur le tard, s'y réfugiant comme dans un champ d'asile où l'hospitalité de l'indépendance et du travail recueille les blessés de tous les partis et console les vaincus de toutes les grandes causes. M. Pinard est mort magistrat après avoir été longtemps avocat, tandis que M. Freslon est mort avocat après avoir été magistrat à trois différentes reprises.

Laissons nos souvenirs d'hier les visiter tous les deux et leur rendre ces honneurs posthumes qui sont la dette des vivants envers les morts qui ont bien mérité de l'humanité.

En M. Pinard s'éteint un observateur consciencieux et sagace, un historien bienveillant de la grande famille judiciaire.

Il débuta par le journalisme et devint bientôt rédacteur en chef du journal le *Droit*. Il acquit dans cette escrime quotidienne cette dextérité de plume qui travaille la pensée pour lui donner ou la pointe qui la fait pénétrer dans l'esprit ou le relief qui l'y grave profondément.

La révolution de 1848 le trouva donc en possession d'une noriété dont elle s'empressa de doter sa magistrature renouvelée. M. Pinard fut d'abord avocat général à la cour d'appel de Paris, puis procureur impérial; il s'est enfin assis sur le siége de conseiller; et c'est là que la mort est venue, non le surprendre, mais le chercher.

Nous disons que la mort ne l'a pas surpris, car elle lui a laissé le temps de mettre la dernière main à son œuvre littéraire.

M. Pinard, dans son existence mi-partie de publiciste et d'avocat, avait raconté au jour la journée les impressions de sa vie de palais, et tout naturellement il avait ainsi, feuillet par feuillet, composé un livre très-vivant, très-varié, qui a fait une vérité de ce titre qui chez tout autre n'eût été qu'une fanfaronnade, l'*Histoire à l'audience.*

Chemin faisant, le narrateur s'était avisé de retracer les figures qui animaient les cadres de ses curieux récits. A côté des scènes il peignit les personnages qui les jouaient, et de la sorte se trouva toute garnie et toute ornée une galerie de portraits qu'il appela : *Le barreau au dix-neuvième siècle.*

Tout cela s'exécuta pendant l'existence militante de l'avocat. Le siége de conseiller pas plus que le fauteuil d'académicien n'excite à la production littéraire. La plume est chose absorbante toujours, compromettante quelquefois. L'austérité de la fonction ressemble à la grandeur en ce qu'elle aussi vous *attache au rivage.*

M. Pinard assis n'augmenta pas son bagage littéraire ; seulement il le revit, le développa et le compléta. De son œuvre de prédilection, *Le barreau,* il fit deux volumes au lieu d'un.

Ce travail de remaniement devait lui plaire. Homme de goût et de forme, quelle délectation de repasser ses impressions d'autrefois! Il lui semblait les éprouver encore; les revivre pour ainsi parler, et retremper sa maturité dans la fontaine de Jouvence des années fleuries. Aussi s'écrie-t-il : C'était là le bon temps! Le temps de l'article et de la plaidoirie, et non pas le temps du réquisitoire ou de l'arrêt.

Et il faisait durer le plaisir en revoyant à cœur joie les écrits et les sentiments de sa jeunesse.

M. Pinard est donc mort après sa tâche accomplie. Le livre fermé, son tombeau s'est ouvert.

Trois volumes, c'est assez pour la mémoire du conseiller ; trois volumes exquis, pleins de faits, de récits vivants, d'observations ingénieuses. Il écrivait seulement lorsqu'il avait quelque chose à dire. Voilà pourquoi il a écrit peu et si bien. Un secret à l'usage des esprits délicats qui veulent se survivre. Et en effet, l'histoire contemporaine du barreau est si fidèlement retracée dans ces trois volumes qu'il sera désormais impossible de parler de notre époque sans les consulter dans leur impartial témoignage, et sans interroger leur critique si maligne dans son imperturbable bienveillance.

Ennemi du bruit et du tracas, notre magistrat s'était comme retranché dans une misanthropie souriante, qui le tenait à l'écart de la mêlée et de la foule. L'audience finie, vite il s'envolait vers sa studieuse et charmante retraite de Versailles pour s'y enfermer avec les philosophes du dernier siècle, dont il aimait l'esprit et dont il avait le style. Il sut être constamment heureux, mais de ce bonheur facile, à portée de la main, — en est-il donc un autre ? — qui se compose de ce loisir occupé où la réflexion travaille autant que la plume. Toutefois n'allez pas croire qu'il se désintéressât des choses de la vie publique; mais il aimait mieux les regarder que les faire. Il observait nos luttes sans y prendre part, non pas avec l'égoïste sensualité de Sosie se cachant sous la tente et se lestant afin de prendre courage *pour les gens qui se battent;* mais avec les nobles aspirations du prophète sur la montagne, ne donnant pas les mains au combat, mais les élevant vers le ciel pour le triomphe de la sainte cause de la liberté.

C'est une justice à rendre à M. Pinard, les idées libérales furent toujours les inspiratrices favorites de sa plume; c'est vers elles qu'il gravite sans cesse; et les caprices de son esprit, les inquiétudes de son imagination ne tiennent jamais contre les attractions de cette infaillible boussole.

Sachons-lui gré d'avoir répandu des idées comme celles-ci :

« On a fini par s'apercevoir que rien ne tenait lieu à un peuple de la liberté réglée par les lois, pas même d'être le premier peuple du monde.

« J'ai cru, disait-il encore, que les vertus difficiles étaient nécessaires aux peuples qui voulaient s'appartenir et que la liberté devait se payer cher. »

Quant à lui, il ne paya pas cher la sienne. Elle lui échut comme un don de sa facile nature, comme un présent du ciel qu'il sut savourer à l'écart au milieu de ses livres bien aimés.

Grand lecteur de Montaigne, dont il avait le tempérament spirituel, si l'on peut ainsi dire, il en avait pris le sel et l'humeur gauloise.

« Pour finement penser, disait-il, je relis Montaigne, mais pour finement écrire je relis son *Éloge* par Villemain, dont le style n'a qu'un tort à mes yeux, c'est d'être inimitable. »

Aucun des grands écrivains de l'antiquité qu'il ne connût et ne citât à l'occasion. Mais ses préférences allaient à nos vieux auteurs français. Parmi ceux qui nous ont immédiatement précédés il était en commerce familier avec les philosophes du dix-huitième siècle, il avait une grande admiration pour Montesquieu, et presque un culte pour Voltaire. Écoutez comment il parle de ce dernier :

« Un homme qui a aimé les hommes jusqu'à la fin avec une admirable et infatigable constance, dont le nom a été mêlé à tous les triomphes et à tous les travaux, et qui, dans le cours de sa longue carrière, n'a jamais rien trouvé, quant aux efforts de l'esprit, au-dessous de lui et au-dessus de lui. »

Quelle finesse et quelle énergie à la fois! Cet éloge n'est-il pas bien digne du modèle qui l'a inspiré?

Si l'existence de M. Pinard eût été moins unie, il y aurait gagné plus de fécondité et plus de hardiesse. Sa plume était de taille à creuser les problèmes des réformes judiciaires, il eût ainsi travaillé un peu plus pour le progrès de notre législation, et, après avoir rendu l'image du passé, il aurait pu se vouer à la préparation de notre avenir.

Tout autre que celle-là était la nature de Freslon ; il ne se laissa jamais envahir, lui, par l'indolence des positions toutes faites. Né pour la lutte, les sacrifices ne lui coûtaient rien ; il ne comprenait pas la vie sans cela. Voyageur intrépide, il allait son droit chemin sans s'inquiéter s'il était étroit ou raboteux. Il commença aussi par le journalisme, mais par le journalisme vigoureux, indépendant et oseur. Il avait fait passer son idée de rénovation et de réforme dans le titre même de son journal, le *Précurseur de l'Ouest*.

M. Freslon fut encore magistrat comme M. Pinard. En 1830, il avait à peine vingt-deux ans quand il fut nommé premier substitut du procureur du roi à Angers ; mais il rentra dans les rangs du barreau en 1832. La révolution de 1848 l'éleva aux fonctions de procureur général à la cour de la même ville ; il quitta ce poste pour son élection à l'assemblée nationale, et il devint ministre de l'instruction publique, et, plus tard enfin, avocat général près la Cour de cassation.

Cette fois il donna sa démission encore. Nous étions au 2 décembre.

Cette démission donnée il voulut la porter lui-même : mais où et à qui la remettre ? Il se rendit au palais ; il le trouva envahi par la troupe ; tous les passages étaient occupés par les soldats.

Enfin, après plusieurs recherches et démarches inutiles, il finit par découvrir quelque subalterne qui voulut bien se charger de son message.

Rien n'égalait sa simplicité, si ce n'est l'égalité de son âme.

Les choses courageuses, ou difficiles, ou grandes, il les faisait naturellement, sans effort, sans enfler ni son geste ni sa voix ; il avait pour principe qu'il n'y a aucun mérite à faire son devoir. Et il savait toujours où était ce devoir, car il n'acceptait d'autre guide que sa conscience.

On l'aimait tous les jours davantage parce que, à mesure qu'on le connaissait mieux, on l'estimait plus. Il causait avec une bonhomie des plus spirituelles ; il trouvait toujours à nous dire les choses qu'on est bien aise d'apprendre. A ses pensées, à ses récits il savait donner un tour piquant, relevé par la vivacité de l'œil et la franchise du sourire.

Quand la goutte lui eut fait de sa promenade dans notre salle des Pas-Perdus une fatigue, il prit l'habitude de s'asseoir sur le banc qui est à gauche du monument de Malesherbes. Le cercle était bientôt formé autour de lui. Il n'avait pas gardé de ses hautes fonctions ce qui aurait pu l'enorgueillir, mais ce qui pouvait nous charmer. Il ne disait jamais : « Quand j'étais ministre. » Causant avec une discrétion telle que son entretien ressemblait à la confidence la plus intéressante; il va sans dire qu'il excellait dans la correspondance.

Qu'est-ce en effet qu'une lettre, sinon une conversation à distance? Il entretenait un commerce épistolaire très-suivi avec M. de Tocqueville, ce fut même là ce qui me valut mes premiers rapports avec M. Freslon. Il voulait bien me transmettre les bons avis, — heureux si j'avais su en profiter ! — dont ne dédaignait pas d'honorer ma besogne courante l'illustre auteur de la *Démocratie en Amérique*. Citoyen dévoué, âme simple, cœur vaillant, noble caractère, tel nous avons connu et aimé Freslon. Il méritait d'être dignement loué. Il l'a été admirablement par M. Dufaure. Jamais le grand avocat ne fut plus éloquemment inspiré que sur le bord de cette tombe. Une tendresse mâle vibrait dans cette poitrine d'honnête homme et pénétrait tous les cœurs d'une irrésistible émotion. On sentait quelque chose d'auguste et d'antique dans cette manière de glorifier un bon citoyen qui s'en va.

Rien de touchant comme cet appel en témoignage d'un des hôtes qui reposent dans ce sol funèbre et sacré que foulait l'orateur et qui allait recevoir la dépouille d'un ami.

« Le grand citoyen dont la tombe n'est pas loin de nous ne fit que suivre les indications de l'assemblée en lui confiant le ministère de l'instruction publique. »

Quel langage ! Cela ne se trouve ni dans le maniéré ni dans le pompeux; cela se trouve dans le grand, dans le beau, dans le simple, et cela ne se trouve que par ces belles âmes qui n'ont pas besoin de le chercher, car elles le prennent dans leur propre fonds.

XVI

MORT DE THÉODORE BAC.

13 juin 1865.

Il nous reste à parler d'un deuil qui a attristé toute la famille judiciaire.

Ils s'en vont les hommes de 1848, qui ont payé de leur personne et de leur parole un lourd tribut à cette époque agitée et féconde. Théodore Bac est allé rejoindre Bethmont, Landrin, Michel de Bourges, Martin (de Strasbourg), Laissac et tant d'autres.

Le procès Lafarge le mit tout à coup en lumière. Sa notoriété naquit dans le même berceau que celle de son camarade Lachaud. Ils furent comme les deux jumeaux de la même renommée.

Dès ce moment le nom de Bac fut gravé dans toutes les mémoires; mais il ne garda pas le rôle de sa réputation, il se laissa distancer un peu par dédain, un peu parce que la politique l'avait détourné des affaires et que les grandes questions l'avaient dégoûté des petites.

Il était d'ailleurs rêveur et artiste, ce qui est une double condition pour faire peu parce qu'on tient à faire trop bien.

Il était né à la fois solitaire et tribun. Il gardait parmi nous quelque chose de ce nuage d'isolement intérieur dans lequel, au milieu du bruit et au milieu de la foule, aimait à s'absorber Bethmont.

Chose de plus en plus rare au barreau, Bac avait un style à lui. Il ne congédiait pas l'imagination de ses plaidoyers, au contraire, il courtisait la folle du logis et faisait bon ménage avec elle.

Au lieu de se hâter terre à terre vers son but, il savait s'élever vers les hautes sphères, vers les grandes idées qui sont les coups d'aile de l'éloquence; il avait les mots trouvés et les expressions heureuses.

Parlant d'un homme que la vue de sa victime n'avait pas ému, il disait : « Non, il n'a pas de religion, lui qui n'a pas celle de la mort et qui n'a pas compris ce que c'était qu'un cadavre, cette demeure abandonnée d'une âme immortelle. »

Dans le procès Marcellange, il fit preuve d'une sensibilité exquise, d'une poésie débordante. Comme il peint les angoisses, l'abandon, les terreurs de cet homme que les dédains de sa femme avaient relégué au fond d'un vieux château, où il vivait seul, étranger parmi des paysans aux mœurs plus âpres que l'âpre nature qui l'entourait!

« Le soir venu, dit-il, dans sa chambre solitaire il songeait aux premiers jours de son union, et, le cœur serré, il demandait à Dieu, aux brises de la nuit, aux nuages qui passaient, aux pâles étoiles, si rien ne viendrait l'enlever à son isolement. Mais rien ne lui répondait.... rien que le cri lugubre de l'oiseau des nuits, rien que le vent qui s'engouffrait en gémissant dans les gorges profondes, et arrachait de funèbres harmonies aux vieux sapins de la forêt de Chamblas!

« Et alors sur le fond de l'horizon, au flanc du bois sombre, il voyait passer l'image de Jacques Besson, le fusil sur l'épaule, jetant vers lui de sinistres regards. »

Quel romancier aurait mieux décrit, quel poëte aurait mieux senti?

Bac avait la fibre populaire; c'était la force et l'inspiration de son éloquence.

Le dernier procès qu'il a plaidé est un procès d'assistance judiciaire pour un ouvrier victime d'un accident. Il nous souvient qu'un jour qu'on le félicitait sur une plaidoirie pour un banquier, il répondit avec son sourire pensif :

« Je sens que j'aurais bien mieux plaidé si j'avais plaidé pour rien et pour un pauvre diable. »

L'homme est là tout entier. Théodore Bac était mieux qu'une parole, il était une passion. Une passion qui sommeillait quelquefois, mais qui éclatait à ses heures et qui alors se dépensait sans réserve, sans mesure, jusqu'à l'épuisement, jusqu'à la mort.

XVII

NOTICE SUR CHARLES SAPEY, PAR EDMOND ROUSSE.

Parmi les avocats qui savent écrire, — chose qui fut de tout temps la plus rare du monde, — il faut citer Edmond Rousse. Pour mériter cet honneur il lui suffirait d'avoir signé les cinquante pages de maîtresse prose qu'en forme de préface, il a placées en tête du recueil des *Discours et plaidoyers de M. Chaix d'Est-Ange.*

Beaucoup plus récemment il a publié une *Notice sur Charles Sapey,* avocat général à la cour de Paris.

Cette biographie après décès est finement touchée par une fine plume : travail achevé d'un écrivain qui a l'horreur du banal et le culte de l'exquis.

On sent que l'auteur s'est complu dans son œuvre. Les cœurs généreux se payent ainsi de leurs propres mains. Il y a dans ce pieux devoir rempli quelque chose de la joie tendre que dut éprouver ce bon sénéchal de Champagne, ce naïf historien de saint Louis, quand il lui fut donné d'ériger dans son château de Joinville une chapelle à son bien-aimé roi.

Mais pour se procurer de ces joies douces et sereines, il faut être soi-même une âme délicate, il faut que ces éternels absents qui ne reviendront plus apparaissent quelquefois à notre souvenir et fréquentent notre pensée. Joinville rêvait de son ancien compagnon de la croisade, il lui parlait en songe :

« Quand je me esveillai, écrit-il, je m'apensai
« que il plaisait à Dieu et à li que je le hébergeasse
« en ma chapelle, et si je ai fait. »

Et vous aussi, mon cher confrère, vous avez *hébergé* dans votre chapelle votre excellent ami.

Vous avez peint avec une grâce qui n'exclut ni la ressemblance ni la vérité, mais qui les pare sans les trahir ; vous avez peint la physionomie de ce magistrat lettré d'une susceptibilité d'hermine qu'il apportait en toutes choses dans ses actes comme dans ses pensées, dans ses paroles comme dans ses écrits.

Le voilà bien tel qu'il était : un mérite paisible

et un rare talent enveloppés d'une modestie à la fois mélancolique et souriante. Vous le faites aimer par ceux qui ne le virent jamais, vous le faites revivre pour ceux qui le connurent, et si bien revivre que ses amis croiront un moment qu'il n'est pas mort, et que les indifférents oublieront qu'ils allaient l'oublier.

DEUXIÈME PARTIE

IMPRESSIONS DE VACANCES

CONGRÈS LITTÉRAIRE

ET FÊTE ARTISTIQUE D'ANVERS.

PREMIÈRE LETTRE.

Réception des écrivains et artistes français.

Anvers, 20 août 1861.

Mon cher monsieur Havin,

Il me faut le dévouement de Curtius ou de Boduognat lui-même pour m'arracher aux *ébastemens* de toute une population en délire, et venir sur un coin de table et sur un coin de papier, à travers musiques, carillons, fanfares et tambours, vous griffonner quelques détails sur ces merveilleuses fêtes.

Vous saurez tout à l'heure quel est ce Boduognat qui, comme tant de héros, gagne beaucoup à être connu.

Donc, la cité d'Anvers, la métropole des arts en Belgique, la ville sainte de Rubens, a eu l'étourdissante idée de célébrer, après trois siècles révolus, un des plus brillants anniversaires que les arts, en collaboration avec la poésie et la rhétorique, aient inscrits dans les annales des Pays-Bas. On a voulu renouveler le *Landjuweel* tenu en août 1561. Un appel a été adressé à toutes les sociétés littéraires et artistiques de l'Europe. Le comité de la société des gens de lettres de France, naturellement convié à la solennité, a désigné huit de ses membres pour le représenter à cette grande fête de l'intelligence.

Notre départ fut fixé au vendredi 16 août. Le président de notre députation, M. le baron Taylor, président aussi à Paris de la commission des fêtes d'Anvers, nous avait donné rendez-vous au chemin de fer du Nord pour cinq heures. Un wagon de première classe avait été retenu à notre intention, et voici comment il fut bientôt garni : baron Taylor, Henri Celliez, Amédée Achard, de Lalandelle, Charles Basset, Albéric Second, Michel Masson et moi.

Nous avions quitté un Paris tempêtueux, étouffant, et trois heures après nous traversions à toute vapeur une campagne verdoyante, rafraîchie par un orage qui venait de terminer sa représentation et qui, sans nous étourdir par son tonnerre ou nous mouiller de ses averses, nous avait gardé seulement quelques suprêmes éclairs pour illuminer le paysage. Nous arrivons à minuit à Bruxelles, et avant de nous coucher nous allons visiter au clair de lune cette place de l'Hôtel-de-Ville de Bruxelles d'une curiosité si puissante et d'une variété si pittoresque. Le lendemain dans la matinée nous frétons deux grandes calèches pour parcourir la ville, visiter ses palais, ses églises, son musée, après quoi nous disons adieu à Bruxelles pour nous diriger sur Anvers, notre destination.

Chemin faisant, notre caravane s'était enrichie. Nous avions rencontré successivement un philosophe, deux avocats, et deux peintres, MM. Jules Simon, Gudin, Stevens et mes deux confrères à la cour impériale, Guiffrey et Gustave Chaudey.

Notre arrivée à Anvers devait coïncider avec celle des artistes anglais et allemands. Le ministère de la guerre avait donné l'ordre d'accueillir les invités par une salve de quinze coups de canon.

Ce fut donc au bruit de l'artillerie, au son des fanfares, à l'ombre des bannières des corporations et aux éclats de la musique militaire qu'on se harangua un peu et qu'on s'embrassa beaucoup. Dès ce moment nous étions citoyens d'Anvers.

Seulement, comme venait de sonner l'heure de

l'inauguration de la statue de Boduognat, et que la place où s'élève le nouveau monument n'est pas éloignée de la gare, nous fûmes aussitôt encadrés dans un cortége, et, avant de pénétrer dans la ville, nous fûmes emportés par les flots d'une population enthousiaste, qui nous entraîna vers le héros de la fête.

Nous voilà donc en face d'un groupe de marbre caché par une draperie. Le grand homme va nous être révélé. J'avoue en toute humilité que ce Boduognat nous avait singulièrement intrigués pendant tout le voyage. Quel était ce Boduognat? d'où venait-il? qu'avait-il fait? J'en demande bien pardon à mes sept compagnons de route, mais ils ne le savaient pas mieux que moi. Était-ce un savant, un poëte, un grand armateur ou un grand capitaine? Était-ce un contemporain ou bien un vieux de la vieille histoire?

Sa famille attendrie devait-elle verser des larmes de reconnaissance et d'allégresse aux pieds de cette statue, en présence de cette résurrection par le marbre; ou bien cet ancêtre apparaîtrait-il dans son pays comme un étranger que le lointain obscurcit et que la gloire a isolé?

Tout à coup l'un de nous s'écria : « Quel beau nom pour le héros d'une tragédie comique. » On se moqua de celui-là, et, comme il arrive presque toujours, celui-là seul avait à peu près raison.

Boduognat était, cinquante-sept ans avant J. C., un chef des Nerviens qui se couvrit de gloire en faisant un carnage insuffisant de Romains, et qui succomba au milieu de son triomphe. Vous voyez qu'il n'a pas abandonné la partie sous prétexte que son heure a été lente à sonner : voilà plus de dix-neuf siècles que Boduognat attendait sa statue, mais le culte de ses concitoyens pour le patriotisme nous entraîne à lui appliquer le mot de saint Augustin : « Il a pu être patient, parce qu'ils le feront éternel. »

Le sculpteur, un artiste et un enfant d'Anvers, M. Ducaju, a représenté son héros comme une sorte de saint Michel de la résistance nationale.

Il a su mettre beaucoup de mouvement dans l'attitude et beaucoup de fierté dans la physionomie.

Après avoir fait connaissance pour toujours avec l'illustre Boduognat, il nous fut donné d'entrer dans la ville d'Anvers.

C'est ici le cas de vous dire que chacun de nous avait été muni dès Paris d'une carte d'invité qui est un vrai chef-d'œuvre de goût et de typographie. Cette carte suffirait pour indiquer que si Anvers est la ville de Rubens, il fut aussi la patrie de Plantin, un émule des Robert Estienne, des Alde Manuce et de tant d'autres *architectes en livres*, comme on appelait alors les imprimeurs. Cette carte, que j'entends faire encadrer pour la joie de nos futurs souvenirs, porte en tête le nom de l'invité à côté du nom et de la demeure de son hôte, le tout attesté par la signature de M. le bourgmestre d'Anvers, président de la commission centrale des solennités, M. J.-François Loos.

Cette carte est le : *Sésame, ouvre-toi !* de toutes les réjouissances. Avec elle vous entrez partout, dans les bals, dans les musées, dans les concerts, dans les banquets. Vous avez votre place au congrès, au tir, aux régates, au feu d'artifice.

Ce n'est pas tout encore : votre carte elle-même constitue la plus ingénieuse des attentions de cette hospitalité qui vient au-devant de vous et traverse la frontière pour vous attirer, vous guider et vous accueillir.

Cette carte, qui n'a l'air que d'une carte quand on la regarde au recto et sans y entendre malice, se déploie tout à coup comme un tryptique et vous présente trois feuillets sur lesquels vous voyez, à côté d'un programme des fêtes, un plan de la ville d'Anvers, sur lequel est marquée à l'encre rouge la demeure de l'hôte qui doit vous recevoir.

Vous pourriez donc à la rigueur, sans l'indication et sans l'assistance de personne, aller à cette maison, qui dès ce moment devient la vôtre, et dire tout simplement : « Me voici. » Pour moi, j'ai ma croix rouge dans la rue des Arbalétriers, n° 51, chez M. Bourla, architecte de la ville, dont le grand théâtre, les nouveaux bassins du port et tant d'autres édifices qui furent son ouvrage attestent la fécondité et le goût.

Eh bien! M. Bourla ne serait pas le plus aimable des amphitryons, comme il a été un des plus braves officiers de l'armée de la Loire; M. Bourla ne serait pas venu me recevoir et me *reconnaître* au chemin de fer, que, ma carte à la main, j'aurais pu attraper ma croix rouge et sa maison, et que, arrivé rue des Arbalétriers, on n'aurait pas manqué de me dire comme dans l'Évangile : « Est-ce vous qui devez venir, ou devons-nous en attendre un autre? »

Toutefois si j'étais arrivé seul, je n'aurais pas osé entrer. Évidemment j'aurais reculé de stupéfaction en voyant sur mon logis deux magnifiques écussons, l'un portant le lion de Belgique avec le nom si aimé et si populaire du Béranger de ces contrées, M. Antoine Clesse, et l'autre écusson aux armes de France avec mon propre nom.

C'est pourtant ainsi que chaque hôte affiche les noms des visiteurs, et que nous sommes tous étiquetés; de telle sorte qu'en parcourant la ville, cette population étrangère d'artistes, de savants et de littérateurs apprend à se nommer, à s'orienter et à se connaître.

Le soir, la ville a été illuminée et pavoisée. Les

artistes étrangers avaient été convoqués au cercle artistique pour de là se rendre vers neuf heures à l'hôtel de ville, où M. le bourgmestre, entouré de ses échevins, a procédé à la réception officielle de tous les hôtes d'Anvers.

On ne se fait pas une idée de cette expansion, de cette joie, de cette foule.

Nous nous demandons s'il reste quelqu'un dans les maisons tant les rues sont inondées de monde. La ville est envahie par une population triple de celle qu'elle peut contenir. Il faudra plus tard créer des villes en caoutchouc et des maisons à rallonges et à tiroirs.

La réception terminée à l'hôtel de ville, nous allons par les rues nous promener sur les bords de l'Escaut ou visiter au clair de la lune cet étrange monument dit l'hôtel de la Boucherie, ou les ruines de l'inquisition et ces maisons à pignon avec encorbellement qui vous rappellent l'Espagne en vous montrant les madones aux coins des rues et dans des niches creusées dans les façades des maisons. La joie est sur tous les visages. Les figures sont ouvertes comme les mains, comme les âmes : c'est un épanouissement unanime, personne ne songe à aller se coucher.

Quand nous disons que la ville d'Anvers est en fête, ce n'est pas là une figure de rhétorique, et il faut prendre les choses au pied de la lettre.

Si vous pensiez qu'une minorité s'amuse au milieu d'une majorité simplement curieuse, vous commettriez une lourde erreur. Ce n'est pas une joie partielle noyée dans une indifférence générale ; ce n'est pas une note brillante dans un orchestre terne ou muet ; non, c'est une ville tout entière emportée dans la même liesse, entraînée dans le même tourbillon.

Croiriez-vous qu'à Anvers, cette ville si active, ce port si occupé, la bourse sera fermée et les affaires entièrement suspendues pendant les trois jours de la fête. Il y a trois cents ans que cela se passait exactement ainsi.

Le chargé d'affaires anglais, voyant que tout le mois d'août de l'année 1561 s'était dépensé en jeux, fêtes, illuminations et festins, envoyait à son gouvernement cette relation qui sent sa mauvaise humeur et son spleen : « Le commerce et le change chôment complétement. On ne s'occupe de rien *d'autre* dans la ville que de boire et de festoyer ; et les discussions les plus importantes roulent sur la question de savoir laquelle des *gildes* remportera le prix de poésie et de rhétorique. »

On se rapproche, vous le voyez, de la fête trois fois centenaire.

Ces réminiscences des temps anciens, accommodées au progrès de la civilisation et des arts, ont une saveur native et une grâce entraînante qui séduisent et qui charment. Ces réminiscences nous les aimons toutes, excepté une pourtant, et nous demandons qu'en ceci le programme de l'avenir soit modifié. Le bourgmestre d'alors, qui avait présidé à ces fêtes, fut décapité sept ans après, à Vilvorde, par ordre du duc d'Albe. Nous demandons grâce pour le bourgmestre actuel, car ce serait trop mal récompenser la peine qu'il prend et le plaisir qu'il nous donne.

J'ai vu bien des fêtes ; mais jamais une pareille à celle-ci pour l'élan, l'entrain, la cordialité. Ce sont les grandes batailles de la paix. A un tel régime que de frontières s'évanouiraient, combien de barrières tomberaient toutes seules. Je n'ose pas énumérer toutes les *festivités* qui nous attendent encore. A chaque jour suffit son mal, mais ici à chaque jour ne suffit pas sa fête ; on les prodigue, on les entasse, on les accumule : c'est le revolver ou le canon rayé appliqué à la jubilation publique.

DEUXIÈME LETTRE.

Fêtes du Congrès d'Anvers. — Banquet. — Feu d'artifice. — Concert. — Promenade du géant. — Conclusion.

Anvers, 25 août 1861.

J'en ai assez dit, mon cher monsieur et ami pour démontrer que les Anversois sont passés maîtres en fait d'hospitalité ; et chacun de nous aurait pu leur appliquer la formule si expressive de Mme de Sévigné arrivant à Rennes : « Cette bonne Marbœuf voulait m'avaler, et me loger et me retenir. »

Sur les portes de la ville, sur les édifices, partout, des peintures allégoriques ou des inscriptions murales, pour nous dire de toutes les façons : « Soyez les bienvenus ! »

Chez les habitants on trouvait cette préoccupation unique : « Êtes-vous contents ? » et sur leurs visages une joie expansive qui se serait changée en chagrin si nous ne l'eussions partagée.

Nous voilà donc au dimanche.

Un soleil franc et gai dorait les pignons de ces maisons si propres et si blanches. Les drapeaux flottaient au vent. La ville était comme enveloppée de cette rumeur qui est pour ainsi dire la respiration du plaisir et le bourdonnement d'une allégresse qui s'organise en attendant l'heure d'éclater.

Trois cérémonies, ou trois divertissements, ou trois spectacles si vous l'aimez mieux, nous étaient réservés pour ce jour-là :

La procession de Notre-Dame;

Un banquet de douze cents couverts, offert par la ville aux invités du congrès;

Et une fête vénitienne donnée par la société royale d'harmonie.

Pour trouver que ce n'est pas là un dimanche bien rempli, il faudrait y mettre de la mauvaise grâce.

Je ne choisirai dans les fêtes des deux jours suivants, le lundi et le mardi, que trois choses : un grand concert, la promenade du géant et finalement le congrès.

Procédons par ordre.

Un reposoir magnifique sous forme d'autel avait été dressé au bout de la place de Meir. Une grande statue de la Vierge couronnée de fleurs s'élevait sur un piédestal, et dominait cette chapelle aérienne auprès de laquelle la procession de Notre-Dame devait faire sa première station vers midi. Jamais emplacement ne fut mieux disposé pour le défilé d'une procession : la place de Meir est une très-large rue comme la rue Royale, à Paris, bordée de chaque côté par des hôtels très-élégants, non loin desquels on aperçoit dans une rue voisine la belle maison de Rubens.

Tout à coup, au mouvement de la foule et à la direction de tous les regards fixés vers un même point, on sent que la procession arrive. On ne la voit pas encore, mais on l'entend, et un instant après une première bannière apparaît et ouvre la marche.

Il faudrait ici toutes les ressources de l'illustration et toutes les magies du pinceau pour rendre l'imposant effet de deux rangées d'hommes un cierge à la main et encadrant ainsi dans leur double haie mobile des bannières d'un luxe inimaginable qu'on promène au beau milieu de la rue. C'est d'un éblouissement à donner le vertige, surtout quand au milieu de ces bannières on voit porter une madone gigantesque recouverte d'un manteau ruisselant de diamants et de pierres précieuses de toutes couleurs. On pense, malgré soi, au manteau d'or de Jupiter Ammon qui lui fut enlevé par un tyran qui crut justifier son vol par une plaisanterie. Ce vêtement, dit-il, était trop lourd en été et trop froid en hiver.

Quand cette longue file de bannières est épuisée, s'avance majestueusement un dais magnifique qu'entourent des chefs de confrérie portant chacun au bout de hautes piques de bois des lanternes d'argent. A mesure que le dais se déplace, les flots des fidèles qui inondent les trottoirs courbent leurs têtes sous la bénédiction, qui les domine et qui passe. Le vent, quand il incline les têtes des épis mûrs, rend sinon cette impression, du moins cette image.

La grande procession de Notre-Dame jouit dans toute la Belgique d'une réputation qui n'est pas surfaite. Les pompes éblouissantes des cérémonies romaines ne l'éclipsent pas, et les exhibitions un peu païennes de l'Espagne n'atteignent pas à ce degré de splendeur.

Ce qui lui manque peut-être, ce sont ces figurations naïves qui sentent leur moyen âge et représentent ou l'enfant Jésus, ou la Madeleine éplorée, ou saint Jean-Baptiste conduisant son agneau. Mais si nous ne regrettons en aucune façon ces confréries portant torches et cagoules et ressemblant à une mascarade, nous regrettons bien sincèrement ces vierges vêtues de blanc qui entonnent des cantiques et sont l'ornement comme le poétique attrait de ces solennités. A Anvers, les hommes seuls figurent dans les processions; les femmes sont aux fenêtres. Devant chaque maison flambe un gros cierge qu'on a le soin d'éteindre bien vite quand la procession est passée. Ces cierges ne sont donnés qu'en location, on les pèse avant et après, et c'est la différence de poids que chaque riverain paye au fournisseur de cet éclairage religieux.

La procession venait à peine de rouler ses derniers anneaux dans l'église Notre-Dame que l'heure du banquet allait sonner. Et quel banquet! un festin de douze cents couverts, qui n'a pas coûté moins de trente-six mille francs. Le local du théâtre des Variétés avait été consacré tout entier à ce vaste réfectoire ; c'est-à-dire que la salle, le foyer, la scène et une autre immense salle de bal qui fait suite à la scène, tout cela avait été accommodé en une salle unique, et dans cette salle s'étalaient de longues files de tables où les convives venaient s'asseoir à leur gré, choisissant la place qu'ils voulaient prendre et les voisins qu'ils voulaient se donner.

Supposez les noces de Gamache, revues et corrigées par Vatel, supposez les kermesses de Teniers gagnant beaucoup en décence sans avoir rien perdu en gaieté, et vous aurez une idée de ces douze cents personnes dînant et fraternisant en toutes les langues, au milieu des fleurs, des lumières, de la musique et applaudissant tour à tour des toasts portés par M. Rogier, le ministre officiel de la Belgique et par M. le baron Taylor, le ministre officieux de l'art français.

Et puisque le nom illustre et vénéré du baron Taylor se rencontre sous ma plume, je demande à ouvrir une parenthèse.

C'est aux lettres d'abord et aux arts ensuite que le baron Taylor consacra ses premières années. C'est ainsi qu'il nous révéla pour ainsi dire à nous-mêmes notre patrie ; il le fit en honorant ce qu'on démolissait, il le fit en sauvant de la destruction ces monuments historiques qu'il glorifia dans un livre immense qui lui prit cinquante ans de sa vie et qui durera toujours : *Le voyage pittoresque et romantique dans l'ancienne France.*

Il n'est pas d'ouvrage plus consulté que celui-là, nous disait Eugène d'Auriac, le savant bibliographe · on a eu beau en acquérir plusieurs exemplaires pour la bibliothèque impériale, ils sont tous usés et fripés ; car il en est des livres comme des drapeaux, plus ils sont déchirés plus ils sont glorieux.

C'est ainsi que M. le baron Taylor, de 1818 à 1830, arrêta les dévastations de la *bande noire.*

Alors ce qu'il avait fait pour les monuments, il songea à le faire pour les hommes. Il avait remarqué que les écrivains et les artistes sont harcelés aussi par une autre bande noire qui s'appelle le dédain, le découragement, quelquefois la misère.

Et alors, au lieu de se consacrer à sa propre gloire, le baron Taylor se dévoua à la gloire et au bien-être d'autrui. Il fonda ses admirables sociétés.

Pourquoi se borna-t-il aux intelligences?

Parce que ses bras n'étaient pas assez longs et assez grands pour embrasser l'humanité tout entière ; parce qu'il a été obligé de choisir. Et alors il a choisi ceux que Dieu lui-même avait choisis, ceux qu'il avait marqués par quelque don, par quelque supériorité, par quelque talent.

Il a retourné un anathème historique pour en faire une parole d'humanité; on disait autrefois : « Tuez-les tous, Dieu reconnaîtra les siens ! »

Il a dit, lui : « Sauvez-les tous ! mais comme mon affection a des bornes, comme je ne puis me dévouer à tous les hommes, j'adopterai ceux qui me seront désignés : Dieu reconnaîtra les miens ! »

C'est ainsi que le baron Taylor aime ces phalanges d'élite qu'il a fondées et dont il est le guide et l'honneur.

Cela dit, nous fermons la parenthèse et reprenons notre récit.

Le lendemain de ce gala, un concert monstre nous attirait au Grand-Théâtre. Mlle Artot chanta l'air des *Nozze di Figaro*, de Mozart, et une armée de choristes et d'instrumentistes des deux sexes exécuta la *symphonie héroïque* de Beethoven et l'*Oratorio* de Hændel. Ce qu'il avait fallu déployer d'habileté, de persistance et de stratégie pour recruter et mettre sur pied ces volontaires de l'harmonie, nul ne le saura jamais.

Les hommes s'étaient enrôlés de bonne volonté; mais les dames, impossible de les décider. Ce fut d'abord un concert.... de refus.

« Jamais, disait-on dans le camp féminin, et ceci est un trait de mœurs à noter pour un observateur, jamais nous ne consentirons à monter sur un théâtre. »

Monter sur un théâtre! voilà le grand mot, le grand obstacle, la grande impossibilité. Le concert allait périr, victime des susceptibilités de la bienséance. Quel dommage! Heureusement qu'il se rencontre partout des esprits ingénieux et des imaginations à expédients.

« *Monter sur un théâtre!* s'écria M. le bourgmestre d'un air offusqué, mais qui donc, mesdames, qui de nous a pu songer un seul instant à cette inconvenance et à ce scandale ? Nous allons faire de la salle la scène, et de la scène la salle; par ce moyen, ce n'est pas vous, mesdames, qui monterez sur le théâtre, ce sera le public. » Et en effet, les choses furent disposées de telle sorte que ce fut sur la scène que s'étagèrent en amphithéâtre les milliers de têtes des auditeurs. Le parterre fut envahi par les pupitres et le personnel de la partie masculine des chœurs, et, sur l'emplacement ordinaire de l'orchestre, quatre rangées de banquettes se faisant face furent couvertes des plus brillantes toilettes et des plus charmantes chanteuses d'Anvers.

Quel coup d'œil! quelle musique! mais aussi quelle chaleur! Sous ce dernier rapport, parlez-moi des réjouissances en plein air; on ne s'y étouffe pas. Aussi je préfère de beaucoup à ce concert le feu d'artifice du mardi. Les Belges ne sont heureusement pas classiques dans leurs fêtes, et, en fait de pyrotechnie, ils dédaignent les trois unités d'Aristote; ils innovent, ils cherchent et ils trouvent, pour la suprême délectation des yeux. Un spectacle vraiment original, par exemple, c'est l'illumination aux feux du Bengale de la tour de la cathédrale. Rien de plus éblouissant et de plus fantastique à la fois que ce gothique véritablement flamboyant.

La silhouette de l'édifice se dessine par des lignes fulgurantes qui découpent en traits de feu toutes les arêtes de cette flèche de dentelles qui semble percer le ciel.

Un autre effet non moins saisissant consiste à lancer du haut de la galerie du clocher les pièces d'artifice qui vont se perdre au plus haut du firmament; ce procédé double l'élévation des fusées, et l'œil, qui les voit partir du point où d'ordinaire elles aboutissent croit qu'elles vont émigrer sous un autre ciel. Et encore est-ce seulement de la balustrade de la tour, et non de la pointe de la pyramide, qu'on peut les lancer. Les tours de Notre-Dame de Paris offriraient, par leur plate-forme aérienne, une supériorité inappréciable qui grandirait le prestige. Toute la France voudrait voir un tel spectacle, dont nous recommandons l'idée aux romantiques des fêtes populaires.

Et, à propos de fêtes populaires, vous ne me pardonneriez pas, mon cher directeur, si j'oubliais la promenade du géant : c'est une cavalcade qui tient du bœuf gras de Paris et de la tarasque de Provence. C'est le divertissement favori du peuple.

Ce cortége s'ouvre par une baleine que plusieurs Jonas dirigent de l'intérieur, et qui roule sur des essieux. Des dieux marins, entourés de dauphins à cheval qui leur servent d'escorte, sont grimpés sur le dos du monstre, et au moyen de petites pompes se font une maligne joie d'asperger le public. Après la baleine défilent des chars immenses représentant, l'un une collection de grands hommes, l'autre le Parnasse, un troisième, entièrement couvert de verdure, la Société florale; un dernier, toutes les nations du globe. Dans cet omnibus de l'humanité, entre un Grec et un Arabe, la France est figurée par un marquis à poudre et à manchettes dont l'épée en verrouil bat les basques d'un habit de satin.

Reste à signaler le personnage essentiel, le véritable héros de la fête, le géant; il est précédé de sa femme, laquelle, malgré sa taille cyclopéenne, n'a jamais fait parler d'elle.

Ce géant est un colossal mannequin richement costumé en chevalier du moyen âge, une sorte de Duguesclin monstrueux dont la tête dépasse les toits des maisons, et dont la grande épée pourrait entamer la brèche de Roland. C'est la figuration de ce géant de la légende qui fut le parrain de la ville d'Anvers, et qui, en vrai bandit incommensurable, rançonnait les voyageurs et coupait la main des réfractaires pour la jeter dans l'Escaut. Ce géant, par un mécanisme intérieur, tourne sa tête à droite et à gauche pour saluer la foule, au milieu de laquelle il a grand'peine à se frayer un passage.

La figure du géant, dont on fait honneur à Rubens, et surtout ses salutations amicales, donnent à cette énormité en carton un air bienveillant et paterne qui attire, malgré de gros yeux et une barbe très-noire.

On dirait que ce brave homme de géant s'est humanisé en parcourant la ville, et que, témoin du progrès des siècles, il s'est converti à la civilisation. Il m'a semblé l'entendre parler ainsi à sa bonne ville d'Anvers :

« L'idée a toujours fini par dompter la force. O cité de Rubens et de Plantin ! c'est aux penseurs, aux écrivains et aux artistes que tu dois ton affranchissement; c'est à eux que tu dois d'avoir échappé pour jamais à ces temps de haines, de meurtres et de destructions!

« Aujourd'hui, quand tu assistes à un beau coucher de soleil, quand tu élèves en paix de beaux enfants qui t'aiment, quand tu récoltes une abondante moisson que personne n'a inquiétée, quand tu donnes une royale hospitalité aux députés de l'Europe artiste, remercie Dieu d'abord, qui est le dispensateur de toutes choses ; mais remercie en second lieu tes pères, qui ont payé de leurs agitations stériles ton fertile repos et acheté avec leur mort ton existence tranquille.

« Remercie surtout les grands penseurs et les grands artistes, ces éclaireurs de l'humanité.

« Ton foyer paisible, ton champ fécond, ton industrie active, ce sont eux qui t'ont donné tout cela.

« Virgile nous peint quelque part la stupéfaction d'un laboureur heurtant du soc de sa charrue les ossements et les armures de guerre enfouis.

« Ce laboureur est l'image de l'humanité.

« C'est de la souffrance des pères que se compose

le bien-être des enfants. C'est notre guerre qui fait votre paix : c'est de notre barbarie qu'est issue votre civilisation. »

Mais je m'aperçois que je fais parler le géant comme un membre du congrès. Je crois que je ferais mieux de parler un peu moi-même de ce congrès littéraire et artistique. Aussi bien le congrès était l'occasion, le prétexte, le motif de cette affluence. C'était le lest de toutes ces joies, mais personne ne s'était bercé de l'illusion que des artistes, des savants, des écrivains venus de tous les points de l'espace, et se cotisant pour former une tour de Babel, pourraient en deux jours et en quelques heures découvrir le secret de l'humanité, et résoudre des questions de la difficulté de celle-ci, qui figurait au programme :

« Quels sont les rapports entre la philosophie et l'art ? »

L'aliment qu'il faut au congrès ce ne sont pas ces viandes creuses dont se contentent les esprits spéculatifs et rêveurs, ces péripatéticiens des bibliothèques et des académies.

Ce qu'il leur faut, ce sont des questions pratiques et solides nettement formulées qui puissent s'éclairer d'un jet de lumière, se discuter en quelques mots et se résoudre par un vote qui devient alors un conseil, un vœu, une opinion collective pour les gouvernements et les législateurs.

C'est pourquoi l'utilité directe du congrès d'Anvers s'est révélée dans la discussion et dans la solution de divers systèmes pour fonder une législation internationale propre à obtenir la répression complète de la contrefaçon des œuvres d'art.

Ce congrès n'aurait-il rien produit de tout cela, n'aurait-il amené que la confrontation d'hommes d'intelligence venus de tous les coins de l'horizon, que ce serait encore un pas immense, et qu'Anvers aurait à se glorifier d'avoir été le théâtre d'une grande bataille de la paix.

Dans ces communions de l'art et de la pensée, les limites s'effacent, les barrières tombent, les frontières craquent, les hommes se rapprochent comme les idées ; les cœurs se dilatent et les esprits s'exaltent dans une fusion unanime.

Les congrès sont appelés à exercer une grande influence sur l'avenir des nations. On a dit que la famille des familles c'était la patrie ; ajoutons que la patrie des patries, c'est l'humanité.

Or, rien n'est plus propre que les congrès à former cette sainte alliance des peuples. Ils sont destinés à la proclamer en la consacrant dans ces conciles de l'esprit, dans ces états généraux de l'intelligence.

A TRAVERS LA BRETAGNE.

I

Pérégrinations d'un avocat en vacances. — La banlieue à vol d'oiseau.—La gare de Vitré et le sire de Framboisy.—Émeute de chiens contre une carriole. — Une vieille ville visitée à tâtons.

Quand on a dit pendant une année : « Plaise au tribunal » ou « plaise à la Cour » m'accorder ceci ou m'accorder cela, il arrive un moment où l'on a besoin de se dire : « Plaise à moi-même m'accorder mes conclusions qui tendent à aller me promener. »

Et, comme on est à la fois juge et partie dans sa propre cause, on gagne son procès et l'on part.

Et je suis parti, un beau dimanche, le dernier du mois d'août. Paris, ce jour-là, s'était donné rendez-vous à Versailles, où l'attiraient la fête de Saint-Louis et les grandes eaux. Je tenais, quant à moi, à aller voir d'autres châteaux que celui du grand roi. J'en voulais visiter deux, rendus célèbres aussi, mais d'une toute autre façon. Les royautés, qui les habitèrent en les illustrant, n'eurent d'autre couronne que celle de l'intelligence ; d'autre cour que celle que la gloire leur recrute dans l'admiration de la postérité.

On se complaît à voir les résidences où vécurent ceux qui ne mourront point. Cette courtisanerie d'outre-tombe a l'avantage de ne pas effaroucher leur modestie et de ne pas blesser votre dignité. Le poëte latin assure que le vase garde longtemps le parfum de la liqueur qu'il renferma. C'est ce parfum qu'on espère recueillir dans ces pèlerinages : une ombre, un reflet lointain, une trace effacée, un souvenir.

Les lieux que nous habitons sont nos conseillers muets, nos instituteurs passifs, nos intimes inspirateurs ; ils ont quelque chose de nous, parce que nous prenons quelque chose d'eux. La pensée se ressent du nid où elle éclôt, du moule dont elle a jailli. On va demander à ces objets matériels quelques révélations sur le passage des grandes âmes qui les traversèrent.

Montaigne dit quelque part en parlant de son père défunt dont il aimait à porter le manteau :

« Il me semble alors que je m'enveloppe de lui. »
Eh bien, n'éprouve-t-on pas un sentiment analogue à celui de Montaigne quand on marche dans les vestiges, quand on foule les allées ou les dalles, quand on respire sous les lambris ou sous les arbres où séjournèrent les grands hommes qui ne sont plus?

Telle est l'impression que je voulais demander à deux châteaux aussi divers par leur caractère et leur physionomie que par les deux génies qu'ils abritèrent quelque temps. Je partais uniquement pour aller vivre un jour aux Rochers de Mme de Sévigné et à Combourg de Chateaubriand.

Le château des Rochers est près de Vitré, sur le chemin de Paris à Rennes, et le château de Combourg, près de Dol, sur le chemin de Rennes à Saint-Malo. Pour aller à l'un et à l'autre, il faut prendre la voie de l'Ouest et s'embarquer à la gare du Montparnasse, ce que je fis à dix heures quarante du matin, avec cette prétention dont *l'Indicateur* fait un droit quotidien, d'arriver à Vitré à sept heures vingt-trois minutes du soir.

Me voilà donc lancé à toute vapeur, saluant à gauche la tour Malakoff, Meudon, Bellevue; à droite, le mont Valérien, l'anse de verdure de Ville-d'Avray, en gravissant Versailles dont on côtoie et même écorne un peu le parc, ébloui qu'on est un moment par la vue du château qui apparaît de biais à travers les jambes d'un cheval de marbre portant quelque héros. Ce héros n'est rien moins que Louis XIV, déshabillé en Marcus Curtius, si nous en croyons Adolphe Joanne. Et pourquoi ne pas l'en croire, n'est-il pas toujours le mieux renseigné comme le plus aimable de tous les *guides*?

Après Versailles, on laisse à main droite aussi un bâtiment austère et régulier, ruche de pierre où bourdonnèrent jadis les fraîches voix de gracieuses pensionnaires, et où retentissent aujourd'hui les mâles accents des soldats de demain qui apprennent là à obéir pour se rendre dignes de commander ailleurs.

L'école de Saint-Cyr fait penser à Mme de Maintenon, dont après Rambouillet nous allons voir, sinon le château, du moins l'aqueduc de ce château, gigantesques arcades qui n'ont jamais été terminées et dont l'inachèvement ressemble à une ruine : ce qui fait croire que le temps a détruit ce que l'homme n'a jamais édifié. Plus loin, sur cette plaine monotone, sur cette mer fromenteuse de la Beauce, se dressent les deux grands mâts de ce vaisseau de pierre qui est la cathédrale de Chartres.

Chemin faisant le sol se diversifie et s'accidente. Le colza, le chanvre, le trèfle, le sarrasin forment une mosaïque intéressante à l'œil entre des châtaigneraies, des bois et des prairies sur le bord des étangs et des rivières qui rafraîchissent le paysage.

La vapeur continue à vous emporter, mais l'attention se fatigue plus vite que la locomotive. La poussière vous donne un prétexte de fermer les yeux et vous en profitez.

C'est que le voyageur imite servilement les façons de Pierrot devant son pot-au-feu. Pierrot, quand il commence de garnir sa marmite, n'en a jamais fini : il frotte, il ratisse, il épluche à outrance les premiers légumes qu'il introduit ; il passe une revue fatigante, une inspection minutieuse, fût-ce au plus humble des navets. Mais bientôt il se relâche de cette férocité d'examen, et puis il ne regarde plus à rien, il jette tout au hasard, sans choix et sans distinction ; il engloutit et il entasse pêle-mêle tout ce que sa main rencontre, jusqu'à des pantoufles et des bonnets de nuit.

C'est ainsi que notre œil, déjà assouvi, donne à peine un regard à la figure imposante et féodale du Mans et à la physionomie industrieuse et riante de Laval. Toutefois il m'était impossible de ne pas remarquer la forme singulière que prennent les clochers dans ces parages. Leur pyramide s'étrangle à la base et se termine en aiguille ; l'un d'eux porte même cette pointe en avant comme s'il était enivré du bruit de son propre carillon.

Les clochers qui élèvent les cloches méritent leur nom : d'accord ; mais ces pyramides qui se guindent par-dessus les cloches, sans les contenir, me font l'effet, non de clochers, mais d'appendices et d'ornements de luxe : on dirait ces pointes dont les licornes sont coiffées dans les figurations héraldiques.

Enfin, à force de voler de clocher en clocher et de voir le soleil allonger ses ombres, j'arrive à sept heures vingt-trois minutes à ma première destination, à Vitré.

Ici l'architecte de la gare du chemin de fer ne vous a pas pris en traître. Sachant que vous allez voir une cité du moyen âge, il vous en a donné tout de suite un échantillon et comme un avant-goût par le style dans lequel il a construit l'embarcadère.

Tout est gothique, jusqu'aux inscriptions les plus modernes, ce qui, par parenthèse, jure singulièrement avec quelques désignations. Qu'ont à faire des lettres onciales dans des inscriptions comme celles-ci : *Télégraphe, côté des femmes?*

Ce serait aussi rationnel d'habiller les hommes d'équipe en malandrins, et d'avoir pour chef de gare quelque sire de Framboisy.

Vitré, nous l'avons constaté à une première visite en 1857, est l'Herculanum du moyen âge. Nous ne connaissons pas une autre ville mieux conservée que celle-là. Si Marchangy (ce que nous ne rappelons certes plus) n'y a pas fait séjourner, au moins pendant une neuvaine révolue, Tristan, son voyageur en France, au quinzième siècle, Marchangy a volé le moyen âge, il a forfait au pittoresque et il mérite lui-même un de ces réquisitoires qu'il fulminait si bien, en sa qualité d'avocat général.

Vitré, qui se modernise par le faubourg qui touche au chemin de fer, a gardé son cachet claustral et féodal dans tout le reste de la cité. Placée sur une éminence, ce qui favorise l'œil et le développement des constructions, elle montre les arêtes de ses remparts et les flèches de ses clochers. Dans l'intérieur c'est un inextricable écheveau de rues humides, obscures, montueuses. Les maisons qui les bordent, en dépit de tous les alignements, avancent et reculent en présentant ces encorbellements qui s'aggravent à mesure que les étages montent vers le triangle surplombant des pignons. Sur les portes si basses que, pour ne pas s'incliner en avant, il faudrait les franchir à reculons comme François Ier à Madrid, s'étalent ces chimères de fer et ces dragons ailés qui servent de marteaux. Partout ces enjambements et ces enchevêtrements qui font que la voie publique est, tantôt un tunnel, tantôt un pont. Ces rues sont volontiers obstruées par des puits, des fontaines angulaires surmontées de madones, des piliers soutenant des cloîtres de bois, des degrés montant à des places, à des terrasses, à des cours, quelquefois à rien du tout et se terminant dans le vide. Les portes des caves ne se gênent pas pour s'ouvrir, à la façon des trappes, dans les rues. Leurs panneaux de bois à anneaux résonnent sous les pieds. Des marchands de parapluies et de chapelets, car les deux choses se débitent de concert, des sabotiers et des lampistes se casent en contre-bas ou en contre-haut de ces rues dans des enfoncements ménagés par ces inégalités de niveau : on dirait des scolopendres incrustées dans les interstices de vieux édifices.

Le mur mitoyen n'a pas le moindre succès ; presque toutes ces maisons sont placées côte à côte, mais sans se toucher ; aucune solidarité entre elles, séparées qu'elles sont par d'étroites ruelles à peine suffisantes pour l'écoulement des eaux pluviales. Or, comme la plupart de ces maisons sont écaillées d'ardoises de haut en bas, ce qui leur donne l'air d'avoir une cuirasse et de porter leur toiture sur l'estomac, elles ressemblent à des guerriers bardés de fer, se rangeant sur deux haies pour une revue que passe le passant.

Dès que j'arrive dans une ville, mon premier souci est de la parcourir. N'est-ce pas d'ailleurs le meilleur moyen d'en prendre possession et de se certifier à soi-même qu'on est bien arrivé, ce qui paraît toujours invraisemblable aux vétérans de la diligence.

Je m'aventurai donc dans ces rues tortueuses

dont aucun réverbère ne venait contrarier l'obscurité de four. Çà et là, dans quelques boutiques, sous des arceaux écrasés, des lampes d'étain à pompe laissaient charbonner leur mèche contristée.

Hors de là aucune lumière, personne dans les rues, et pourtant c'était un dimanche et huit heures n'avaient pas encore sonné. Tout à coup une carriole fit retentir le pavé; c'était quelque citadin attardé aux champs qui rentrait en toute hâte à la ville. Ce bruit produisit un tel scandale que tous les chiens protestèrent par des cris répercutés en échos dans toutes les directions de la nuit. Leurs aboiements ne cessèrent que lorsque la voiture se fut arrêtée dans quelque ruelle lui servant de remise.

Alors tous les bruits s'éteignirent à la fois comme engloutis dans un gouffre de silence. Rien ne troublait ce sommeil de cimetière. Seulement par soubresauts une horloge se détraquait pour sonner les quarts avec un luxe de vibrations à faire tressaillir le sol et frissonner les oreilles, comme pour indiquer que dans cette nuit et cette immobilité rien ne marche excepté le temps.

Je me dirigeai vers ce bruit parce que je savais qu'il partait de la cathédrale, et qu'il y a, à la cathédrale de Vitré, une originalité architecturale que j'étais fort empressé, sinon de voir, ce qui était impossible à cette heure, du moins de palper. C'est une chaire de pierre bâtie extérieurement le long d'un contre-fort de l'église. Elle affecte la forme d'une toupie évidée qui serait coiffée d'une mitre pyramidale, véritable nid de prédicateur, festonné, fouillé, travaillé comme un jouet d'ivoire, et auquel on arrivait par un escalier extérieur pratiqué dans l'épaisseur du mur de l'église. De là, sans doute, on devait prêcher les catéchumènes, ou bien indiquer aux fidèles qui n'avaient pu trouver place dans l'église, à quel point en était l'office qu'on célébrait à l'intérieur.

Je m'orientai comme je pus avec mes souvenirs, j'arrivai à l'endroit en tâtant avec mes mains le mur de l'église, je levai les bras et je touchai la pointe infime de la chaire : *je rêvai le reste* et je regagnai à tâtons mon hôtel Sévigné ; car j'avais oublié de dire que j'étais allé me loger dans une rue et dans un hôtel qui portent ce nom. L'hôtel a même été construit sur les anciens fossés, juste à l'emplacement d'une tour qui appartenait à Mme de Sévigné, et dont elle avait fait un pied-à-terre quand elle allait à Vitré. C'est ainsi qu'il faut interpréter les passages de ses lettres : « J'ai couché hier à ma tour de Vitré. »

Je m'acheminai à tâtons vers mon domicile, trébuchant par-ci par-là. Dans ce silence et dans cette nuit, je n'entendis que deux paires de sabots isolés, et je ne rencontrai qu'une servante portant la lanterne de Sosie pour naviguer dans cette mer de ténèbres.

II

Une ville au saut du lit. — Curiosités de Vitré. — Un pharmacien dans une tour. — Don Quichotte apothicaire. — Le château des Rochers. — La chambre à coucher de Mme de Sévigné. — Son cabinet de toilette et sa chapelle. — Une horreur de confessionnal.

Le lendemain, dès cinq heures du matin, j'errais dans les rues de Vitré. Rien de plus curieux que de surprendre ainsi une ville en déshabillé, en flagrant délit de naturel. Il ne faut pas trop regarder à tout, quand il est de si bonne heure et principalement dans ces localités, où beaucoup de maisons, qui n'en sont pas plus propres pour cela, se privent justement de ce que les anciens appelaient des *privés*. La voie publique subit trop de choses que le tombereau municipal emporte. Cela explique pourquoi certain vase, honteux partout ailleurs, se montre ici bravement aux fenêtres transformé en vase de fleurs dans des jardins à la *Jenny l'ouvrière*. En voilà un changement radical de destination! Cela prouve qu'il ne faut rien préjuger sur les commencements des choses.

Presque toutes les maisons sont blanchies à la chaux suivant la mode arabe; je me croyais encore dans la vieille cité de Cordoue et, pour ajouter à l'illusion, un gaillard bien planté portant un chapeau à rebords retroussés, une veste courte et des guêtres de cuir, arpentait ces rues, tenant sous son bras un long bâton à la manière dont les Andalous portent l'escopette. Rien de plus ordinaire que ces ressemblances, grâce à ces chassez-croisez de races et de peuples qui les ont agités, mêlés et confondus comme des numéros dans la roue d'une loterie : il n'est pas rare de voir des mets, des mœurs et des costumes qui se reproduisent, se copient et se répandent à travers l'espace. Ainsi à Saint-Malo les femmes se couvrent de mantes à capuchon comme dans les Castilles, et, comme à Bruges, les ânes trottent sous des cacolets comme dans la Navarre. En Bretagne aussi bien que dans le Languedoc, on dit *espérer* pour attendre.... je vous *espère* signifie : « je vous attends. »

En vaguant et divaguant de la sorte je côtoyai un cimetière, où je lus cette singulière épitaphe : « Ci-gît vénérable et discret curé, mort en 1818. » *Vénérable*, tant qu'on voudra, mais *discret!* J'imagine que cela signifie modeste ; je ne comprendrais pas autrement qu'on fît à un curé un mérite de la discrétion.

Je me retrouvai devant la cathédrale, que je pus voir, cette fois, de jour, à la lumière d'un beau soleil.

Ce monument, du style gothique flamboyant, mérite une station. Il y a trois choses dans cette église qui sont dignes d'une halte de l'attention. Une verrière éblouissante représentant l'entrée triomphante de Jésus-Christ à Jérusalem ; un triptyque cloué à l'une des parois de la chapelle de sainte Barbe, divisé en trente-deux sujets bibliques peints sur émail ; et enfin, entre la porte de la sacristie et une crédence à l'angle d'une balustrade de pierre, les deux bustes comiques d'un arracheur de dents et d'un malheureux dans la bouche duquel le charlatan a fourré deux doigts. Le patient hurle de souffrance, tandis que la figure rayonnante de l'opérateur semble déjà mimer la réflexion consolante de cet arrière-petit-fils qui s'appellera *Bilboquet :* « Pour moi, je n'ai ressenti aucune douleur. »

Après la cathédrale, il serait impardonnable de ne pas voir le château de Vitré. Pour cela, il suffit de suivre la rue qui longe l'église du côté de la fameuse chaire à prêcher.

Au fond d'une large esplanade s'aligne un ensemble de fortifications, dont les ailes tombent en ruines, dont l'avant-corps, qui tient le milieu de l'imposante masse et sert de porte à cette citadelle, est admirablement conservé. Si l'on veut bien ne pas s'apercevoir que les fossés sont comblés et que le pont-levis a disparu ainsi que la herse, on peut croire que des hommes d'armes continuent encore leur faction au sommet de ces tours et que des embrasures des créneaux et des trèfles des mâchicoulis vont pleuvoir le plomb fondu et l'huile bouillante.

Les deux tours jumelles, entre lesquelles la porte ouvrait sa voûte en ogive, sont cerclées de mâchicoulis qui, par leur saillie circulaire, permettent de courir sur une corniche couverte, le long des tours de la courtine qui les relie ensemble.

Le haut de ces tours se termine en poivrières ressemblant à des bonnets d'astrologues pavoisés de girouettes.

Le pont-levis franchi, on se trouvait sous une voûte profonde qui communique à une cour carrée toute hérissée encore de murailles, de donjons et de ruines.

Rien n'est plus écrasant que cet ensemble; Aigues-Mortes et la cité de Carcassonne ont plus de développement; mais, sur un point circonscrit, elles n'élèvent pas de murailles plus empreintes d'omnipotence et de terreur.

C'est la nuit qu'il faut aller visiter le château fort de Vitré; alors l'illusion supplée à tout. Les ténèbres complaisantes redressent les ruines, cachent les blessures des tours croulantes et la vieille forteresse paraît intacte et se tient debout. Un involontaire frisson vous saisit quand vous pénétrez sous la voûte de la porte pour aller vers le grand puits de la cour. Et quand vous revenez, en repassant sous ce tunnel de pierre, les entailles du pont-levis, découpant leur clarté relative sur le noir de l'obscurité, vous font l'effet des deux bras d'un fantôme qui voudrait étreindre la nuit. Tout prend alors des aspects terrifiants et tout bruit devient une menace. Vos pas résonnent en foulant des souterrains ou se répercutent en écho. Vous avez beau ralentir votre marche, vous faites un tapage dont vous avez toutes les peines du monde à vous croire l'auteur. Et si, par aventure, quelque créature vivante surgit de quelque coin, votre imagination suppose aussitôt un ennemi farouche qui prémédite quelque guet-apens et va vous exterminer au passage.

En sortant du château, dont un invalide d'Austerlitz, nommé Bunel, m'avait fait monter tous les escaliers et parcourir toutes les salles, je passai devant une maison qu'on dirait avoir été placée tout exprès dans le voisinage comme un reproche permanent ou comme une antithèse en regard de cette forteresse. Cette maison, qui est en bois sculpté, porte sur sa façade cette inscription en lettres gothiques : *Pax huic domui et habitantibus in ea*. « Paix à cette maison et à ceux qui l'habitent. » Mais je devais trouver en un seul mot une épigramme plus singulière et placée d'une façon plus topique. Sur une immense tour qui arrondit son ventre dans les fossés de la ville; à côté de l'hôtel Sévigné, on lit en très grosses lettres cette enseigne : *Pharmacie*.

O civilisation ! voilà de tes bienfaisants sacriléges ! Si vous saviez quelle mine penaude a cette tour portant cet écriteau sur son cœur avec la mauvaise grâce dont le héros de Cervantes aurait ceint le tablier de l'infirmier. Derrière ces meurtrières et ces barbacanes où veillaient jadis des piques, des flèches et des arquebuses, l'œil narquois du passant semble chercher les engins inoffensifs de la clinique. La poudrière n'est plus qu'un laboratoire. Le chevalier de Tranche-Montagne s'est fait apothicaire et il n'a pas même la consolation de préparer ce fameux baume de fier-à-bras dont la recette n'est pas inscrite au Codex. O humiliation et décadence ! Cette tour, qui faisait des blessés et des morts, les panse aujourd'hui et les ressuscite. Quelle pénitence ! On va demander la santé à l'officine qui fabriquait le trépas. Le salut vient maintenant du séjour de la destruction.

Que d'enseignements ! Cela donne à penser, comme aussi cette autre enseigne qu'on lit partout sur les débris de remparts, sur les pans lézardés des vieilles courtines et sur les angles démantelés des bastions. Ce mot étonnerait bien Mme de Sévigné, dont le bon sens exquis fut cette fois mis en défaut. Ce mot est celui-ci : *Café*.

Or, Mme de Sévigné avait prédit que le café passerait comme Racine, ou plutôt que Racine passerait comme le café. Mais ni le café ni Racine ne sont encore passés ; ils ont duré plus longtemps que le régime que Mme la marquise croyait éternel. Je rêvais à tout cela quand, à côté d'une porte Renaissance, sur laquelle se sont égarés les panonceaux d'un notaire, je lus cette affiche : « A vendre par adjudication en l'étude de Me Lacombe de Villiers, notaire à Saint-Malo, la terre de Trémigon, commune de Combourg, d'un seul tenant de 218 hectares 21 ares. »

Trémigon ! Ce nom seul me plongeait jusqu'au cou dans *les Mémoires d'outre-tombe*. Une grand'tante de Chateaubriand, Mlle de Boisteilleul, avait aimé un comte de Trémigon, qui devint infidèle et duquel la vieille demoiselle se vengea par une chanson dont le refrain était celui-ci :

O Trémigon, la fable est-elle obscure ?
Ture lure !

Ce qui suggéra à Chateaubriand cette réflexion d'une comique mélancolie : Que de choses en ce monde qui finissent comme les amours de ma tante ture-lure ! »

Mais, comme notre voyage ne peut finir ainsi, m'est avis que c'est assez tourner autour de Mme de Sévigné, et qu'il faut se décider à partir pour son château.

Les Rochers ne sont qu'à sept kilomètres de Vitré ; on s'y rend par le chemin d'Angers, en passant devant l'ancienne résidence de la princesse de Tarente, dont il est si souvent question dans les lettres de Mme de Sévigné. Rien de plus ravissant que le chemin qu'on parcourt : sa ligne blanche aux marges vertes ondule, monte et s'abaisse entre des tertres tapissés d'ajoncs, de genêts et de bruyères.

Il y a juste aujourd'hui deux siècles moins dix ans que Mme de Chaulnes, laquelle était pourtant la femme du gouverneur de la province, s'excusait de ne pas franchir cette courte distance de Vitré aux Rochers, parce qu'elle craignait, écrivait-elle, « d'être volée par les troupes qui sont par les chemins. »

Il est vrai que ces troupes rançonnaient tout le monde. Et encore si elles n'avaient fait que cela ! Écoutez Mme de Sévigné, qui constate tranquillement, sans récrimination ni surprise, « que ces mêmes soldats, *qui sont par les chemins*, mirent l'autre jour un enfant à la broche. »

Oh! le bon vieux temps!

On ne met aujourd'hui aucun enfant à la broche sur ce chemin, bien que le soleil qu'il faisait le 28 août fût capable de rôtir même des adultes.

Il y avait à peine vingt minutes que j'étais parti de Vitré, quand la calèche, que j'avais louée pour cette promenade, côtoya un bois que le cocher me déclara dépendre du château des Rochers. En effet, bientôt après la voiture se détourna à main gauche et gravit la rampe d'un terre-plein dont le remblai est maintenu en chaussée par un cordon de maçonnerie en pierre de taille. Vous êtes dans l'avant-cour du château de Mme de Sévigné.

M. le comte des Nétumières, qui l'habite avec sa famille, n'a pas voulu qu'on fît de sa propriété une sorte de rendez-vous d'oisiveté, un but de parties de plaisir, quelque chose comme les Robinsons de la vallée de Sceaux.

Dans les premiers mois qui suivirent l'ouverture du chemin de fer de Paris à Rennes, des avalanches de visiteurs s'abattirent sur le château. Chaque jour de fête apportait des *chiennes de carrossées* de tous les points de la Bretagne. Les Rochers étaient envahis et les propriétaires dépossédés.

« Encore si c'eût été une expropriation pour cause d'admiration publique, me disait M. le comte, je l'aurais tolérée ou subie ; mais la plupart de ces fâcheux ne savaient même pas ce que c'était que Mme de Sévigné. Je me rappelle une bonne marchande de Laval qui faisait cette réflexion : « C'est pourtant bien heureux que Mme Sévigné ait inventé la poste aux lettres; comme c'est commode pour s'écrire et que voilà une bonne invention ! Seulement je ne comprends pas comment elle pouvait s'en tirer quand elle était ici pour expédier tous les courriers de Paris. »

Aussi M. de Nétumières a-t-il mis bon ordre à ce débordement de curiosité aveugle. Les oisifs et les importuns sont impitoyablement consignés à la porte, mais elle s'ouvre toute gracieuse et toute grande devant ceux qui sont venus là pour le bon motif.

J'avais pris mes précautions avant de quitter Paris, et je ne saurais dire quel sentiment j'avais éprouvé en recevant une charmante invitation portant en tête ce nom à jamais célèbre qui a servi d'estampille à deux cent soixante-sept lettres de Mme de Sévigné : *Les Rochers*.

Le jour de mon arrivée il y avait au château assez nombreuse compagnie et, ce qui n'est pas indifférent à noter, je trouvai là les descendants de divers personnages dont Mme de Sévigné parle comme de ses voisins.

Le château des Rochers est une de ces élégantes

demeures que les grands seigneurs du temps de Louis XIII se faisaient construire dans la province, à l'imitation des résidences royales des environs de Paris. Ce château est aussi vieux que l'hôtel de Carnavalet, que l'inimitable marquise habitait à Paris. Dans ces temps plus paisibles, la crainte permanente de la guerre et ce besoin de se tenir sur le qui-vive n'étaient plus l'unique préoccupation des architectes. Ils sacrifiaient plus à l'élégance qu'à la force. Ils négligeaient un peu les nécessités de la forteresse pour songer davantage aux agréments de l'habitation. Et s'ils agençaient encore des tours dans le plan des édifices, c'était plutôt comme des signes de domination que comme des boulevards de défense.

Ce château affecte la forme d'une équerre, en plaçant au sommet de l'angle deux tours, dont l'une, circulaire, enferme le colimaçon d'un escalier de pierre. A droite et à gauche se dévoloppent les ailes du château en regard des communs et des écuries.

On monte par quelques marches extérieures à un vestibule, puis on traverse une salle à manger et on entre de plain-pied dans un magnifique salon où l'on voit à la place d'honneur un portrait en pied de Mignard, représentant Mme de Sévigné coiffée à la grecque, avec un riche manteau de cour attaché au-dessous de ses éblouissantes épaules. Un portrait de sa fille, Mme la comtesse de Grignan, lui fait vis-à-vis. Ce salon a été complétement refait, ce qui lui enlève ce charme de tradition et de souvenirs qu'on demande aux reliques.

Si nous retournons sur nos pas après avoir gravi quelques degrés de pierre d'une large rampe d'escalier, nous arriverons à la chambre à coucher de Mme de Sévigné. Ici on la retrouve beaucoup mieux qu'au salon. Cette chambre oblongue, aux murs épais, revêtus d'un lambris de bois à sculptures et laissant apparaître les poutrelles du plancher, est telle que Mme de Sévigné l'habita. Elle donne sur les jardins par une massive fenêtre qui éclaire toute une galerie de portraits. Ce sont les contemporains de la plus grande épistolière de France; ils y sont tous parents et amis, depuis sainte Chantal jusqu'au faux monnayeur marquis de Pomenars. Je me trompe, il en manque un, celui-là pourtant qui aurait dû figurer aux meilleures places, le chevalier d'Hacqueville, ou plutôt *les* d'Hacqueville, comme l'appelait Mme de Sévigné, ne pouvant admettre qu'un seul homme pût suffire aux tours de force de l'obligeance infatigable de celui-là. Quelle injustice! Avoir oublié celui qui n'oubliait personne.

Au fond de cette chambre s'élève un lit à baldaquin couvert en damas de soie rouge, comme les chaises et les fauteuils, qui sont en bois peint en blanc.

A côté de cette chambre, en face de la cheminée et à gauche de la fenêtre, un cabinet de toilette fut ménagé par l'architecte. C'est là, dit-on, que Mme de Sévigné aimait à s'enfermer pour écrire ses lettres : là aussi qu'elle organisait cette artillerie de la grâce, qui lui avait conquis le nom de *mère Beauté*. Ici, par exemple, tout est à sa place et rien n'est changé. Voilà encore ces outils charmants, ces délicats ustensiles qui servaient à l'appareil si compliqué d'une toilette de ce temps-là. Des flacons à parfums, des boîtes à mouches, des houppes à poudre, des brosses à dents et à ongles, des coffrets et des étuis, un régiment d'épingles.

Mme de Sévigné vient de sortir. Voyez son roman corné à la page où elle l'a interrompu, et son livre de compte entr'ouvert. La dernière page porte un règlement dans lequel elle se reconnaît débitrice envers son régisseur de quinze cents écus, que celui-ci est autorisé à retenir sur les premiers fermages.

L'écriture est très-régulièrement formée et marche droit, contre l'habitude de la Dame, qui signe d'une façon très-lisible : « Marie Rabutin Chantal. »

Nous montons un étage, nous entrons dans la chambre à coucher de Mme de Grignan. Mêmes dispositions qu'à l'étage inférieur, avec cette particularité que tout le meuble, qui est en soie jaune, a été brodé des propres mains de Mme la gouvernante de Provence.

Il nous reste à voir la chapelle, construite par l'abbé de Coulanges, sous les yeux de Mme sa nièce. Elle fut consacrée en décembre 1675. Le fils Sévigné écrivait à sa sœur, le 8 de ce même mois : « La chapelle est faite, on y dira la messe dans huit jours. »

Cette chapelle remplit un pavillon hexagone, au sommet duquel se découpe un clocheton à balustres surmonté d'une croix. Ici encore tout est resté intact ; rien de plus gai que cette chapelle, éclairée par une coupole comme un atelier de peintre. L'autel y est presque coquet ; ces crédences de marbre se souviennent de Versailles, ces anges ont été présentés à la cour et sont peut-être montés dans les carrosses du roi. Ce qu'on a outrageusement négligé, par exemple, c'est un confessionnal, si l'on peut donner ce nom à un siège de bois portatif, au dossier duquel on a cloué un treillis vertical ressemblant à une grille de parloir. Jamais péchés qualifiés n'ont passé à travers ces grossiers losanges. Les paysans seuls, *la canaille chrétienne,* comme les appelait l'évêque de Noyon, Mgr de Clermont-Tonnerre, étaient capables d'envoyer leurs aveux roturiers par delà cet appareil de rebut.

Mme de Sévigné et les siens ne s'en fussent pas contentés, de même qu'ils ne se contentaient pas d'un banc circulaire scellé dans le mur à l'usage des domestiques du château ou des rustres de la ferme. Des fauteuils en velours d'Utrecht rouge, en bois blanc, placés de chaque côté de l'autel, servaient de sièges réservés pour les maîtres de céans : fauteuils aussi brillants alors qu'ils sont vermoulus aujourd'hui, mais doués toujours d'une si ingénieuse conformation, qu'ils se changent à volonté en prie-Dieu. Ils se désarticulent au-dessous des bras, et, pour peu qu'on les retourne, le bas s'accommode en marchepied et le dossier en accoudoir.

A propos de cette chapelle, pourquoi ne noterions-nous pas un trait de mœurs qui ne saurait être indifférent dès qu'il s'agit de Mme de Sévigné? Elle, si accordante, si facile à vivre, si accessible à tout le monde, n'avait pu échapper à la vaniteuse fierté de son temps. Des questions de préséance, des prérogatives de rang jusqu'à des puérilités de cérémonial, trouvaient son amour-propre chatouilleux et quelquefois intraitable.

Exemple : Son château dépendait de Notre-Dame de Vitré; mais à cette paroisse Mme la marquise ne pouvait prétendre à la place d'honneur, elle était primée par la princesse de Tarente.

Eh bien, pour avoir cette première place si enviée, que César l'eût cherchée dans un hameau s'il n'avait pu l'obtenir dans Rome, Mme de Sévigné préférait payer une redevance aux chanoines de Vitré et faire tous les dimanches plus d'une lieue à travers champs, pour avoir le droit d'entendre la messe dans une église de village, où du moins elle pouvait sans partage recevoir et humer seule l'encens du sacrifice.

Ce préjugé tenait plus à l'époque qu'à la femme; mais il prouve que les plus grands esprits ne sont pas exempts des petitesses de l'humanité.

Maintenant nous avons tout vu, sauf le jardin, le parc et le bois. Je ne vous y conduirai pas. Tous les jardins de cette époque se ressemblent. Des plates-bandes dessinées par Le Nôtre, bordées de cordons de buis et courant régulièrement entre des allées d'ormes bien taillés, des rangées d'ifs et des palissades de charmilles. Toutefois, on aime à respirer ces orangers, dont quelques-uns sont contemporains de Mme de Sévigné. On aime à parcourir et à nommer ces allées dont elle fut la marraine : *La Solitaire*, *l'Honneur de ma fille*, et on s'arrête à *l'Écho de la place de Coulanges*, cet écho qui répète tout haut ce que vous dites tout bas, comme tant d'indiscrets qui cherchent vos confidences pour les ébruiter.

Tel qu'il est, le château des Rochers vous rend bien le cadre brillant et de bon lieu que votre imagination prêtait à cette figure si rayonnante de bon sens, si franche d'expression, si lumineuse d'esprit et surtout si éminemment française. Les hommes ont avec les choses qui les entourent des harmonies et des disparates.

Chateaubriand serait bien dépaysé aux Rochers, tout autant que Mme de Sévigné paraîtrait étrange et déplacée à Combourg.

Cette appréciation deviendra l'évidence quand nous aurons vu l'aire féodale où germa comme en pleine terre cette incurable mélancolie qui *chanta* les désespérances de *René*.

LE TOMBEAU DE CHATEAUBRIAND

ET LE CHATEAU DE COMBOURG.

I

La mer à Saint-Malo. — L'îlot du Grand-Bé. — Maison, jardin et statue de Duguay-Trouin. — Un calembour de Louis XIV. — Le profil de Polichinelle dans la chevelure d'un héros.

Il y avait longtemps que je désirais voir le château de l'auteur des *Mémoires d'Outre-Tombe*, ce château que n'a jamais arrosé la Dore autrement que pour les nécessités de la rime, mais qui montre encore debout *cette tant vieille tour du More, où l'airain sonnait le retour du jour.*

Le château de Combourg est juste à moitié chemin de Rennes à Saint-Malo. Mais l'Océan était trop près pour ne pas aller le saluer tout d'abord. D'ailleurs, à Saint-Malo ne devais-je pas trouver la tombe de celui dont j'allais visiter le berceau? C'était prendre les choses au rebours en mettant la fin avant le commencement; mais n'est-ce pas ainsi qu'on procède quand on remonte vers le passé?

Je *brûlai* donc Combourg et poussai tout droit jusqu'à la mer, autrement dit jusqu'à Saint-Malo.

Le moyen le plus agréable de résider à Saint-Malo est d'aller s'installer ailleurs; pas bien loin, tout à côté, à Saint-Servan.

On évite ainsi les odeurs malséantes et malsaines d'une ville trop à l'étroit dans son corset de remparts. Ses hautes maisons y sont tellement accumulées que l'air et l'espace ne savent où se loger dans cette ceinture de pierre, au point que la cité malouine ne possède pas un seul jardin.

A Saint-Servan j'en eus deux, entre lesquels je m'établis à l'*Hôtel de Paris.*

La fenêtre de ma chambre à coucher avait pour perspective au second plan la ville de Saint-Malo, dont je n'étais séparé que par une anse de port. Cette anse coûte cinq centimes et cinq minutes à traverser dans des batelets qui ne font pas d'autre métier toute la journée que de passer les gens d'une ville à l'autre. Le trajet par mer est beaucoup plus court, parce qu'il suit une ligne droite, tandis que la voie de terre décrit un fer à cheval pour aller joindre le seul côté par où soit accessible le rocher en forme de presqu'île sur lequel est bâti Saint-Malo. Ce trait d'union qui relie cette presqu'île au continent se nomme le *Sillon*. A l'extrémité la plus rapprochée de ce Sillon, j'apercevais une rangée de moulins à vent dont les grands bras éperdus, tournant du côté de l'Océan, avaient l'air de me faire signe d'aller visiter le port.

Je me rendis à l'appel des moulins, et dès le lendemain à six heures j'étais dans un des batelets, et cinq minutes après sur le quai de Saint-Malo, au pied de ses remparts.

Comme cette place n'est reliée à la terre ferme que par un seul point, c'est vers cet unique point que l'on concentra de tout temps les principales fortifications de la ville. A un vieux donjon qui gardait ce passage, la reine Anne ajouta un château fort, muni de quatre tours, dont elle baptisa l'une du nom historique et rébarbatif de *Quiquengrogne*.

Excepté en cet endroit, l'Océan a pourvu partout ailleurs à la défense de la cité, qu'il investit et qu'il garde sous cette protection naturelle. Aussi, en dehors du donjon, l'enceinte de la cité se compose-t-elle seulement de quelques bastions, rattachés entre eux par des courtines derrière lesquelles les maisons pointent leurs têtes et alignent leurs rangées de toits comme des soldats en bataille.

Les marées, qui sont ici plus hautes qu'en aucun autre point des côtes de France, escaladent quelquefois ces digues de la guerre et viennent fouetter les crêtes des murs du bondissement de leurs vagues. Par cette disposition, les remparts, qui font ceinture à la ville, fournissent pour la promenade une corniche de pierre d'où la vue est la plus merveilleuse du monde.

Les parapets qui la bordent laissent passer les bouches des canons tapis dans leurs embrasures; et l'œil, qui les domine, va se perdre au loin sur les flots qui investissent l'immensité de l'horizon.

Toutefois, sur les premiers plans, la rade est hérissée d'îlots et de rochers qui la protégent comme des sentinelles avancées.

La Conchée, la Varde, les îles d'Harbour et de Césambre découpent sur le fond d'azur de l'horizon leurs forteresses, frangées d'écume par la base, ruisselantes de soleil par le sommet et qui resplendissent, blanches sur le ciel bleu, comme les apparitions de quelque cité orientale. On se croit transporté devant les forts et les minarets de Beyrouth ou de Tripoli, de Tanger ou de Saint-Jean-d'Acre. Et l'on passe de longues heures en contemplation devant l'étourdissante magie de ce spectacle.

L'îlot le plus voisin est celui du Grand-Bé, et l'on aperçoit à l'une de ses pointes le tombeau de Chateaubriand. Une chaussée de pierre, une jetée, une sorte de trottoir dont les talus sont tapissés de varechs et de lichens, sert de communication entre cette île et la terre. Cette chaussée, qui se découvre seulement quand la mer se retire, fournit le chemin qui mène de la plage au tombeau. Cette digue-trottoir émerge de l'eau progressivement et en commençant par l'extrémité qui confine au rivage. C'est juste ce moment-là que choisissent des nuées d'enfants pour se risquer sur la digue, les pieds nus et les pantalons retroussés jusqu'au-dessus du genou. Ils s'aventurent ainsi à travers ces vagues et ces écumes bruyantes qui éclatent comme des fusées d'eau vers ces joyeuses figures; car ils avancent plus vite que la mer ne se retire. Cette prise de possession de la chaussée dure environ vingt minutes; quand ces enfants l'ont parcourue et franchie en se mouillant, quand ils gambadent sur l'autre bord, les visiteurs se hasardent alors, avançant à mesure que le flot leur cède le terrain; et bientôt tous les moutons de Panurge ont sauté dans l'île. Ainsi Chateaubriand reste grand seigneur même après sa mort. L'Océan le garde et fait faire antichambre aux visiteurs obligés d'attendre le bon plaisir de la basse mer. L'îlot du Grand-Bé porte encore les ruines d'un vieux fortin qu'on traverse pour accéder au sépulcre. On y monte par des marches grossièrement taillées dans le roc, et en face de la pleine mer, à la pointe extrême de l'île, une simple grille en fer entoure une grande pierre tumulaire surmontée d'une croix de granit. C'est là! Aucune inscription, aucune date, rien!

C'est là que Chateaubriand dort son sommeil de l'éternité, bercé par ces vagues qu'il a tant aimées et qu'il appelait ses *premières maîtresses*. Il y avait là autrefois une chapelle dédiée à *sainte Marie du Laurier*: qu'on nie encore la prédestination de certains noms! Cette simplicité grandiose en face de la majesté de la mer, cette gloire de l'homme comme enchâssée dans l'immensité de Dieu! cet infini de la mort en présence de l'infini de l'Océan, vous saisissent et vous pénètrent d'un religieux respect. Chateaubriand n'a-t-il pas décrit sa tombe quand, dans ses Mémoires, parlant du tombeau de Sainte-Hélène, il s'écrie : « Aux petits hommes des mausolées, aux grands hommes une pierre et un nom, » et encore, pour lui-même, a-t-il trouvé que le nom était de trop, et s'est-il contenté de la pierre.

Toutes ces idées vous envahissent à la fois, vous troublent et vous exaltent pour vous plonger ensuite dans une muette extase.

De cette place où dort ce génie, on peut voir la maison où il est né : de sa tombe, on aperçoit son berceau. En effet, pour celui qui connaît la localité, rien de plus facile que de distinguer dans ce fouillis de toits le pignon qui abrita le premier vagissement de celui qui devait remplir le monde de son inquiète mélancolie : car la rue des Juifs et dans cette rue l'hôtel de France où naquit Chateaubriand, font partie du noyau de maisons que l'œil peut embrasser.

Deux autres berceaux sont glorieux et chers pour la cité malouine, celui de Lamennais et celui de Duguay-Trouin. Mais ni la maison de Chateaubriand, ni celle de Lamennais n'offrent rien de curieux. Quant à celle où Duguay-Trouin vint au monde, c'est autre chose. Elle peut passer pour une des raretés de la ville de Saint-Malo.

A côté d'un carrefour d'où l'on voit et surtout d'où l'on sent le marché de la Poissonnerie, et à l'entrée de la rue *Jean de Châtillon*, tout le monde vous désignera ce logis où naquit, le 10 juin 1673, le chef des escadres de Louis XIV, René Duguay-Trouin. Quatre-vingt-quinze ans après lui, Chateaubriand reçut aussi le nom de René à son baptême.

Juste en face de cette maison coule une borne-fontaine, surmontée d'une madone magnifiquement vêtue d'un manteau bleu frangé d'or. Deux bouquets de roses blanches et de lis fleurissent sa niche de verre, du haut de laquelle elle sourit aux passants en regardant la demeure de l'illustre marin.

De cette maison aurait pu être l'architecte, ce philosophe qui souhaitait une habitation ouverte à tous les regards; car, depuis le rez-de-chaussée jusqu'à la toiture surplombante à la mode espagnole, toute la maison est littéralement faite de verre. Le bois n'a été employé que juste dans la proportion indispensable pour fournir les planchers qui séparent les étages et servir de cadre à tous ces vitrages à travers lesquels l'œil des voisins ou des passants pourrait jouer au diable boiteux, n'étaient des rideaux flottants qu'on tire ou qu'on relève derrière ces vitrines indiscrètes. La même rue contient d'autres maisons semblables; et véritablement c'est à se demander à quoi peuvent servir les maçons dans la construction de ces édifices où les vitriers et les charpentiers ont tant à faire.

Cette cage de verre et de bois est séparée des maisons voisines : les Bretons isolent leurs maisons comme leurs champs. Une épicière occupe le rez-de-chaussée de celle-ci, et un long couloir longeant cette boutique conduit aux ténèbres d'un escalier intérieur naturellement en bois. Sur le linteau de la porte d'entrée, donnant sur la rue et ouvrant sur cette allée, on voit un écusson sculpté. Deux lions *affrontés* soutiennent de leurs griffes rognées comme celles du lion de la fable, des armoiries dont le relief a été nivelé par le grattoir de la Révolution. Il faut passer par cette porte et sous cet écusson pour arriver à l'escalier tournant dont nous parlions plus haut. Cet escalier, absolument obscur, nécessiterait à toute heure de la lumière. A son défaut, une corde à puits, retenue au mur par des anneaux, vous guide à tâtons, et on grimpe ainsi en trébuchant et au risque de se rompre le cou, jusqu'au troisième étage. Là, on vous introduit dans une vaste chambre où est né le grand homme. Et voici une particularité fort étrange de cet appartement : bien que du côté de la rue vous ayez monté trois étages, vous n'avez atteint que le premier du côté de la cour ; et cette cour, par laquelle prend jour la chambre où vous êtes, se termine par l'arête d'un roc sur lequel est juché un petit jardin suspendu ; vous pouvez communiquer de plain-pied avec ce jardin en côtoyant l'une des parois de cette cour, par un sentier en corniche : le roc-jardin tient au sol. Pour comprendre ceci, il ne faut pas oublier que la ville de Saint-Malo a été construite sur un immense rocher, et que les habitations en ont suivi si exactement les inflexions que le sol de l'église, par exemple, était à ce point inégal, comme niveau, qu'on descendait de la nef aux deux galeries latérales au moyen d'une double rampe qui n'avait pas moins de dix-sept marches de chaque côté.

La maison de Duguay-Trouin ne repose pas sur une surface plus plane que celle de l'église. De là vient que le jardin-rocher dont nous parlons se trouve ainsi perché. Deux figuiers se sont accrochés au roc; çà et là quelques fleurs rachitiques, des plantes grimpantes, des clématites surtout, dont les têtes éplorées pendent sur la margelle disjointe d'un vieux puits, et tapissent les coins humides et noirs de cette cour.

Voilà ce qu'on appelle le jardin de Duguay-Troin. Celui-ci ne se contente pas d'avoir le seul jardin de Saint-Malo, il en a encore la seule statue. Elle orne la principale place de la ville qui porte le nom du vainqueur de Rio-Janeiro.

Heureuse destinée que celle du lieutenant général des armées navales de France sous Louis XIV!

On plaint ces pauvres statues dépaysées dans un musée, étrangères les unes aux autres et étrangères aussi au visiteur qui les regarde à peine, en passant cette revue de l'indifférence. Elles ont besoin d'une étiquette pour se révéler aux curieux auxquels souvent cette étiquette n'apprend rien.

Ici, au contraire, quelle différence! tout le monde connaît le héros de la localité. Il ressemble à un ancêtre immobile que personne n'a vu naître et que personne ne verra mourir. Il protége ses concitoyens du haut de sa souriante et solide immortalité.

Quelle excellente manière de se survivre que de rester le compagnon immuable de ses concitoyens. Douce propagande de gloire que celle qui se transmet ainsi par cette école primaire de l'œil, ouverte et exposée à tous les regards, même à ceux qui ne savent pas lire.

Vous vous représentez Duguay-Trouin sur son piédestal avec sa cravate de dentelles, sa ceinture flottante, sa tête fièrement rejetée en arrière et sa main posée sur un tronçon de mât. Ce héros eut tous les bonheurs, ceux qui retentissent et ceux qui charment. Vrai paladin des mers, son expédition de Rio-Janeiro ressemble à la conquête de la Toison d'or. Il en rapporta, parmi les dépouilles opimes de la victoire, une cloche appelée *Noguette*, dont il fit don à sa ville natale, et qui tinte encore aujourd'hui dans son beffroi, sonnant tous les soirs l'heure du couvre-feu.

Admis à Versailles à conter ses prouesses devant le roi-soleil, il fut honoré d'un auguste calembour. Duguay-Trouin, parlant de la frégate *la Gloire*, ayant été amené à dire : « J'ordonnai à *la Gloire* de me suivre, » Louis XIV l'interrompit pour ajouter : « Et la gloire vous a été fidèle. »

Dans ses combats contre les Anglais, il fut fait prisonnier de guerre et enfermé dans le château de Plymouth; mais il s'en échappa bientôt en se faisant aimer de la fille de son geôlier.

Est-ce à cause de cette équipée amoureuse ou d'autres semblables, que l'auteur de cette statue, Dominique Molchnet, s'est amusé à jouer une espièglerie de gamin à un personnage qu'on l'obligeait à représenter exclusivement sous son aspect majestueux ? ou bien ne faut-il voir, dans l'irrévérence que nous allons dire, qu'une malice du hasard et qu'un effet fortuit de l'innocent ciseau de l'artiste ?

Quoi qu'il en soit, il suffit de se placer à quelques pas derrière la statue, et là, pour peu qu'on regarde vers l'oreille droite, la disposition de la chevelure fait aussitôt apparaître le profil frappant du masque de Polichinelle.

Nous ne croyons pas à la préméditation du *sculpteur;* il avait trop de déférence pour son héros, et il n'eût pas voulu gâter la joie d'une statue si heureusement placée qu'elle peut entendre de ses oreilles de marbre cette Noguette, retentissant trophée qui, en sonnant tous les jours le couvre-feu, semble tinter encore aussi bien pour le repos des vivants que pour la gloire de cet illustre mort.

II

Une folie de bravoure. — Prouesse bretonne exécutée
à l'antique.

La ville de Saint-Malo est bien, comme on voit, une des plus curieuses villes de la France. Sa configuration singulière la dota d'une originalité unique au monde.

Pendant plus de six cents ans, cette cité fut gardée la nuit par une meute de bouledogues qu'on lâchait sur la grève après le couvre-feu et qu'on rappelait le matin une heure avant le jour. Je raconte un peu plus loin les équipées tragiques de ces veilleurs de nuit ; en attendant, négligeant les chiens pour ne m'occuper que des hommes, je voudrais dire une des plus audacieuses prouesses dont la cité malouine fournit les acteurs et le théâtre. L'antiquité n'offre rien de plus vigoureusement frappé au coin du patriotisme et de la vaillance. Les historiens n'en ont dégagé jusqu'ici que le côté héroïque. Pourquoi n'en montrerions-nous pas le côté humain, qui peut tout expliquer sans rien affaiblir ?

Pendant les troubles de la Ligue, Saint-Malo s'était ouvertement prononcé contre les huguenots et contre leur candidat au trône, le roi de Navarre, qui était bien loin alors d'être roi de France ; Henri III venait de mourir, et notre patrie, déchirée par les factions, était divisée en deux camps. Or, la cité de Saint-Malo était comme la France. La ville appartenait aux bourgeois qui la gouvernaient au nom de la Ligue ; mais le château était au pouvoir des *Parpaillots*.

Le comte de Fontaines, qui l'occupait avec ses soldats, ne cachait pas ses intentions de remettre au plus tôt cette redoutable citadelle entre les mains du futur roi Henri IV.

La ferveur catholique des Malouins se révoltait devant une telle éventualité ; mais comment en conjurer l'imminence ? Il n'existait qu'un moyen auquel personne n'eût osé s'arrêter, tant il paraissait chimérique aux plus hardis : s'emparer du château.

Mais comment ? De vive force ? Il n'y fallait pas songer ; la garnison était nombreuse et la place imprenable. Par trahison ? Mais où recruter des traîtres ? Sans compter qu'il y a quelque chose de plus dangereux encore que de les découvrir, c'est de les employer.

Mais enfin il est des espérances robustes qui croient toujours à une occasion favorable. Cette occasion sembla un jour s'offrir d'elle-même à la suite d'un événement tragique qui émut toute la contrée.

Un juge de la ville, homme fort populaire d'ailleurs, appelé Louis de Lamothe, avait été député vers un certain capitaine Lamoureux, qui commandait le fort de Châteauneuf, à trois lieues de là. Il s'agissait de réclamer, au nom des Malouins, une cargaison indûment capturée par le capitaine. Le messager de la cité, heureux du succès de sa petite ambassade, retournait tranquillement vers ses foyers, quand la nuit tombante le surprit comme il arrivait sous la tour de Solidor à Saint-Servan. Il n'en continua pas moins sa route, se trouvant si près de sa destination que les maisons de Saint-Malo se dessinaient dans le brouillard du crépuscule.

Mais au moment où il allait franchir le pont-levis de la cité, des soldats apostés se précipitèrent sur lui, le dépouillèrent et le mirent à mort. Il fut laissé gisant près des fossés de la ville, et le lendemain sur la grève on trouva presque nu le cadavre du malheureux magistrat.

Ce guet-apens exaspéra toute la population. Les assassins étaient sortis de la forteresse de Saint-Malo et, leur forfait commis, ils n'avaient pas osé y rentrer : ils s'étaient réfugiés au fort de la Latte, qui était dans le voisinage.

C'en fut assez pour que tout d'une voix on attribuât ce meurtre au gouverneur du château. L'indignation publique accusa M. le comte de Fontaines d'avoir inspiré, et peut-être même soudoyé les assassins.

On n'ignorait pas en effet que par son indépendance et son intégrité le juge avait encouru l'animadversion du gouverneur ; et on n'était pas loin du temps où un roi de France ne craignait pas de dire : « Le corps d'un ennemi mort sent toujours bon ! »

Pour tous ces motifs, l'exaspération fut au comble dans Saint-Malo. Le conseil de la ville s'assembla sur-le-champ et, à l'unanimité, il fut résolu que, séance tenante, une satisfaction immédiate serait demandée, et autant que possible imposée au gouverneur du château.

En conséquence on décida que le *procureur* des bourgeois se rendrait incontinent auprès de M. le comte de Fontaines, et que l'assemblée attendrait en permanence le retour du mandataire et la réponse du gouverneur.

Celui-ci n'osa pas se jouer de cette manifestation imposante ; il eut même l'air de déférer de bonne grâce au désir des bourgeois et, sous les yeux de leur envoyé, il s'empressa d'écrire au capitaine du fort de la Latte pour réclamer les meurtriers.

Il va sans dire que cette satisfaction n'était qu'apparente ; les assassins ne furent ni rendus, ni seulement inquiétés, et la première émotion calmée les choses en restèrent là.

Ce déni de justice qui s'aggravait dans la circonstance d'un semblant de mystification, humilia profondément les habitants de Saint-Malo, qui jurèrent d'en avoir raison quelque jour.

Par aventure, la victime du guet-apens, le juge Louis de Lamothe, était l'oncle d'un jeune homme nommé Lemère de la Chapelle, qui avait justement quelque commandement subalterne dans la garnison du château.

Cette particularité inspira aux bourgeois l'idée de faire pratiquer adroitement ce jeune homme pour exciter son ressentiment et tenter de le gagner à leur cause.

On fit appel à son affection comme parent, à son patriotisme comme citoyen, à sa foi comme ligueur. On lui représenta, dit un chroniqueur de ce temps-là, le mérite qu'il aurait « de rendre un bon service à la religion et à la patrie, qu'il délivrerait d'un danger imminent de ruyne. «

Lemère ouvrit l'oreille à ces propositions d'autant plus qu'on ne se borna pas à s'adresser à ses sentiments : on parla aussi à ses intérêts en lui promettant, après le succès, huit mille écus dans le partage du butin.

Le plan des bourgeois était des plus audacieux

ils projetaient d'escalader une des tours du château dite la Générale, haute de 120 pieds, c'est-à-dire d'une élévation égale à celle de la colonne Vendôme, en mesurant du sol de la place au socle de la statue de l'Empereur. Mais pour opérer cette ascension il fallait d'abord une échelle, et ensuite, dans le château, un bras de traître pour la hisser jusqu'au couronnement de la tour désignée. Lemère une fois gagné au complot, on s'occupa des instruments indispensables pour le mener à bien.

Ces préparatifs durèrent deux mois, pendant lesquels une échelle de corde fut fabriquée dans le plus grand secret. On avait cherché et réussi à obtenir le plus de force dans le moindre volume possible. Cette échelle se composait de montants en bois, retenus par trois cordes perpendiculaires assez minces mais fort solides, comme il convenait pour la hauteur qu'il fallait atteindre, et le poids qu'elle devait supporter.

On croyait tout fini, quand surgit un obstacle qui faillit tout compromettre. La tour se terminait à son sommet par une corniche formant encorbellement, de telle sorte que l'échelle, descendant du rebord de cette saillie, ne pouvait s'appliquer contre le mur, et faute de point d'appui aurait tournoyé dans l'espace. Dès lors et à une telle hauteur, l'ascension devenait impossible, et ceux qui l'auraient tentée auraient été balancés dans le vide ou heurtés contre les parois de la tour en tourbillonnant au hasard. On songea donc à adapter aux montants de l'échelle, et par intervalle de trois pieds de distance, des roulettes de bois enveloppées de laine, afin d'étouffer le bruit de leur frottement contre la paroi extérieure de la muraille. Par ce moyen la longue machine était à la fois appuyée et distante.

Pendant qu'on travaillait à cette formidable échelle, on s'était occupé de la valeureuse troupe qui devait être conviée à l'honneur et au péril d'y monter. Et c'est vraiment ici que cet exploit collectif prend les proportions majestueuses que l'antiquité savait imprimer à ses grandes vaillantises.

Les vieillards qui furent les chefs et l'âme de cette entreprise choisirent les noms de cinquante-cinq jeunes gens les plus honnêtes et les plus intrépides qu'ils connurent dans la cité.

Cela fait, ils rassemblèrent un soir les cinquante-cinq jeunes gens et leur dirent qu'ils avaient été élus entre tous comme les plus discrets et les plus braves : qu'à ce titre on voulait leur confier une expédition des plus chanceuses, qui ne leur serait révélée qu'au moment de l'accomplir. Il fut ajouté qu'il ne tenait qu'à eux de refuser d'y prendre part; car il y allait de leur existence; mais il y allait aussi du salut de la religion et de la patrie.

Il va sans dire que tous acceptèrent avec enthousiasme. On les invita donc à se tenir prêts, leur recommandant bien de ne se livrer jusque-là à aucun acte significatif qui pût éveiller des soupçons. Il leur fut expressément défendu, ce qui est un trait de mœurs qui peint une époque, de communier plusieurs à la fois, ainsi que cela se pratiquait à la veille des grands événements de la vie.

Les choses ainsi préparées, il fallut s'entendre avec Lemère de la Chapelle pour fixer le jour et l'heure d'une escalade si hardie.

Mais ici un contre-temps des plus fâcheux vint tout remettre en question. Au moment d'agir, Lemère déclara qu'il ne se sentait pas de force à porter seul le fardeau d'une si lourde responsabilité. Son courage défaillait en présence de la témérité de l'acte. Il avait d'ailleurs des craintes sur le secret et l'issue de l'expédition à laquelle, pour sa part, il refusait formellement de s'associer.

Ni reproches ni prières ne purent prévaloir contre un résolution irrévocablement arrêtée.

Il fallait donc pour le refus de concours d'un seul homme perdre le fruit de ces préparatifs si longs et si difficiles ; il fallait renoncer à des combinaisons si ingénieusement imaginées et si valeureusement servies ; il fallait enfin congédier cette élite du dévouement et de la discrétion qui n'attendait qu'un signal pour marcher.

Tout ce que le désappointement a de plus cruel les chefs de ce patriotique complot l'éprouvèrent.

Le dernier mot de Lemère avait été que jamais à aucun prix il ne consentirait à agir seul; mais que si l'on trouvait à lui adjoindre un compagnon avec lequel il pût se concerter, s'encourager et se soutenir, il irait de l'avant, malgré tout.

Les chefs des bourgeois ne virent d'abord dans cette exigence que la coloration d'un refus obstiné; mais bientôt, la première heure de découragement passée, ils songèrent à se procurer cet aide qui devait avoir raison de la volonté réfractaire du jeune homme.

L'affection d'un neveu pour un oncle leur avait fourni un premier auxiliaire, pourquoi n'essayeraient-ils pas d'en demander un second au ressentiment d'un père outragé dans l'honneur de sa fille ?

Ils savaient que M. le comte de Fontaines avait séduit une jeune Écossaise d'une très-grande beauté, laquelle vivait publiquement près de lui au château.

Le père de la jeune fille, nommé James Rose, exerçait quelque emploi de domesticité au service du comte. L'honneur du père se révoltait de l'affront permanent qu'était obligé de subir en silence le domestique. Secouer le joug et laver cette tache, fût-ce même dans un crime, James Rose rêvait cela quand le sang bouillonnait dans ses veines et que l'indignation le prenait au cœur; mais de la haine qui couve sourdement à la vengeance qui éclate, il y avait un abîme pour lui écrasé sous ce double anéantissement de l'extranéité et de la domesticité.

Cet abîme, on lui fit entrevoir tout à coup la possibilité de le franchir : aussi l'Écossais accueillit-il avidement les propositions des bourgeois qui, pour le mettre plus avant dans leurs intérêts, ne négligèrent pas les siens et lui promirent deux mille écus de récompense après la besogne faite.

L'entreprise ainsi remise sur pied, on fixa le jour de l'exécution au premier dimanche de carême, 11 mars 1590.

Cette journée arriva enfin ; elle se passa sans aucun incident extraordinaire et sans que rien pût faire prévoir l'événement qui allait rendre la nuit suivante à jamais mémorable. Dans la cité, tout le monde était allé, selon l'habitude du dimanche, à l'église et à la promenade sur les remparts. Dans la citadelle, rien d'insolite non plus. Seulement James Rose s'était grisé dès le matin, et il avait employé sa journée à répandre les propos les plus incohérents que puisse se permettre un ivrogne; mais cette ivresse n'était-elle pas une ruse, et ne pouvant se créer un alibi, l'Écossais ne se créait-il pas par avance une incapacité ?

Quoi qu'il en soit, la nuit les cinquante-cinq jeunes gens firent leurs préparatifs, et vers neuf heures ils se rendirent secrètement et un à un dans une maison voisine de la citadelle.

Là les vieillards les exhortèrent de nouveau, les bénirent et désignèrent, pour marcher à leur tête, deux chefs : Jean Pepin et Michel Frottet.

L'expédition avait été fixée pour dix heures. On avait voulu ainsi se donner du temps et de la marge avant l'heure de minuit, qui était celle où l'on relevait les postes de la forteresse et où les factionnaires étaient changés.

Mais à dix heures, au moment de se mettre en campagne, on s'aperçut de deux inconvénients des plus malencontreux. Il faisait un clair de lune éblouissant, et les chiens gardiens du port rôdaient auprès de la tour.

La lune, il n'était pas possible de la supprimer, mais les chiens on pouvait attendre que la marée montante les eût expulsés du pied de la tour.

C'est ce qu'on fit. Toutefois le temps s'écoulait ainsi en pure perte, et on se rapprochait d'autant de cette heure fatale de minuit, heure redoutée par la raison que nous venons de dire. Pour éloigner ce moment le plus possible, les bourgeois s'avisèrent d'un expédient qui devait désorienter tout le monde : ils allèrent retarder toutes les horloges de la ville afin que minuit ne sonnât qu'à une heure du matin, et que les postes et les factionnaires fussent troublés et déroutés dans leurs gardes et l'ordre de leur service.

Enfin la mer baigna la base de la tour et, chassés par la marée, les dogues quittèrent la place ; aussitôt les cinquante-cinq jeunes gens se coulèrent, au moyen d'une corde, du parapet des remparts sur la grève déjà submergée.

Lemère, qui veillait au faîte de la tour et James Rose qui s'était dégrisé tout à point pour l'assister, guettaient d'en haut tous les mouvements d'en bas avec l'anxiété de gens qui savent bien qu'ils sont perdus s'ils sont découverts.

Lemère et James Rose firent descendre du haut de la tour un cordeau auquel fut immédiatement attachée la fameuse échelle qui fut ainsi déployée dans toute sa longueur et hissée jusqu'aux créneaux. Il ne s'agissait plus que de l'amarrer solidement au sommet. C'est ce que firent les mêmes auxiliaires au moyen d'un nœud coulant qu'ils passèrent au collet d'une couleuvrine qui était braquée en cet endroit pour la défense du fort.

Pour plus de sûreté, ils fixèrent ce point d'attache le plus près possible des tourillons et à la base de cette longue volée qui forme le tuyau de ces canons de siége.

Une fois l'échelle solidement retenue, les cinquante-cinq jeunes gens s'y risquèrent un à un. Ils avaient l'habitude de monter aux cordages des navires, étant tous nés à Saint-Malo ; tous, un seul excepté, un gentilhomme de Dinan, celui-là qui, par une faveur unique, avait obtenu l'honneur de partager le péril et la gloire de ses camarades.

Le dernier des cinquante-cinq venait de poser le pied sur le premier échelon et tous, sur ce chemin oscillant, se mouvaient dans l'espace.

C'est alors qu'ils mesurèrent toute la témérité de leur audacieuse folie. Entre le ciel et la mer, suspendus sur l'abîme, à quoi tenaient leurs existences ? La corde supporterait-elle sans se rompre une si lourde charge et, quand même elle ne faillirait point, n'étaient-ils pas absolument livrés à la merci d'un traître ou d'un ennemi ; car il suffisait d'un seul homme là-haut, avec une hache, une pique, une hallebarde, une épée, ou même avec un simple couteau, pour précipiter d'un seul coup cette phalange à cinquante-cinq têtes qu'un lien unique retenait au-dessus de la mort ?

Ici se place un accident qui faillit tout remettre en question.

A peine eurent-ils franchi quelques degrés qu'ils sentirent l'échelle se dérober et fléchir. Ce poids extraordinaire avait d'abord ébranlé la couleuvrine puis déplacé l'affût qui la supportait.

On se représente ce moment d'angoisse inexprimable. Glacés d'épouvante, les jeunes gens ne respiraient plus : ils se tenaient cramponnés aux barreaux de l'échelle n'osant faire un seul mouvement de peur d'entraîner plus vite ce chemin qui devait seconder leur ascension et qui, se retournant contre eux, allait fondre sur leurs têtes et du poids de sa chute aggraver encore celle de ces malheureux.

L'échelle cédait toujours sous les pieds. Les intrépides grimpeurs en éprouvaient les ressauts et les violentes secousses. Un moment elle se fixa par un brusque temps d'arrêt. Le contre-coup en fut ressenti à tous les degrés de l'échelle; mais personne ne quitta sa place. Seulement, une minute après, le gentilhomme de Dinan, pris sans doute de vertige, se détacha comme un fruit mûr et tomba silencieusement dans l'espace. Ceux de ses camarades qui étaient au-dessous de lui furent frôlés par le passage de son corps; ceux qui étaient au-dessus ne ressentirent qu'un ébranlement subit, et ce fut tout. A peine un faible cri dans le vide, et sous les pieds, tout au fond, un bruit sourd dont ils comprirent la cause en frémissant. Mais aucun d'eux ne lâcha prise. Cette chaîne vivante venait de perdre un de ses anneaux.

Pourtant voici qu'un danger plus grand que tous les autres les attendait encore.

La pièce de bronze, attirée en dehors de la plateforme par le poids de l'échelle qui y était attachée, avait emmené l'affût qui lui servait de base, et affût et couleuvrine, l'un portant l'autre, avaient glissé vers une embrasure de la tour, et si cette embrasure eût été assez large pour leur livrer passage, affût et couleuvrine auraient été précipités sur la tête des assaillants entraînés et broyés aussi dans cet horrible avalanche. Par bonheur l'étranglement des *joues* de l'embrasure retint l'affût, et c'est cet obstacle qui avait déterminé le temps d'arrêt qui venait d'être si fatal à l'un des cinquante-cinq jeunes gens.

Mais ce temps d'arrêt avait encore produit un autre résultat qui pouvait être bien plus désastreux que le premier. Il avait fait basculer la volée de la couleuvrine, en telle sorte que sa longue tête, projetée maintenant en dehors de la tour, cette tête qui jusque-là avait conservé la ligne horizontale, venait de s'incliner comme si elle eût voulu plonger ses coups dans les fossés de la forteresse.

Dans cette position, le nœud coulant, sollicité par la pente, glissait sur le flanc poli du bronze. A chaque mouvement il descendait vers la bouche de la couleuvrine.

James Roze et Lemère qui voyaient le péril, sans pouvoir le conjurer, calculaient avec effroi le moment où ce nœud, entraîné par la déclivité, allait arriver à la gueule du canon, et où la couleuvrine décoiffée de son lacet, échelle et assaillants allaient être précipités.

L'instant était solennel et terrible. A mesure que le nœud glissait la phalange montait ; mais les hommes avaient à parcourir plus de chemin que la corde. Lemère était pétrifié de terreur, l'Écossais fermait les yeux pour ne pas voir cet écrasement universel.

Le nœud était parvenu insensiblement à l'embouchure de la pièce. Tout était perdu sans retour quand tout à coup le nœud cessa de couler : il venait de rencontrer ce bourrelet en forme de cordon qui renforce la bouche de certaines pièces d'artillerie ; il s'était arrêté, maintenu par le renflement de l'astragale.

Ce moment de répit décida du sort de l'expédition : les assaillants eurent le temps d'achever leur ascension et bientôt le premier d'entre eux eut enjambé le parapet de la tour, sans se douter du désastre auquel il venait d'échapper. Tous grimpèrent à la suite de celui-là, et, une fois réunis sur la plate-forme, ils se jetèrent à l'improviste sur la garnison endormie.

En quelques minutes ils furent les maîtres du château ; mais restait le donjon, cette forteresse dans une forteresse, ce qui faisait dire que : avoir le château sans le donjon, c'était avoir le cheval sans la bride.

Le comte de Fontaines était là avec l'élite de ses soldats, renforcés, dans la circonstance, de tous ceux qui échappant aux coups des assaillants étaient parvenus à se réfugier auprès de lui.

La position des Malouins était donc des plus critiques. Trop peu nombreux pour contenir ou massacrer leurs ennemis, ils avaient encore à prendre le cœur de la citadelle défendue par le gouverneur de la place.

Abandonnés à eux-mêmes ils eussent nécessairement succombé au milieu de leur victoire, mais ceux de la ville veillaient sur cette héroïque avantgarde : ils guettaient l'issue de cette expédition, et dès qu'ils en comprirent le succès, ils sonnèrent le tocsin pour mettre toute la ville sur pied, et en même temps ils accoururent en foule pour prêter main forte à leurs intrépides camarades.

La forteresse fut bientôt envahie. Le gouverneur qui habitait le donjon, comme on sait, avait été réveillé par le tumulte et s'était levé en sursaut; mais, malgré l'effarement de ceux qui l'entouraient, il ne manifesta aucun trouble ; il fit sa toilette sans se presser : il s'habilla avec la dernière élégance, nous dit son naïf historien, « comme pour aller à une revue ou à une noce, et sans qu'aucune aiguillette de son uniforme manquât d'être attachée. »

Il appela ensuite la jeune dame de Bouillé, veuve de son fils aîné, laquelle habitait près de lui, et lui remit ses trésors, après quoi il se fit accompagner avec des flambeaux jusqu'au sommet du donjon pour mieux découvrir de là-haut la cause de cette alerte et y donner bon ordre.

Mais cette inspection exécutée avec cet appareil constituait une imprudence : les lumières désignèrent aux assaillants la présence et la personne du gouverneur; la balle d'une arquebuse, partie on ne sait d'où, vint le percer de part en part et il tomba mort. Cette balle venait-elle de Lemère ou de James Roze? Est-ce le neveu du juge assassiné, est-ce le père de la jeune fille séduite qui avait confié à cette arme l'accomplissement de sa vengeance?

Nul ne le sait.

La chronique l'ignore et l'histoire ne s'occupe pas de ce détail; elle se contente de constater que le comte de Fontaines fut tué et le château de Saint-Malo conquis.

N'avions-nous pas raison de dire, en commençant, que cette expédition offrait ces belles lignes, ces proportions à la fois grandioses et simples des exploits antiques? Ces jeunes enrôlés, choisis et bénis par des vieillards; ce secret si répandu et si bien gardé; l'extravagante témérité de l'entreprise, tout cela a de l'ampleur. On dirait une feuille détachée des mâles narrations de Plutarque. Cette histoire n'a qu'un tort, c'est d'être un épisode de guerre civile. Placez-la dans une guerre étrangère et l'effet, si grand qu'il soit, serait exhaussé de cent coudées.

III

Le village de Combourg. — Opinions de deux Bretons sur Chateaubriand. — Anniversaire de sa naissance. — L'*assemblée*. — La foire et le *lac tranquille*. — La toison des jeunes filles. — Le marchand de cheveux.

Et maintenant que nous n'avons plus rien à voir dans la ville de Saint-Malo, allons au château de Combourg.

Je repris donc le chemin de fer. *Jean s'en alla comme il était venu.* Je savais qu'avant d'arriver à Combourg on apercevait, à travers landes et clairières, la pointe des tours du manoir de Chateaubriand. Il ne faut pas me demander si je mis ma tête à la portière de droite aussitôt que le train eut dépassé la station de Bonnemain, la dernière que l'on rencontre.

J'écarquillais les yeux comme le chien de la fable, mais avec plus de succès que lui. En effet, à cinq ou six cents mètres avant la station, et au moment où la voie sort d'une tranchée ensevelie dans un lit de roches taillées à pic, mon regard rendu à l'horizon alla s'accrocher au loin à un faisceau de poivrières en ardoises, c'est là le château de Combourg. Les flèches de ses tours qui ressemblent à des têtes de grands arbres, tant par la forme que par la couleur, ont l'air d'appartenir à la forêt, et de loin l'œil a peine à distinguer les sommets des tourelles des cimes des futaies.

La station où le convoi s'arrête et qui porte le nom de Combourg est à trois ou quatre kilomètres du village, et par conséquent du château; car le château est situé au bout du village et le domine sans l'écraser.

L'omnibus du chemin de fer vous transporte à Combourg en vingt minutes.

Dans cet omnibus je rencontrai deux paysans bretons qui allaient tenir la foire du lendemain.

Je mis la conversation sur le chapitre de Chateaubriand; le premier me répondit :

« C'est un homme qui a fait de *ben biaux* sermons. »

Et le second, trouvant sans doute que son camarade s'était trop aventuré, ajouta :

« C'est un homme qui a *ben* fait parler de lui. »

Il était impossible de se moins compromettre.

En devisant ainsi, nous arrivâmes au village. Le bureau des omnibus est tenu par M. Parent, qui joint à cette industrie celle d'un bureau de tabac et d'un magasin d'épiceries dirigés par sa femme.

Mme Parent lut mon nom sur mon sac de nuit, et aussitôt me voilà en pays de connaissance. M. Parent est un des plus anciens abonnés du *Siècle*.

« Au commencement, me dit-il, mon journal fit scandale; on ne m'appelait plus que le Garibaldien. Aujourd'hui on s'y est apprivoisé; au surplus la population ici est excellente et hospitalière, bien qu'elle n'aime ni les innovations ni les étrangers. Elle appelle les employés du chemin de fer les *cheminiaux*. »

Dès que j'eus exposé à M. Parent l'objet de mon voyage, il m'apprit que le notaire de la localité était le régisseur du château de Combourg, et du doigt il me montra la maison où habite M. Le Corvaisier.

Je traversai en diagonale une halle couverte et allai frapper à la porte du logis qui m'était ainsi désigné.

Frapper n'est pas exact, car la porte était toute grande ouverte.

Cette maison est une des plus notables du village. Un écusson de pierre, encastré dans le mur à la hauteur du premier étage, lui prête un aspect magistral, et comme un air de petite noblesse. Un long corridor qui va de la rue à une cour intérieure donne accès, à main droite, à toutes les pièces du rez-de-chaussée qui débouchent sur ce couloir. La plus curieuse de ces pièces est une immense cuisine qu'on rencontre en entrant, et dont les deux grandes fenêtres prennent jour sur la rue : c'est tout un monde que cette cuisine tapissée de cette reluisante batterie qui est le luxe et l'orgueil des ménagères. Moitié ruche et moitié atelier, des servantes vont et viennent là dedans, celle-là tenant sa quenouille comme la reine Berthe, celle-ci battant le beurre, non loin de deux lits à baldaquin dressés comme des autels. Une troisième, plus âgée, faisait la navette entre des fourneaux allumés et une cheminée flambante, dont les chenets gigantesques supportaient une broche plantureusement garnie de gibier sous un large manteau où étaient accrochés des fusils de chasse, auteurs modestes de ce butin culinaire, causes efficientes de ces effets appétissants.

Sur le seuil, des poules caquettent et coquettent, grattant le sol non loin d'un renard captif qui, attaché aux barreaux de la cave, pointe son museau fin et son œil inquiet et faux.

Impossible d'avoir une attitude plus penaude que ce prisonnier de chasse. Il a l'air tout confus d'aiguiser platoniquement son museau et de lécher ses inutiles babines à côté de ces poules qui, rassurées par la chaîne, viennent ingénument inspirer au captif des convoitises de Tantale.

Une des servantes se détacha de la cuisine et m'introduisit dans une grande salle contiguë servant à la fois de salle à manger et de salon, et où M. Le Corvaisier me fit l'acceuil le plus cordial.

M. Le Corvaisier est le régisseur et l'intendant du château de Combourg, château désert et vide aujourd'hui; mais religieusement entretenu par un neveu de Chateaubriand qui va y passer une huitaine de jours par an, soit avant, soit après la session du Conseil général d'Ille-et-Vilaine, dont il est membre.

Les relations de la famille de Chateaubriand avec la famille Le Corvaisier datent de loin. Les *Mémoires d'outre-tombe* mentionnent le père de M. Le Corvaisier parmi les hôtes familiers du château de Combourg. Aussi le culte du grand homme est-il resté vivant dans cette maison patriarcale. Mlle Le Corvaisier, qui rappelle par bien des côtés Mlle Eugénie de Guérin, garde comme une relique la bannière de Combourg qui figura aux obsèques de Chateaubriand. L'inscription portait : *Combourg, berceau de Chateaubriand;* mais, sur la réclamation des Malouins, le mot *berceau* fut recouvert par le mot *patrie*, et l'étoffe porte encore la trace de cette superposition. Mlle Le Corvaisier a eu l'honneur d'être la commère de Chateaubriand dans le baptême d'une cloche de Combourg, et elle conserve avec vénération une petite miniature à demi effacée représentant la comtesse de Marigny, la sœur aînée de Chateaubriand.

Il n'y a que trois ou quatre ans que la comtesse de Marigny est morte, à un âge exceptionnellement avancé. Retirée depuis longtemps dans un couvent de Dinan, elle voulut célébrer sa centième année. Elle invita deux ou trois amis parmi lesquels mon hôte M. Le Corvaisier. Elle fut très-gaie, fredonna au dessert, avec un attendrissement noyé dans un sourire, la chanson de son frère :

> Combien j'ai douce souvenance!

et douze jours après elle s'éteignit âgée, par conséquent, de cent ans et douze jours.

J'avais hâte de visiter le château but de mon pèlerinage ; mais M. Le Corvaisier m'obligea, au préalable, à déjeuner avec lui, et comme, le déjeuner fini, il se vit livré en proie à des clients aussi bruyants que pressés, il me donna rendez-vous au château, m'engageant jusque-là à aller voir les préparatifs de la foire du lendemain.

J'étais arrivé à Combourg à une date des plus mémorables : nous étions au dimanche 3 septembre, et je lis dans les *Mémoires d'outre-tombe* : « La foire appelée l'Angevine se tenait dans la prairie de l'étang, le 4 septembre de chaque année, jour de ma naissance. »

Le hasard m'avait donc fait la plus littéraire des surprises : nous touchions à l'anniversaire de la naissance de Chateaubriand, et nous étions au jour de l'*assemblée* qui se tient la veille de cette fameuse foire dite l'*Angevine*.

En effet, le long de la prairie qui borde l'étang dont elle n'est séparée que par la route de Rennes, et sur cette route même formant chaussée, on préparait et alignait ces boutiques roulantes, ces charrettes, ces tentes, ces magasins portatifs qui suivent et ornent les foires. J'assistais à tout ce désarroi d'un camp qui s'installe. Chevaux au piquet, enfants courant et criant, les charrettes à moitié dégarnies et les tréteaux à moitié dressés. Sur le second plan les fourneaux creusés dans l'herbe, les trépieds fumants, le bruit des marteaux se mêlant aux frétillements de la lèchefrite, cet auxiliaire indispensable de ces cuisines en plein air; quelque chose enfin de décousu, d'insouciant, de gai, où les contrastes et l'imprévu s'entendent pour produire les plus réjouissants effets.

Je regardais avec intérêt ce déballage pittoresque où pêle-mêle, un peu au hasard, s'empilent, s'accrochent ou s'étalent toutes les choses vulgaires du ménage, du mobilier, du travail, du vêtement : outils et ustensiles de toutes sortes, rouenneries à prix fixe, assortiments reluisants à l'œil, de bijouterie, coutellerie, bimbeloterie et faïences. Dans cet ensemble si varié, la Bretagne se révélait par un contingent tout à fait en dehors de la quotité usuelle de médailles, de crucifix, de chapelets et d'images ;. et Combourg s'affirmait par un objet spécial de la production locale : c'est un couteau à deux fins qui coupe et qui siffle à la fois, et dont le manche est fait en roseau peint en jaune : le tout coûtant cinq centimes la pièce.

J'étais sur le bord du *lac tranquille*, mais je ne vis pas *l'hirondelle agile* qui, sans doute, avait été effarouchée par tout ce vacarme. Je ne remarquai pas non plus que le vent *courbât le roseau mobile*, car le temps était calme et le soleil radieux ; mais je vis ces roseaux eux-mêmes entourés de nénufars et en compagnie des joncs leurs voisins pointant ces dards dont ils déchiraient une croûte verdâtre, sorte d'écume et de lie qui est comme la rouille des eaux stagnantes.

En me promenant à travers toutes ces boutiques roulantes, et ces charrettes en panne sur lesquelles se déploie toute cette Bohème du commerce forain, je songeais à ce que dit Chateaubriand dans le premier volume de ses mémoires :

« Depuis la conquête des Romains, les Gauloises ont toujours vendu leurs tresses blondes à des fronts moins parés : mes compatriotes bretonnes se font tondre encore à certains jours de foire, et troquent le voile naturel de leur tête pour un mouchoir des Indes. «

Je cherchai ces tondeurs de jeunes filles, mais j'eus beau explorer tous les étalages rangés le long de la route, je ne vis rien de pareil. Toutefois, étant passé derrière ce front de bandière, et considérant pour ainsi dire la foire par son envers et dans les coulisses, voici ce qui attira mon attention :

Derrière un vaste magasin de faïence, et sous un noyer, un peu à l'écart, comme si elle eût craint de paraître au grand jour, je remarquai une charrette dételée dont les brancards reposaient à terre pendant qu'un cheval maigre, attaché aux jantes d'une roue, broutait à côté. Cette charrette, recouverte d'une toile posée sur des cerceaux de bois, renfermait des caisses et des paquets qu'on entrevoyait par l'ouverture de l'avant-train.

Le maître se tenait assis sur un brancard, à portée d'un de ces paquets de rouennerie qu'on maintient aux deux extrémités par des planchettes et qu'on attache par des courroies.

C'était un homme petit, nerveux et trapu, d'une quarantaine d'années, moitié paysan, moitié maquignon; il avait quelque chose d'insolent et de faux dans le regard, et de familièrement effronté dans le geste. Il venait d'extraire d'un paquet quatre ou cinq mouchoirs qu'il déployait tour à tour aux yeux d'une vieille paysanne. Celle-ci tenait par la main une jeune fille de douze ans qu'elle avait décoiffée de sa *catiole* : c'était pour mieux faire voir d'admirables cheveux noirs qui, dégagés de tout lien, tombaient par cascades jusqu'à la ceinture de cette belle enfant. Couleur à part, cette chevelure rappelait celle dont le peintre Courbet a si bien rendu l'exubérance dans sa *Femme au Perroquet*.

Je m'approchai de la charrette; le maquignon me regarda d'un air défiant et se tut.

Mais j'entendis la femme qui disait : « Un seul mouchoir ! ce n'est pas assez, en conscience, pour tant de cheveux. »

La jeune fille, pieds nus et immobile, regardait sans rien dire, avec des yeux étonnés, ces mouchoirs, comme si l'on n'eût pas marchandé cette belle toison qui l'inondait en voilant ses épaules.

Le maquignon prit un ton de raccoleur.

« Ma bonne femme, dit-il, je n'en peux donner davantage, j'y perdrais. D'ailleurs des cheveux noirs j'en ai trop. Personne n'en veut plus. Mais je n'ai qu'une parole; j'ai promis un mouchoir, vous aurez un mouchoir, je ne me dédis pas. Vous savez où je suis et quand vous serez décidée vous reviendrez. »

Là-dessus la vieille femme aida l'enfant à se recoiffer et toutes les deux eurent grand'peine à rouler cette abondante chevelure et à l'insérer sous forme de chignon dans l'ample *catiole* de la jeune fille.

Le chignon dans le dos, qui est une mode d'adoption récente parmi les dames du monde, est au contraire, en Bretagne, une mode immémoriale; elle est si commode pour eux qu'on pourrait croire que les coupeurs de chevelures l'ont inventée eux-mêmes.

La vieille paysanne s'éloigna emmenant la jeune fille par la main. Je les accostai.

« Comment, dis-je à la vieille, vous alliez vendre les cheveux de cet enfant?

— Eh! oui, monsieur, je veux la faire *touzer*.

— Pour un mouchoir; c'est bien peu. »

La vieille Bretonne me regarda.

« Je sais bien, me répondit-elle, aussi j'en demandais deux; mais le marchand ne veut pas. Après tout, ces cheveux ne servent à rien à la petite, tandis qu'un mouchoir lui servirait du moins à se moucher.

— C'est votre fille?

— Non, monsieur, c'est une orpheline qui s'est donnée chez nous.

— Et comme cela, si elle avait un mouchoir, vous lui laisseriez ses cheveux?

— Oui, jusqu'à une autre *assemblée*.

— Eh bien! vous ne la ferez pas *touzer* d'aujourd'hui. Voilà de quoi lui acheter un mouchoir. »

Et je m'en allai d'un autre côté affecté de ce que je venais de voir. J'étais presque aussi ému que si j'eusse empêché quelque chose ressemblant à une exécution.

Mais j'eus beau aller me promener sur l'autre bord de l'étang, la même pensée m'absorbait toujours et la curiosité me ramena vers la charrette du coupeur de chevelures.

Cette fois je le surpris dans l'exercice de son odieux métier.

Assis sur un escabeau de bois, il serrait entre ses deux genoux, comme dans un étau, une jeune fille blonde; il tenait de sa main droite, — je devrais dire de sa serre, car il me fit l'effet d'un vautour déplumé dépouillant la tête huppée d'une colombe, — il tenait une paire de longs ciseaux qui me parut énorme. La jeune victime s'agitait sans se débattre en criant : « Monsieur! ahi! vous me faites mal; ne me coupez pas tout : laissez-moi une mèche pour accrocher mon peigne! »

Mais l'exécuteur n'écoutait rien. En deux coups de ses ciseaux démesurés, il eut abattu cette grande gerbe de cheveux qu'il enroula et engloutit dans un sac disposé à cet usage et suspendu aux ridelles de la charrette.

L'opération terminée, la jeune fille porta vivement ses deux mains à sa tête nue. Elle s'empressa de la cacher sous sa *catiole*; et, comme confuse de son action, elle prit à la dérobée le mouchoir qu'elle avait si chèrement acheté pourtant, et l'ayant prestement enfoui dans sa poche, elle s'éloigna toute rouge d'émotion et de honte, et se perdit dans la foule.

IV

Le château de Combourg. — La salle des gardes. — Souvenirs de Chateaubriand. — La chambre mortuaire et la cellule du donjon. — Le génie du lieu et l'*omnibus*. — En voiture, messieurs, en voiture !

De l'étang on voit en plein les hautes tours du château; mais on ne pourrait l'aborder de ce côté-là, tant il est retranché derrière un fouillis inextricable de ronces, d'épines, de lianes et d'arbustes qui ont comblé les anciennes douves et fait comme un rempart de verdure.

Je tournai donc humblement, en côtoyant les vieux fossés, cette imposante masse dont la proximité et l'élévation m'accablaient, je traversai le petit mail, et j'arrivai à un bâtiment qui servait autrefois d'habitation au régisseur et qui donne accès dans l'avant-cour du château. Pour y pénétrer, on passe sous une voûte à toit quadrangulaire et bas ressemblant beaucoup à l'entrée du château du président Favre à Annecy. Ce n'est pas là, du reste, la seule ressemblance par laquelle la Bretagne rappelle la Savoie.

Cette porte franchie, on se trouve dans une vaste cour nommée *cour verte*, sans doute à cause du gazon qui en verdit le sol, et par une pente inclinée monte jusqu'à la grande porte du château.

Il suffit de faire un demi-tour à gauche pour voir le manoir de face et l'admirer dans sa sévère majesté.

A la place des anciens fossés, un perron de la largeur de l'édifice gravit par vingt-deux marches de pierre étroites et roides jusqu'au plan où s'abaissaient jadis les deux ponts-levis ; car il y avait deux ponts-levis comme il y avait et comme il y a encore deux portes. Une grande au milieu de la courtine pour les chevaux et pour les hommes d'armes, une autre plus petite à droite de la première pour les piétons et les gens de service.

On voit encore les entailles béantes par où les ponts-levis passaient les bras et les chaînes qui les manœuvraient. Seulement la grande porte avait deux leviers tandis que la petite n'en projetait en avant qu'un seul qui se divisait en fourche à son extrémité pour saisir, au moyen de deux chaînes, les cornes de ce pont mouvant.

De ce côté la formidable façade du château présente à chaque angle deux tours différentes en âge et en grosseur. Celle de droite, la plus ancienne, est celle que Chateaubriand appelle la *tant vieille tour du More*. Sa voisine, qui lui sert de pendant, a abrité une nuit Christine, reine de Suède, et depuis lors une chambre ronde, au premier étage, porte le nom de chambre de la reine Christine. Ces deux tours sont pointues et coiffées, comme celles du fort de Vitré, d'un éteignoir d'ardoise, bordé à sa base par une couronne de créneaux.

Elles communiquent ensemble par-dessus la courtine au moyen d'une galerie couverte à mâchicoulis, dont les trèfles surplombaient les fossés. A peine quelques ouvertures grillées, fissures ou soupiraux percent de loin à loin l'épaisseur de ces sombres murailles, et au lieu de les égayer les rembrunissent.

Quand on a gravi ce perron immense, on est de plain-pied avec le rez-de-chaussée du manoir, et on y pénètre par une sombre voûte à ogives qui sert de vestibule. Dès que la lourde porte du château a roulé sur ses gonds rouillés, vous êtes saisi, enveloppé d'un air glacial qui sent la fraîcheur malsaine des souterrains. Il faut traverser ce noir vestibule pour arriver à une cour oblongue au fond de laquelle s'ouvre la large bouche d'un grand puits à côté des cuisines. Derrière ce puits, à l'angle de gauche, un escalier de pierre en limaçon après avoir élevé sa vrille jusqu'au sommet d'une tourelle l'enfonce à trois étages dans le sol, et traverse ainsi les caves pour aboutir aux souterrains de la forteresse.

Car tous les vieux châteaux de la Bretagne avaient leurs souterrains comme ils avaient leurs quatre tours, affectant ainsi la forme que la reine Anne donna à son château de Saint-Malo, quand elle dit à son architecte : « Prenez modèle sur mon carrosse. » Et en continuant cette métaphore, la cour dont nous parlons formerait l'intérieur du carrosse, et la salle des gardes dont nous allons parler, placée entre les deux roues de devant, je veux dire les deux tours, en serait le coupé. Cette salle des gardes qui occupe tout un côté de cette cour et regarde le village est bien la curiosité et la grandeur du château. Figurez-vous une salle de 20 mètres de longueur, sans y comprendre l'embrasure de deux fenêtres, qui à chaque bout percent les murs d'une baie de 3 mètres 50 centimètres. Deux autres fenêtres prises dans la longueur du mur extérieur aident à éclairer cet immense vaisseau. Non pas au milieu, mais presque dans le coin de gauche, une ample cheminée étale son manteau de pierre sur un vaste foyer et de gigantesques chenets. Si ces quatre fenêtres éclairent maigrement pendant le jour cette vastitude, qu'était-ce donc lorsque, dans les longues nuits d'hiver, cette salle qui servait de salle à manger et de salon à la famille n'avait pour toute lumière qu'une seule bougie placée sur le guéridon de Mme de Chateaubriand? Après le souper, qui avait lieu à huit heures, le châtelain de Combourg commençait dans cette salle, jusqu'au moment préfix où l'horloge du château sonnait dix heures, une promenade solennellement monotone que son fils a si pittoresquement décrite :

« Lorsqu'en se promenant, dit-il, mon père s'éloignait du foyer, la vaste salle était si peu éclairée par une seule bougie qu'on ne le voyait plus ; on l'entendait seulement encore marcher dans les ténèbres : puis il revenait lentement vers la lumière et émergeait peu à peu de l'obscurité, comme un spectre, avec sa robe blanche, son bonnet blanc, sa figure longue et pâle. Lucile et moi nous échangions quelques mots à voix basse quand il était à l'autre bout de la salle ; nous nous taisions, quand il se rapprochait de nous. Il nous disait en passant : « De quoi parliez-vous? » Saisis de terreur nous ne répondions rien ; il continuait sa marche. Le reste de la soirée, l'oreille n'était plus frappée que du bruit de ses pas, des soupirs de ma mère et du murmure du vent. »

Ces murs épais n'ont depuis lors entendu aucun autre bruit, et il me semble qu'ils ont gardé comme le retentissement sacré de celui-là.

En dehors de cette salle des gardes, il y a encore deux pièces du château qui se souviennent plus particulièrement du séjour du grand écrivain ; nous ne nous arrêterons qu'à celles-là en parcourant ces longs couloirs, ces escaliers secrets pratiqués dans l'épaisseur des murs, où la nuit s'insinuent les martres en poussant des glapissements aigus auxquels répondent les plaintes monosyllabiques des chats-huants et les enrouements des girouettes.

Dans l'une des tours les plus rapprochées du village et dans une pièce à panneaux de bois ont été pieusement transportés et recueillis tous les meubles qui ornaient la chambre où mourut Chateaubriand dans le dernier logement qu'il occupa si longtemps, rue du Bac, à Paris.

Dans la nudité blanche de cet asile de son travail et de sa mort, le poëte n'avait pas mis en oubli la simplicité de sa première chambre d'enfant. « L'image de la Vierge qui avait coûté un demi-sou à la bonne Villeneuve était attachée avec quatre épingles à la tête de mon lit. »

On cherche encore cette image d'un demi-sou en contemplant un lit en fer à rideaux blancs, véritable couchette d'une jeune fille ou d'un ascète.

La table de travail est à côté, une large table

recouverte d'un cuir noir, où trône une vaste écritoire en bois brun à filets dorés, pareille à celle qu'on vous montre au château de Montesquieu. Puis en regard, accrochés au manteau d'une cheminée à chambranle de marbre blanc, un portrait de Chateaubriand, gravé d'après Girodet, et une vieille épée que le poëte portait au régiment de Navarre, fidèle compagne dont le fourreau laisse passer le triangle d'une lame qui se rouille.

Rien ne manque à cet inventaire du passé, sauf un grattoir soustrait par un Anglais, et un rameau de buis bénit qui servit au prêtre pour les cérémonies du viatique.

Voilà ses derniers souvenirs; si nous voulons les premiers, s'il nous plaît remonter de sa vieillesse à son enfance, il faut, au fond de la cour, grimper les trois étages d'une tourelle. Et là, sous les toits, dans la région des corneilles, nous trouverons ce fameux réduit décrit avec tant de charmes par l'hôte immortel qui l'habita :

« Moi j'étais niché dans une espèce de cellule isolée, au haut de la tourelle de l'escalier qui communiquait de la cour intérieure aux diverses parties du château....

« La fenêtre de mon donjon s'ouvrait sur cette cour : le jour, j'avais en perspective les créneaux de la courtine opposée, où végétaient des scolopendres et croissait un prunier sauvage. Quelques martinets qui, durant l'été, s'enfonçaient en criant dans les trous des murs, étaient mes seuls compagnons. La nuit je n'apercevais qu'un petit morceau du ciel et quelques étoiles. Lorsque la lune brillait et qu'elle s'abaissait à l'occident, j'en étais averti par des rayons qui venaient à mon lit au travers des carreaux à losanges de la fenêtre. »

Cette description est encore parfaitement exacte aujourd'hui à une différence près; les carreaux ne sont plus losangés : la grande révolution a cassé les vitres par ici comme elle les a cassées en bien d'autres endroits pour l'émancipation du genre humain. Ces vitres ont été remplacées à Combourg par quatre carreaux ordinaires dans un cadre de bois à peine dégrossi et grossièrement peint d'une couleur d'ocre détrempée par la pluie.

Toujours est-il que la vue qu'avait le reclus du donjon est toujours la même, et n'était un noisetier au lieu d'un prunier sauvage, rien absolument n'aurait été changé.

Cette courtine à mâchicoulis et à terrasse denticulée de créneaux offre bien l'aspect le plus gracieux du château, non pas quand on la regarde du côté où Chateaubriand l'envisageait, mais précisément du côté opposé, du côté d'un grand jardin qui dessine à ses pieds ses allées symétriques et égaie, par sa verdure, les abords de cette forteresse. De ce côté-là, à travers ces avenues rigoureusement taillées, ces charmilles en palissade ou en arceaux, et ces cordons de buis découpant les plates-bandes de fleurs, le vieux château semble plus agréable.

Le jour que nous parcourions ses sentiers solitaires, quel charmant contraste! Au dehors la rumeur, le bourdonnement de la foule, les appels de voix, les cris, les grincements des crécelles, des sifflets et des trompettes de fer-blanc. A l'intérieur, au contraire, la solitude et le silence : un silence inexpugnable, car il semblait que ces bruits confus et lointains venaient expirer comme un assaut impuissant aux pieds de ces gigantesques tours.

Nous étions à Combourg par une journée de soleil, de bruit et de joie, et le château n'avait pas dépouillé cette mélancolie qui l'investit et qu'il semble engendrer. Que devaient donc être les jours d'hiver par le brouillard, la neige ou la pluie ?

Je songeai malgré moi au signalement de son ancien maître : « Passages et escaliers secrets ; des cachots et des donjons...; partout silence, obscurité et visage de pierre, voilà le château de Combourg. »

La demeure fait mieux comprendre le héros. C'est là qu'il puisa cette tristesse hautaine, cette incurable inquiétude qu'il promena, sans les distraire, dans les grandes fonctions et dans les lointains pays.

C'est l'œil qui est notre premier instituteur

aussi Chateaubriand a-t-il rendu ce témoignace de lui-même : « C'est dans les bois de Combourg que je suis devenu ce que je suis. »

Le berceau, comme le premier moule de notre vie, nous laisse toujours son empreinte. Ce n'est pas sans dessein que Dieu fait naître les hommes dans des conditions opposées et sous des latitudes diverses. On ne comprendrait pas plus Mme de Sévigné à Combourg que Chateaubriand aux Rochers. La maison des Charmettes et le château de la Brède vous font connaître Jean-Jacques Rousseau et Montesquieu presque autant que leurs livres. La nature prémédite ces harmonies pour les hommes que la gloire doit consacrer.

A Combourg, je me sentais comme enveloppé par le génie du lieu ; je vivais dans un autre âge ; je respirais dans une atmosphère inconnue, et je me complaisais dans cette évocation du passé.

Resté seul dans ces allées où chaque pas foule un souvenir et réveille un écho, j'y avais pris racine comme ces buis qui se nouent autour des vieilles murailles ; comme ces lierres qui embrassent les tourelles et grimpent aux barbacanes.

Je rêvais de croisades et de tournois, de passes d'armes et de cours d'amour ; quelque magique carrousel allait déployer ses magnificences. Du Guesclin lui-même, ce Cid de la Bretagne, y était convié et il avait promis d'y paraître, dût-il, comme à son premier tournoi, emprunter les armes et le cheval de quelque gentilhomme mieux équipé que lui. Le signal de la fête venait d'être donné par les hérauts d'armes; chevaliers et belles dames allaient apparaître sur des haquenées et des palefrois, au milieu d'une escorte de pages et de ménestrels.

Je les pressentais, je les entendais, je les voyais déjà. Une porte enchantée s'ouvrait pour leur livrer passage, quand tout à coup, — ô déception ! — une obscure poterne fut entre-bâillée du côté des cuisines. C'était le commis de M. Parent, accouru en toute hâte.

« Je vous cherche partout, me cria-t-il; on n'attend plus que vous. L'omnibus va partir. Une minute de retard et vous n'ariverez pas à temps au chemin de fer. »

Omnibus et chemin de fer, quelle foudroyante désillusion et quel affreux réveil! J'en fus d'abord tout étourdi.

Je remerciai l'obligeant donneur d'avis comme on remercie le chirurgien qui vous martyrise.

Je me sentais tout meurtri.

Mais aussi quelle horrible chute !

Descendre de l'empirée pour monter en omnibus; être précipité d'un trône d'éther pour tomber sur une banquette de foin !

Hélas ! n'est-ce pas la vie? Et qu'y pouvons-nous?

On se résigne en poussant un soupir.

C'est justement ce que je fis.

Le colis vivant venait de reprendre son emploi le pèlerin était mort.

LES CHIENS DE SAINT-MALO.

Il s'agit encore d'une **erreur** judiciaire. Ce ne sont pas des hommes, cette fois, ce sont de simples quadrupèdes qui en furent les héros et les victimes. Mais la justice n'est pas dédaigneuse. Elle me permettra de venger des innocents et de réhabiliter leur mémoire. Je vais dire le procès des chiens de Saint-Malo.

Bâtie sur un rocher dont l'Océan a fait à peu près une île, cette cité, dont le développement tiendrait dans le Champ de Mars, ressemble à un grand vaisseau crénelé ayant pour mât le clocher de sa cathédrale, le tout amarré au rivage par un gigantesque ruban de sable dont nous avons dit plus haut le nom pastoral, *le Sillon*.

C'est évidemment la configuration exceptionnelle de Saint-Malo qui fit songer, de temps immémorial, à confier la garde nocturne de cette place à des chiens.

Ces *chiens du guet* aboient dans l'histoire dès l'année 1155, et leurs voix ne s'éteignirent qu'après plus de six siècles d'incorruptible vigilance.

C'est inexactement qu'on a écrit qu'ils gardaient la ville de Saint-Malo; ils ne gardaient que le port, rôdant sur la grève autour des navires pour en écarter les voleurs nocturnes. Leurs patrouilles étaient si bien ordonnées que ces animaux erraient ou se postaient en faction au pied des remparts ou des quais sans jamais y grimper par les cales pourtant ouvertes. Ils avaient un tel respect des limites de leur juridiction qu'ils ne le dépassaient sous aucun prétexte. Du côté du *Sillon*, par exemple, où aucun obstacle ne s'opposait à leur vagabondage, ils s'arrêtaient à un point préfix.

Tout ce qui se passait au delà de cette borne conventionnelle ne les intéressait d'aucune sorte. En dehors de la limite, allants et venants pouvaient se livrer à tous les caprices de la circulation, à tous les ébats de la liberté, les chiens ne s'en mêlaient pas.

Les moulins à vent, qui s'agitent dans ces parages à réjouir don Quichotte, pouvaient tout à leur aise battre leur tic-tac toute la nuit, grincer sur leur piédestal pour tourner leurs ailes du côté du vent; propriétaires et chalands étaient bien tranquilles, certains de n'être inquiétés ni dans leur veille ni dans leur sommeil.

Ces quadrupèdes si bien disciplinés étaient tous de la race des bouledogues. Leur nombre varia de vingt-quatre à douze; mais quand la réduction descendait trop bas, les armateurs et les matelots présentaient leurs doléances à la ville. On déclarait alors que le commerce manquait de chiens, et on complétait la compagnie par des recrues.

Les appointements de ces veilleurs de nuit se payaient, comme on le comprend bien, en nature. Les vassaux fournirent d'abord à l'entretien de la meute en vertu d'un droit appelé *droit de chiennage*. Plus tard, la seigneurie et enfin la communauté de Saint-Malo y pourvurent. Le tout consistait en une prestation annuelle de trente boisseaux de blé, assaisonné des débris des cuisines et des restes des boucheries.

Le logis de ces chiens existe encore. Nous allons dire où il est. Quand le promeneur, en parcourant la corniche du quai-rempart qui sert de ceinture à la ville, a dépassé la poudrière et longe le terre-plein du bastion de Hollande, il peut s'apercevoir, s'il y prend garde, que le sol sonne creux sous ses pieds; c'est qu'alors il marche sur ce chenil, creusé dans les flancs mêmes du bastion et l'ouverture tournée du côté de la ville, juste en face de la rue des Bouchers, dont le voisinage ne manquait pas d'à-propos.

Or, voici comment du quai on allait à ce chenil. Une petite porte, pratiquée dans l'épaulement du rempart, vous donne accès dans une sorte de puits carré ou de vaste fosse. Cette porte s'ouvre sur un escalier étroit sans garde-fou, dont les marches de granit, taillées dans les murs, descendent à angle droit par trois rampes successives dans l'intérieur de cette cage de pierre. L'escalier retourne ainsi sur lui-même et aboutit au chenil, dont on voit encore la porte massive et les gonds rouillés.

C'est par cet escalier que passaient les chiens pour aller à leur besogne ou pour rentrer au gîte.

Quatre *chiennetiers* les gouvernaient au moyen de deux instruments : un fouet et un cornet de cuivre jaune. Le fouet n'était qu'un engin platonique, dont l'intelligence et la docilité des dogues avaient démontré l'inutilité. Le cornet au contraire était indispensable, car il sonnait le départ et sonnait aussi la retraite des chiens.

Tous les soirs, à dix heures, la *Noguette*, cette cloche dont nous avons parlé et que Duguay-Trouin avait rapportée de son expédition de Rio-Janeiro, la *Noguette* sonnait le couvre-feu.

Au premier coup de cloche, les chiennetiers élargissaient la meute, et, avant de la disperser, la conduisaient en bon ordre à une cabane du *Sillon* nommé le *Poteau-aux-Chiens*.

Une fois là, ils détachaient les dogues et soufflaient dans leurs *olifants*. Cela voulait dire : Les chiens sont lâchés, ne vous hasardez pas sur la grève.

Le matin, une heure avant l'aube, le même signal ralliait ces veilleurs de nuit ; et ils accouraient avec d'autant plus d'empressement qu'ils savaient qu'une pâtée fumante allait les restaurer en attendant la paille fraîche et le doux repos du chenil.

Pendant six grands siècles, les gardiens de Saint-Malo veillèrent sans peur et sans reproche. Aucun ne trahit la foi publique, aucun ne prévariqua. On ne trouva ni gâteau de miel qui pût les corrompre, ni terreur qui pût les glacer. Pas d'exemple qu'une sentinelle ait déserté ou se soit seulement endormie ; jamais une insubordination, jamais une défaillance : c'est humiliant pour les hommes.

Les Malouins, touchés par tant de services, donnèrent à leurs pensionnaires une place d'honneur dans leur blason. Les armoiries de Saint-Malo portèrent jusqu'au dix-septième siècle : *d'argent au dogue de gueules*.

Ce siècle vit l'apogée de tant de gloire ; le suivant destitua les pauvres chiens. Il fit bien pis, il ne se contenta pas de leur ôter l'existence héraldique, il leur arracha encore l'existence réelle.

Voici à quelle occasion. Et pour le coup nous rentrons en plein dans la cause.... dans la cause célèbre.

Reportons-nous à une centaine d'années en arrière, ou, pour plus d'exactitude, à un siècle moins cinq ans.

En ce temps-là, un gentilhomme de Malestroit servait en qualité d'officier dans la marine royale.

Sur le point de s'embarquer à Brest pour un voyage de long cours, il ne voulut pas tenter cette grande aventure sans aller embrasser un frère bien-aimé qu'il n'avait pas vu depuis longtemps. Or, ce frère résidait à Saint-Malo, attaché qu'il était à l'état-major d'un régiment en garnison dans cette ville.

M. Jean-Baptiste Ansquer de Kerouarts (c'est le nom du marin) partit donc pour Saint-Malo, pour y aller faire ses adieux à son frère, et aussi, mais très-accessoirement, pour porter une lettre de recommandation qu'un de ses camarades lui avait remise à l'adresse d'une certaine dame de Belouan. Cette dame, qui était une veuve du bel air, habitait Saint-Servan, alors le faubourg, aujourd'hui la cité rivale de Saint-Malo.

Le cœur joyeux, l'âme débordante, l'imagination

en quête d'aventures, M. de Kerouarts se mit en route et arriva à Saint-Malo le 4 mars 1770.

Son premier soin fut de se présenter au logis de son frère. Mais là il apprit que celui qu'il venait surprendre était sorti de grand matin pour quelque partie de plaisir qui devait le retenir toute la journée hors de chez lui. Il ne rentrerait que le soir, avant l'heure du couvre-feu.

Que faire pour occuper sa journée dans une ville inconnue? M. de Kerouarts fut un moment aussi contrarié que désappointé ; mais presque aussitôt il reprit sa belle humeur. Il venait de penser très à propos à sa lettre de recommandation et à la dame de Saint-Servan. Il écrivit donc à la hâte un billet qu'il laissa au valet de son frère, et se dirigea vers le *Sillon*, se promettant une promenade ravissante et une réception peut-être plus ravissante encore.

D'un pied léger, le gentilhomme de Malestroit franchit le pont-levis de la grande porte, salua à gauche la tour de *Quiquengrogne (Quic-en-Groigne)*, et se dirigea vers Saint-Servan en chantonnant une ariette du *Sylvain* de Grétry, l'opéra en vogue cette année-là.

Au bout de vingt minutes de marche, M. de Kerouarts frappait à la porte de l'hôtel de Belouan.

Plus heureux qu'à Saint-Malo, le gentilhomme de Malestroit trouva ici à qui parler. On ne le fit pas longtemps attendre. A peine avait-il été annoncé par un grand diable de laquais que la dame de céans le fit introduire avec tout l'empressement et toutes les grâces du plus aimable accueil.

La belle veuve jeta pour la forme un regard sur la lettre dont le gentilhomme était porteur, puis ses grands yeux se fixèrent sur le nouveau venu avec une expression qui semblait dire que la meilleure recommandation de l'officier, c'était lui-même.

Les premiers mots de la dame furent une invitation à souper, mais une invitation faite de si bonne façon et accompagnée d'un sourire tellement irrésistible qu'un refus eût été à la fois et une impolitesse et une cruauté.

Or, nous avons dit que M. de Kerouarts était un parfait gentilhomme.

Son arrivée fut une véritable fête. Toute la maisonnée voulut en profiter, et il y avait bien de quoi, à vrai dire. Un jeune officier de marine qui avait fréquenté la cour, qui parlerait de Versailles, qui avait peut-être vu Voltaire, Rousseau, Diderot, qui connaissait les encyclopédistes et les économistes, quelle aubaine pour des curiosités aiguisées par l'ennui de la province!

Toute la famille fut bientôt sur pied pour voir et entendre le voyageur. Le frère de la dame, le chevalier de Belouan et sa nièce, Mlle Mi-Voie de Belouan, se présentèrent dans leurs plus beaux atours.

La maîtresse de la maison se déroba un instant pour faire ses préparatifs et ses invitations. Elle eût voulu se parer de son hôte devant tout le monde. Il fallut choisir, mais elle choisit à merveille ses convives. Elle pria les trois personnes les plus en renom de beauté et d'esprit de toute la contrée : Mlle Larcher de Florimond, son amie Mlle Rouxel de Beauregard, et la fille de M. le comte de Luzac.

L'heure du souper venue, le jeune officier de marine fut ébloui par toutes ces toilettes et tous ces regards dont il était la cause ou le but. Il ne se sentait pas d'aise et d'orgueil en si exquise compagnie. Les mets, les vins, la conversation l'exaltèrent; il s'étudia à plaire et il y réussit. On s'intéresse bien vite à une destinée quand elle roule sur une jeune tête, qu'elle a pour perspective de périlleuses aventures, et pour toile de fond l'inconnu formidable de l'aveugle Océan. Or, M. de Kerouarts n'allait-il pas s'embarquer à la grâce de Dieu ? Bientôt toutes les sympathies et tous les vœux l'accompagnèrent. Les plus jolies bouches du monde lui prédirent les prospérités et les prouesses de Duguay-Trouin, ce paladin de la mer.

Quand les cœurs s'échauffent, que les paroles

petillent et que les pensées s'attendrissent, les heures ne marchent plus, elles volent.

M. de Kerouarts s'en aperçut un peu tard. Neuf heures avaient déjà sonné depuis longtemps quand il se leva pour porter un toast d'adieu aux *jeunes déesses* de l'hospitalité bretonne.

Mais quand il voulut prendre congé de ses hôtes, tout le monde se récria.

Il était trop tard, c'était vouloir s'exposer; il ne restait plus assez de temps pour arriver à Saint-Malo avant l'heure où les chiens commençaient leur ronde.

Les demoiselles surtout se montraient le plus alarmées. Pour retenir l'imprudent, elles s'avisèrent d'un stratagème : on cacha l'épée, la canne, le chapeau et les gants de l'officier. M. de Kerouarts fut sourd à toutes les objections; il n'avait pas un moment à perdre s'il voulait arriver à Brest pour le départ de son vaisseau. Le lendemain, dès l'aube, il devait quitter Saint-Malo; il ne lui restait donc plus que la nuit pour voir son frère, qui déjà l'attendait sans doute avec impatience, peut-être même avec inquiétude.

Il fallut céder à l'obstination du gentilhomme. Mlles de Florimond et de Beauregard s'exécutèrent les dernières. On lui rendit avec peine et presque avec des larmes les objets qu'on lui avait célés pour mieux le retenir.

Touché par ces tendres obsessions, M. de Kerouarts remercia et embrassa tout le monde, puis il se déroba non sans émotion à de si douces caresses.

Il était déjà parti qu'il entendait encore des voix charmantes lui crier : Bon voyage! qu'il ne vous arrive rien au moins....! Adieu! Pensez à nous.

La nuit était noire, mais il connaissait le chemin. Il hâta le pas afin d'arriver s'il était possible avant l'heure du couvre-feu; mais quelque diligence qu'il fît, il avait à peine dépassé les moulins quand il entendit les tintements sinistres de *Noguette*. Il s'arrêta, et bientôt après le cornet de cuivre des chiennetiers remplit la plage de ses accents plaintifs. Les dogues venaient de prendre possession de la grève.

Que se passa-t-il dans l'esprit du jeune officier? Nul ne peut le dire; ce qu'on sait seulement, c'est qu'il hésita quelque temps avant de continuer sa route.

Il est évident qu'il songea à rebrousser chemin. Mais peut-être en fut-il détourné par ces réflexions de l'amour-propre : « Que va-t-on penser de moi si l'on me voit revenir? Que diront ces dames? que j'ai eu peur! »

Il lui sembla sans doute qu'il serait à jamais couvert de ridicule. Il entrevit ses camarades lui reprochant d'avoir reculé devant des chiens, lui un Breton et un officier du roi !

Quoi qu'il en soit de ces sentiments qu'on ignore, quelque faux point d'honneur dut le pousser en avant. On présume qu'il mit son épée nue à la main et qu'il s'avança d'un pas lent et ferme, dans l'attitude d'un homme bien disposé, non pas à affronter les obstacles, mais à les traverser.

Il marcha ainsi pendant un assez long trajet sans incident et sans encombre. Il allait arriver. Déjà, à la lueur tremblotante d'une lanterne suspendue à une meurtrière du donjon, il apercevait à une courte distance une masse plus noire se détachant dans l'obscurité de la nuit : c'était le château et les maisons de la ville.

Tout à coup il trébucha à quelque planche abandonnée sur la grève. Aussitôt on entendit des aboiements vagues qui se rapprochèrent bientôt et devinrent inquiets, puis menaçants. Le gentilhomme avait été flairé par les chiens. Les plus voisins étaient accourus vers lui, et aux cris de ceux-là toute l'escouade s'était ralliée.

Ils étaient là tous, hérissés, furieux, mais invisibles. L'officier les entendait ; il sentait le souffle de leurs grognements, mais il ne pouvait rien voir, excepté quelques éclairs des dents et quelques rouges étincelles jaillissant des prunelles ardentes de ces dogues.

L'officier comprenait que la troupe était rangée devant lui comme un croissant ou comme un carcan entr'ouvert. Il était trop tard pour reculer. Rien n'eût été d'ailleurs plus périlleux que la fuite. M. de Kerouarts tint bon.

Cependant les chiens s'enhardissaient de leur nombre et s'excitaient de leurs aboiements; ils avançaient toujours, il fallait prendre un parti héroïque.

M. de Kerouarts s'y détermina, et, tendant l'épée au bout de son bras, il essaya de s'ouvrir un passage. En marchant ainsi tout droit devant lui, atteignit un chien qui lui faisait directement face et obstacle. L'animal hurla de douleur, et, après avoir reculé pour se dégager de la pointe de l'épée qui avait percé son poitrail, il sauta avec furie sur son téméraire agresseur.

Ce fut là le commencement du combat le plus acharné et le plus horrible. Le carcan se ferma, le croissant se fit cercle. L'infortuné jeune homme se vit investi de toutes parts. Les sentinelles du château et les matelots qui gardaient les navires du port entendirent mêlés aux aboiements des chiens, des cris déchirants et des appels au secours, appels inutiles qui pouvaient bien réveiller des oreilles, mais non des bras; car personne n'aurait osé songer à prêter main-forte dans cet isolement et dans ces ténèbres. Cependant les aboiements se ralentirent. Les chiens avaient-ils perdu ou lâché leur proie? On crut comprendre que l'officier, pour échapper à ses implacables adversaires, s'était jeté dans la mer, et il y eut ici un moment de soulagement et d'espoir ; mais les chiens, que cette manœuvre avait d'abord déconcertés, se précipitèrent à la suite de leur ennemi, et, l'ayant atteint à la nage, le combat recommença avec plus de fureur. On entendit alors de nouvelles plaintes, de nouveaux cris de détresse, mais plus faibles que les premiers. Ils partaient d'une voix épuisée, d'une poitrine presque éteinte. Plus tard un sanglot étouffé, puis un gémissement suprême ; enfin un grand cri retentit et ce fut tout.

Les aboiements cessèrent alors. A peine quelques éclats, quelques grognements isolés, comme les coups de fusil perdus d'une bataille qui finit, et puis plus rien. La curée était faite, et la nuit avait ressaisi son lugubre silence.

Pourtant les cris du combat avaient été entendus ; on ne douta pas que quelque abominable drame ne se fût accompli.

Dès l'aube, toute la population de Saint-Servan et de Saint-Malo se rendit sur la grève. On ne trouva d'abord que quelques vêtements en lambeaux, épars çà et là sur le sable. Puis, accroché à un roc, un cadavre presque nu, affreusement mutilé, et entièrement méconnaissable. C'est là tout ce qui restait de ce gentilhomme, il y a quelques heures à peine, si fier, si brillant, si heureux de vivre.

Qu'on juge de l'émotion produite par cette horrible catastrophe ! Saint-Servan devint aussitôt une autre Rama. Les dames y poussaient des cris aussi perçants que ceux de l'inconsolable Rachel. Le frère du mort attendrit ses camarades par la sincérité de son désespoir. Le régiment tout entier, à l'exemple de ses chefs, demanda vengeance. Les bourgeois eux-mêmes ne purent rester indifférents à cette explosion. Tout le monde maudissait ces terribles chiens, qui avaient infligé à un trop vaillant officier le supplice de Jézabel.

Les obsèques du malheureux gentilhomme eurent lieu le jour même, 5 mars, au milieu des témoignages d'une douleur universelle.

Il fallut donner satisfaction à l'opinion publique. L'assemblée générale de la ville fut convoquée pour le lendemain 6 mars. Et, dans une séance des plus solennelles, on procéda au jugement des chiens du guet accusés d'assassinat.

L'indignation était si grande que personne n'osa prendre parti pour ces honnêtes criminels, qui se trouvaient dans le cas de légitime défense, et qui n'étaient coupables après tout que d'avoir fait trop bonne garde.

A Rome, où tous les ans on sacrifiait un chien pour punir en lui ses prédécesseurs qui avaient manqué à leur devoir en laissant les Gaulois s'approcher de trop près du Capitole, on eût récompensé les chiens de Saint-Malo au lieu de les mettre en accusation. Minos, qui n'a jamais passé pour un juge débonnaire, songea-t-il seulement à châtier Cerbère pour avoir dévoré Pirithoüs. Et pourtant Pirithoüs, en sa qualité de demi-dieu, était bien aussi bon gentilhomme que M. de Kerouarts.

Un simple Petit-Jean eût peut-être sauvé ces pauvres bêtes. Mais l'*intimé* ni Petit-Jean n'osèrent ouvrir la bouche pour dire :

Par qui votre maison a-t-elle été gardée?
Quand avons-nous manqué d'aboyer au larron?

Ces meurtriers innocents furent tout d'une voix condamnés à la peine de mort; ils la subirent le lendemain de leur condamnation, le 7 mars.

On les détruisit par le poison. La tradition rapporte que l'un d'eux, ayant vu pleurer son gardien, refusa toute nourriture et préféra se laisser mourir de faim.

Le noble animal voulut-il, par ce suicide, épargner un meurtre de plus à la ville ingrate qu'il avait trop fidèlement gardée?

Chateaubriand, qui raconte le fait, s'est pourtant moqué de ces chiens, ses compatriotes.

« Ils furent condamnés à la peine capitale, dit

l'auteur des *Martyrs*, pour avoir eu le malheur de manger inconsidérément les jambes d'un gentilhomme. Ce qui a donné lieu à la chanson : *Bon voyage, cher Dumollet.* »

Nous savons qu'ils avaient mangé inconsidérément beaucoup plus que les jambes de M. de Kerouarts, mais ils n'étaient pas plus coupables pour cela. Ils furent les victimes de l'injustice humaine, car ils méritaient la reconnaissance de ceux-là mêmes qui les condamnèrent à mort.

L'entraînement des circonstances et l'aveuglement des passions ôtèrent aux juges le sang-froid qui dicte seul les bonnes sentences.

Les chiens du guet périrent comme de vils scélérats. Leur exécution ne fut rien moins qu'un assassinat juridique; mais l'avenir impartial leur rendra l'estime des honnêtes gens et vengera leur mémoire. Ils prendront place dans le recueil des *Causes célèbres*, en regard du chien de Montargis qui, lui aussi, était un dogue, comme les chiens de Saint-Malo.

On dira peut-être : à quoi bon relever une iniquité qui ne frappa que des animaux, une iniquité commise *in animâ vili?*

Je réponds : il y a des âmes viles devant la science; mais il n'y en a pas devant la justice.

A TRAVERS LE LANGUEDOC.

UNE JOURNÉE A AIGUES-MORTES.

I

Puisque le palais est fermé et que le monde judiciaire est aux champs, profitons-en pour parler d'Aigues-Mortes.

Pourquoi Aigues-Mortes?

Parce que je l'ai vue, ce qui est une raison pour moi et parce qu'on n'y va guère, ce qui sera peut-être une raison pour vous.

Reboul, dont je n'entendrai plus, hélas! la parole énergique et colorée, le poëte Reboul m'avait donné le conseil de visiter Aigues-Mortes; il m'avait donné ce conseil en prose, oubliant qu'il m'avait déjà converti en vers. Et quels vers!

> Nous irons voir, au bord d'une eau stationnaire,
> Aigue-Morte aux vingt tours, la cité poitrinaire
> Qui meurt comme un hibou dans le creux de son nid,
> Comme dans son armure un chevalier jauni.

Je partis donc un mercredi, 13 octobre, pour aller tâter le pouls de cette *cité poitrinaire*. Je partis de Lunel, qui est la station la plus rapprochée de cette Damiette française; car, par une singularité unique au monde et qui ajoute à la puissante attraction qui vous entraîne vers cette ville, il faut placer cette particularité qu'Aigues-Mortes fut construite sur le plan de Damiette, et que, Damiette ayant été rasée à la fin du treizième siècle, nous avons en France une ville d'Égypte qui n'existe plus en Égypte.

Le chemin de Lunel à Aigues-Mortes, au lieu de prendre la ligne droite, décrit une longue courbe dont les sinuosités serpentent à travers des vignobles, des oliviers et des rideaux de cyprès qu'on plante volontiers auprès des habitations pour les protéger contre le terrible vent du midi. Ce chemin côtoie ainsi le village de Marsillargues, qui, avec son château moitié italien, moitié féodal, sa vaste place et ses majestueuses avenues, joue à merveille la grande ville. Il en a tout, excepté la population.

En avançant vers la mer, la culture se néglige et la végétation s'appauvrit. Peu à peu l'eau empiète sur la terre ferme et le marais ronge le champ. Elle commence d'abord par remplir les fossés et se contente de baigner ici ce qu'elle submergera plus loin. Bientôt, et par degrés, presque toutes les terres sont envahies et ne laissent voir que les aigrettes des roseaux, les pointes des ajoncs et les épis des tamaris.

Des bœufs et de petits chevaux de la Camargue paissent çà et là en toute liberté, sur les parties du sol restées à nu; ils stationnent ou vagabondent par troupeaux, selon la température et la saison, se groupant toujours aux meilleures places pour se mettre à l'abri du vent et à l'exposition du soleil.

Ceux qui broutent près du chemin se tournent vers les rares voitures qui passent, les regardant d'un œil plus menaçant qu'effaré.

A mesure qu'on approche d'Aigues-Mortes, la terre disparaît, et il arrive un moment où l'eau couvre tout. Elle ne laisse à sec qu'une ligne droite blanche et poudreuse, c'est la route ; on dirait la digue d'une chaussée sur cette mer de la fièvre.

C'est l'unique chemin qui mène à la cité de saint Louis. Maintenu au-dessus des flots par un remblai assez élevé, il pousse sa pointe vers la tour Carbonnière, masse carrée, à cheval sur la route, qu'elle barre en la dominant, et sous la voûte de laquelle il faut nécessairement passer, comme Ulysse sous les jambes de Polyphème.

Cette tour Carbonnière, aujourd'hui démantelée et percée à jour, sans pont-levis ni garnison, était autrefois la première sentinelle et le premier fort qu'il fallait réveiller et conquérir avant d'entreprendre l'attaque d'Aigues-Mortes.

Dès qu'on a passé sous l'ogive croulante de la tour, on pressent la cité, qu'on n'aperçoit pas encore. Le paysage devient plus désolé. On ne voit que lagunes, étangs, marécages d'où sortent quelques bouquets de pins. Le bruit de la voiture fait lever des hirondelles de mer, des mouettes et des goëlands, quelquefois même ces lourds flamants noirs et rouges dont les Grecs vantaient les ailes de feu, et dont les langues étaient si fort prisées à la table d'Héliogabale.

On arrive enfin à Aigues-Mortes ; mais la vue s'en trouve obstruée de ce côté par de pauvres maisons et des cabanes de pêcheurs qui forment une espèce de faubourg hors des murailles et masquent la perspective des remparts. On pénètre dans la cité par une de ces quinze tours dite la tour de la *Gardette* ; et, pour peu qu'on s'engage dans la ville, il est impossible de ne pas se trouver en présence de la statue de saint Louis, qui en décore la principale place. Rarement le ciseau du sculpteur Pradier fut aussi bien inspiré.

Le monarque guerrier, et, ce qui vaut mieux, législateur et justicier, est représenté debout, couronne en tête, la main gauche appuyée sur la garde de son épée, et la droite posée sur la croix qui couvre sa poitrine, cette croix pour laquelle il se dévoua jusqu'à la captivité à la *Massoure*, et jusqu'à la mort devant Tunis, après les conquêtes inutiles de Damiette, Tyr et Césarée; cette croix pour laquelle il s'embarqua deux fois, à vingt-deux ans de distance, dans cette même ville d'Aigues-Mortes.

De dix mille âmes qui peuplèrent jadis cette cité guerrière, la population est descendue aujourd'hui à moins de trois mille. La plupart des maisons sont vides, et des champs ont remplacé d'anciens quartiers. Nous rencontrâmes un chasseur qui, avec deux ou trois chiens, chassait le lapin dans quelques enclos qui confinent aux remparts.

Les nombreuses maisons qui durent encore font bonne contenance; elles cachent même leur vétusté sous un air de jeunesse qu'elles empruntent au lait de chaux dont on les blanchit tous les ans pour les garantir de la lèpre de l'humidité et de la corrosion du salpêtre.

Mais, vue de l'extérieur, Aigues-Mortes ne laisse rien paraître de cette dépopulation et de ce délaissement. Elle s'épanouit dans toute son intégrité. Rien d'altéré ni dans son importance ni dans son attitude. C'est toujours la ville chevaleresque, telle qu'elle a jailli tout armée, comme Minerve, de la tête de Louis IX et des mains de son fils aîné Philippe le Hardi.

Pour embrasser cette vieille cité d'un coup d'œil, c'est du côté de la mer qu'il faut la regarder. C'est debout sur la barque qui remonte du Grau-du-Roi, c'est-à-dire du port à la ville et suit un canal d'une lieue de long, qu'il faut admirer cette imposante forteresse. Le soleil qui se couche au loin sur la mer derrière vous envoie ses rayons obliques sur ces héroïques murailles qui resplendissent, car le ciel du Midi leur a imprimé cette teinte dorée que prennent les blés mûrs de l'été et les peupliers jaunis de l'automne.

Aigues-Mortes vous apparaît alors dans tout son majestueux isolement; sa formidable enceinte se déploie tout entière à vos yeux éblouis. Aucun toit ne dépasse l'arête des remparts, ils se développent avec leurs rangées de courtines et leurs renflements de tours que festonnent les corniches des mâchicoulis et les pointes des créneaux. Çà et là, comme pour égayer ces lignes trop sévères jaillissent des tourelles en saillie, et de vigilantes échauguettes découpent leurs lanternons de pierre qui s'arrondissent en toupies aux angles des donjons.

Il ne tient qu'à vous de vous reporter à six cents ans en arrière et de vous croire en Égypte, en plein moyen âge, sous les murs de Damiette assiégée.

Les salines de Peccaïs éparpillent leurs gros amas de sel, tertres blancs qui ont la forme et la couleur de grandes tentes accroupies au soleil. On dirait une armée qui campe, et, pour ajouter à l'illusion, quelques douaniers en faction dans des guérites de pierre font reluire leurs sabres sans emploi.

Plus on approche et plus on est frappé de la parfaite conservation de ces murailles de six siècles. Rien n'y manque. Les créneaux n'ont pas perdu une seule dent ; les pierres en pointe de diamant, qui forment la base des tours, n'ont pas laissé ronger par le temps le relief de leurs bossages ; et les mâchicoulis reposent imperturbablement sur leurs trèfles intacts. C'est un ensemble d'un irréprochable entretien et d'une rigoureuse unité. Nulle autre part vous ne rencontrerez rien de pareil ; la ville ayant été enfantée par une seule idée et ayant jailli d'un seul jet, conçue par Louis IX et exécutée par la pieuse obéissance de son successeur, elle est absolument restée ce qu'ils la firent.

Figurez-vous une place forte qu'on aurait conservée sous cloche pendant six siècles, et qu'il plairait à un magicien de découvrir tout à coup, et vous aurez quelque chose de la sensation qu'on éprouve en contemplant Aigues-Mortes du côté de la Méditerranée. Sa misère et sa solennelle tristesse ne sont qu'intérieures. Dans ses rues droites, larges même, l'herbe croît; les maisons sont volontiers fermées, et devant les portes ne s'ébattent pas ces essaims d'enfants qui d'ordinaire animent les places et les carrefours. Les habitants ont la plupart une teinte de pâleur et de tristesse produite par l'influence de la *mal'aria*. Les exhalaisons et les miasmes qui se dégagent des marais environnants apportent un air chargé de fièvre à une ville enfermée complétement dans une ceinture de remparts; et, bien que le climat se soit fort amélioré, il est loin d'être assaini. Mais ces inconvénients offrent d'étranges compensations: ainsi, quand le choléra décima le Midi et sévit avec fureur sur les villes voisines d'Aigues-Mortes, celle-ci fut absolument épargnée, et c'est précisément à son mauvais air qu'elle dut cette préservation: son insalubrité la fit inviolable.

De même lorsqu'un autre fléau, l'inondation, submergea la contrée en 1840, Aigues-Mortes put seule échapper à cette calamité publique. Le niveau de ce nouveau déluge s'éleva à plus d'un mètre au-dessus du sol, et comme toute la ville a été bâtie sur une surface plane, il était évident que toutes les maisons allaient se trouver dans l'eau. Que firent les habitants pour conjurer ce désastre?

Ils se contentèrent de boucher avec de la terre glaise les ouvertures des portes, élevant cette barrière à mesure que l'eau croissait, et de la sorte ils purent braver à sec cette mer montante qui battait leurs murailles.

Après les fièvres les moustiques doivent compter parmi les inconvénients que présente le séjour d'Aigues-Mortes.

Aussi voit-on des moustiquaires dans toutes les maisons suspendre sur les lits leurs écharpes de voiles blancs; mais ces barrières de gaze ne préservent pas complétement de la piqûre des cousins, si on ne les accompagne de quelques expédients et de précautions accessoires dont la plus ingénieuse nous fut révélée par un ancien commandant de la place d'Aigues-Mortes, M. le colonel Jammes.

Voici son procédé.

Il savait, comme tout le monde, que pendant la nuit les moustiques suivent toujours la lumière. Pour aller tournoyer à son foyer, ils passent à travers tous les obstacles. Un trou de serrure, une fente de porte, les moindres interstices suffisent à leur intrusion. De telle sorte que vouloir se coucher à la lumière équivaudrait à se faire le quartier général d'une armée d'ennemis ailés dont on deviendrait pendant toute la nuit la vivante proie.

Donc le commandant s'y prenait d'autre manière: d'abord, au déclin du jour, il s'était donné le soin de faire fermer les portes et les fenêtres de son logis ; puis, la nuit venue, et avec elle l'heure de se mettre au lit, le commandant allumait sa bougie au bas de l'escalier ; il montait ensuite à son appartement ; mais, au lieu de pénétrer avec sa lumière dans sa chambre à coucher, il la déposait prudemment sur un guéridon placé à l'entrée de son antichambre ; puis il passait outre, se dirigeant vers la chambre où il avait son lit. Cette chambre restait dans l'obscurité, mais pas si absolument qu'elle ne reçût à travers la porte mi-close un reflet avare et suffisant toutefois pour permettre à l'officier de se dévêtir sans se cogner à ses fauteuils ou renverser ses étagères.

Naturellement tous les moustiques se précipitaient vers la bougie allumée et allaient danser des sarabandes dans son auréole lumineuse.

Pendant ce temps-là, M. le colonel s'était déshabillé, et quand, grâce aux *ténèbres visibles* qui l'environnaient, il s'était réduit au *simple appareil* qui est l'uniforme officiel des gens qui vont se coucher, il s'approchait du seuil de sa chambre, et, par l'entre-bâillement de la porte, passait son bras droit muni d'un ustensile qu'il avait décroché du coin de sa cheminée.

C'était un long roseau, qu'il tendait vers la bougie incandescente. Or, à l'extrémité de ce roseau était adapté un éteignoir, comme cela se pratique dans les églises pour asphyxier les cierges qui sont hors de la portée du souffle du sacristain. D'ordinaire la troupe bourdonnante faisait rage à ce moment-là. La flamme petillait, agacée par des tourbillons de cousins.

Le commandant prenait son temps et calculait son jeu, ce qui demandait du sang-froid et du coup d'œil à la distance où il se trouvait placé. Et, quand ses mesures étaient bien prises, il abattait brusquement son éteignoir sur la lumière, et la nuit était faite. La bougie rendait l'âme au nez des moustiques aussi ahuris que désappointés.

Le commandant ne leur laissait pas le temps de se reconnaître : il lâchait son roseau et disparaissait tout d'un trait, car c'était par un seul et même mouvement qu'il retirait son bras et fermait sa porte.

Après quoi, il gagnait son lit à tâtons, se coulait sous les franges de son moustiquaire, et savourait enfin un repos qu'il avait certes bien gagné.

II

En dehors des croisades, Aigues-Mortes se glorifie encore des plus éclatants souvenirs.

Elle n'a pas oublié qu'elle fut le théâtre d'une mémorable entrevue de François Ier et de Charles-Quint. Ils passèrent ensemble à Aigues-Mortes deux jours de gala et de fêtes. On dut y faire chère lie, car on avait enjoint à tous les chasseurs de la contrée d'apporter tout leur gibier à Aigues-Mortes, *sous peine du fouet*. On dut y être assourdi par les acclamations de : Vivent l'empereur et le roi ! car, remarque un naïf chroniqueur, M. le connétable l'avait ainsi commandé aux consuls de la ville. Ce qui semblerait prouver qu'il faut croire aussi rarement à la spontanéité des ovations populaires qu'aux improvisations des poëtes.

Et à propos de poëte, notons ici que, par une singularité des plus piquantes, c'est justement dans l'hôtel à portiques et dans la salle même où les deux monarques se donnèrent l'accolade que naquit un auteur dramatique des plus féconds et des plus justement renommés, Théaulon, le vice-roi du domaine de Scribe. On montre encore une vaste cheminée sculptée en marbre blanc qui entendit les dernières protestations des deux souverains et les premiers couplets du vaudevilliste.

On ne peut quitter Aigues-Mortes sans visiter la tour de Constance, qui est bien la plus forte de toutes et la seule qui ait été construite par Louis IX. Antérieure aux fortifications de la ville, auxquelles elle fut reliée plus tard, elle a 34 mètres

11 centimètres de haut, 22 mètres et demi de diamètre, et repose sur des murs de 6 mètres d'épaisseur.

Tout ce qui l'environne, elle l'écrase et le domine par son élévation et son ampleur. Elle est ronde et porte au bord de la plate-forme qui lui sert de toit une tourelle de 15 mètres, placée là comme un panache au sommet d'un shako, et que surmontait jadis un phare dont on voit encore la cage de fer.

Pour voir l'intérieur de la tour, il faut s'adresser à une concierge, déjà âgée ou le paraissant, qu'on va chercher dans quelque réduit au fond d'une cour attenante. Après avoir parlementé à travers l'huis, elle consentit à sortir comme à regret. Elle était fort encapuchonnée, et ramenait les barbes de son couvre-chef sur sa bouche, comme pour se préserver de l'air extérieur. Ainsi emmaillottée, elle glissait au lieu de marcher, comme si elle eût traversé une atmosphère pestilentielle, et parlait le moins possible pour ne pas aspirer les miasmes ambiants. Pour plus de prudence et afin de ne pas s'exposer au vent qui soufflait, elle ouvrit une porte massive du rez-de-chaussée de la tour, où elle resta, après m'avoir confié les clefs des étages supérieurs.

Tout en grimpant dans l'escalier obscur et tortueux pratiqué dans l'épaisseur des murailles, je pensais à l'histoire terriblement intéressante de cette fameuse tour.

Après avoir servi, ainsi que nous l'avons dit, de phare au port et de protection aux pèlerins qui s'embarquaient pour la Palestine, plus tard la forteresse fut avilie en cachot et servit de prison d'État à l'usage des calvinistes.

Dans ces contrées méridionales où le soleil chauffe les têtes, les passions éclatent avec des violences insensées, surtout en ce qui touche à ce que l'homme a de plus intime et de plus irritable, le sentiment religieux. Les catholiques et les protestants s'entre-déchiraient avec un acharnement réciproque. Quand les réformés s'emparèrent d'Aigues-Mortes, en 1575, sous le maréchal de Damville, ils passèrent la plupart des habitants au fil de l'épée, détruisirent les couvents et les églises, et poussèrent la fureur jusqu'à profaner les tombes des catholiques en jetant leurs cendres au vent.

On se vengeait ainsi par des représailles qui allaient toujours en s'exaspérant. Aussi, par la suite, les catholiques, étant les plus forts, enfermèrent pendant de longues années dans la tour de Constance les malheureux calvinistes.

Le moment est venu de décrire l'intérieur de ce redoutable donjon. Représentez-vous trois pavillons d'entonnoir, dont on aurait supprimé le tuyau, ces trois pavillons, renversés l'un sur l'autre dans une tour dont ils occuperaient toute la capacité, vous aurez ainsi les trois voûtes trouées par le milieu qui forment les trois salles et les trois étages de la tour de Constance.

Ces trois pièces sont éclairées par un jour intérieur qui tombe d'aplomb du sommet de la tour. La lumière, ainsi versée à travers les orifices de ces voûtes superposées, descend verticalement du ciel, toujours moins intense à mesure qu'elle gagne les régions inférieures, si bien que la salle du rez-de-chaussée est à peu près dans les ténèbres.

A part cette colonne de lumière, aucun jour ne pénétrait ; car on ne peut compter quelques rares meurtrières qui entaillent de leurs fissures l'épaisseur des murailles et qui, suffisantes pour envoyer la mort à l'ennemi, ne l'étaient pas pour laisser passer la clarté du dehors.

Cette conformation architecturale, très-favorable pour la défense de ce fort, qui, n'ayant aucune ouverture latérale, n'offrait aucune prise aux traits des assaillants, l'était fort peu pour les agréments de son séjour.

En effet, on se figure ces trois immenses voûtes soutenues par des nervures entre-croisées et aboutissant à un orifice de six pieds de diamètre. Ces salles étaient ainsi trouées à la voûte et trouées également au plancher pour recevoir une lumière avare qui les transperçait de haut en bas.

La fumée s'échappait par ces bouches toujours béantes, et montait par la même issue que descendaient le vent et la pluie.

La salle du rez-de-chaussée avait aussi ses deux ouvertures, comme les deux autres salles des étages supérieurs ; seulement le soupirail, qui était au niveau du sol, pénétrait dans les entrailles de la terre et conduisait à un souterrain terminé par un cul de basse-fosse.

Par cette disposition, un condamné, qu'on eût suspendu à la corde d'une poulie placée au beau milieu de la plate-forme qui couvre la tour, eût pu être descendu ainsi perpendiculairement, en traversant les trois voûtes et les trois étages, jusqu'au fond de l'un de ces noirs tombeaux qui dévoraient les vivants, et que le facétieux moyen âge appelait de ces noms tendres ou guillerets de *vade in pace* ou d'oubliettes.

Si la tour de Constance était bien agencée pour repousser les ennemis au dehors, elle l'était encore mieux pour surveiller les prisonniers au dedans, et voici de quelle façon. La voûte de chaque étage, en se rétrécissant vers l'ouverture qui lui sert de ciel, laisse entre sa paroi intérieure et la muraille extérieure de la tour une cavité assez profonde. Eh bien! dans cet espace creux a été ménagé un couloir circulaire qui tourne autour de la voûte, et entre les nervures de la pierre ouvre un cercle régulier de trous en ogive qui sont autant de *regards* et de *judas* par lesquels de ce corridor cylindrique on voit tout ce qui se passe en bas; car on domine la salle, qu'on investit ainsi d'une surveillance plongeante. De cette manière, rien ne pouvait échapper à l'œil de la sentinelle, qui faisait littéralement sa ronde en tournant dans cet observatoire d'inquisiteur.

Ce sont les deux salles au premier et au second étage qui servirent de cachot pendant plus de quatre-vingts ans à des Français qui n'avaient commis d'autre crime que celui « d'avoir été élevés dans la même religion que Henri IV. »

On lit encore dans les salles qu'ils occupèrent des noms et des dates incisés dans le granit des meurtrières par le désespoir des captifs.

M. Em. di Piétro, l'historien d'Aigues-Mortes, a recueilli les relations de trois personnes qui visitèrent la tour de Constance durant cette période.

Le premier qui la visita, ou plutôt qui l'inspecta, vers 1688, fut un missionnaire. La tour ne renfermait alors que des hommes, comme plus tard on n'y emprisonna que les femmes des réformés.

Ce missionnaire, qui avait nom Tribolet, étale dans un langage mielleusement cruel le plus aveugle fanatisme.

Il s'attendait, dit-il, à trouver là, non des prisonniers, mais des martyrs chantant des cantiques de joie et de louanges, « envisageant les cachots comme des lieux de délices, animés du désir de souffrir que respirait saint Paul au milieu de toutes ses tribulations. »

Quelle déception pour le bon père! « Je n'ai vu, ajoute-t-il, que murmures et malédictions, et contre le gouvernement et contre ceux qui les avaient dénoncés aux magistrats, et contre les faux frères et les traîtres qui les avaient vendus.... Les uns ne pouvaient se passer de plaindre leurs femmes et leurs enfants.... Quelques-uns sont tombés tout à fait dans la démence. »

Vous comprenez combien ce spectacle, si différent de celui qu'il venait chercher, dut scandaliser le zèle de l'ardent missionnaire. Il ne revient pas de sa pieuse stupéfaction. Il convient pourtant que certains captifs débitaient des passages des psaumes; mais ils ne les chantaient pas, ce qui est déjà un premier tort; ils ne faisaient que les *réciter*, et non pas en signe de joie « ou pour pleurer leurs péchés et en obtenir miséricorde, mais pour déclamer des vengeances contre ceux qui les avaient réduits en cet état. »

Conçoit-on une telle insolence! Le doux missionnaire en fut outré. Aussi se retira-t-il fort mal édifié, et, son dédain égalant sa surprise, il couvrit de tout son mépris « ces prétendus martyrs, dont les mauvais convertis se faisaient fête et se paraient avec ostentation. »

Véritablement, la naïveté de si étranges appréciations n'en dit-elle pas plus sur la détestable intolérance d'une époque que tous les livres et toutes les dissertations du monde ?

Le second visiteur qui nous a transmis ses impressions appartenait, lui, à la religion des persécutés.

En résistant à l'inique loi du plus fort, il apprit cette dignité sereine du faible qu'on opprime, et, devenu plus tard un des représentants de la France révolutionnaire, il fut prêt pour cette stoïque fermeté qui devait immortaliser son nom.

Boissy-d'Anglas n'avait que sept ans à peine quand, vers 1763, il fut introduit dans la tour de Constance. « Ma mère, écrit-il, voulut aller visiter les malheureuses victimes d'une religion qui était la nôtre, et elle m'y conduisit avec elle. Il y avait alors plus de vingt-cinq prisonnières. »

Boissy-d'Anglas ajoute qu'il éprouva une si profonde sensation qu'il en recommande le souvenir à ses enfants dans ces paroles émues : « Cette tour de Constance ne peut que vous inspirer un double intérêt, puisque la bisaïeule de votre mère y ayant été renfermée étant grosse, comme accusée d'avoir été au prêche, y donna le jour à une fille de laquelle vous descendez. »

Cependant la miséricorde publique assiégeait cette tour. Les philosophes, Frédéric, le roi de Prusse, en tête, protestaient contre des persécutions qui n'étaient plus en rapport avec les lumières des esprits et la mansuétude des mœurs. Aussi, quatre ans après la visite de Boissy-d'Anglas, le prince de Beauveau eut-il la gloire de se faire, par une héroïque désobéissance, le ministre d'un grand acte d'humanité. Nommé gouverneur de la province du Languedoc, il obtint du roi l'autorisation de délivrer trois ou quatre prisonnières.

Le chevalier de Boufflers, qui l'accompagnait en qualité d'aide de camp, nous apprend que le prince en délivra quatorze au lieu de quatre, c'est-à-dire qu'il les mit toutes en liberté, après quoi il écrivit au ministre : « La justice et l'humanité parlaient également pour ces infortunées ; je ne me suis pas permis de choisir entre elles. »

Quelle admirable parole ! la plus belle peut-être qu'ait prononcée la langue de la tolérance.

Et comme le ministre d'alors, le marquis de la Vrillière, s'indigna d'un tel abus de confiance et d'autorité ; comme il alla même jusqu'à prononcer le mot de destitution, le nouveau gouverneur lui répondit, avec la plus noble simplicité, « que le roi était bien le maître de lui ôter le commandement, mais non de l'empêcher d'en remplir les devoirs suivant sa conscience et son humanité. »

Ainsi, par ce coup de tête de la plus audacieuse initiative, le prince de Beauveau eut la gloire de fermer pour toujours cette abominable prison, vingt jours avant que l'assemblée des notables eût rendu aux protestants leur état civil, et vingt-deux ans avant que l'Assemblée nationale eût proclamé le grand principe de la liberté de conscience.

Nous avions ainsi dépensé notre journée dans la tour de Constance. La nuit arrive vite en octobre. Quel dommage! Nous avions espéré avoir assez de jour pour voir une curiosité dont une heureuse indiscrétion nous avait fait le confident, une curiosité assez inconnue pour qu'aucun touriste en ait parlé, et qui vaut pourtant bien l'honneur d'une mention.

Vous allez en juger.

A Aigues-Mortes, comme dans presque tout le Midi, il y a des pénitents de toutes les couleurs.

Ces confréries, par rapport aux ordres religieux, sont comme la garde nationale par rapport à l'armée. A certain jour, le bourgeois prend le froc du moine, tout comme le garde national endosse l'uniforme du soldat, et, la procession ou la revue terminée, chacun rentre dans son costume et dans son existence de tous les jours.

Donc, Aigues-Mortes a deux confréries, toujours rivales et quelquefois hostiles : la confrérie des pénitents blancs et la confrérie des pénitents gris.

Or, l'église des pénitents gris possède une statue

de bois de grandeur naturelle qui, à côté d'autres saints personnages de même taille, occupe une des niches du chœur. Cette statue représente la Madeleine foulant à ses pieds une tête de mort.

Pendant la Révolution, cette église devint une caserne et, dans leur désœuvrement, les soldats s'amusèrent à piquer d'abord, puis à percer et enfin à déchiqueter cette tête de mort avec la pointe de leurs baïonnettes.

Plus tard, quand les églises furent rendues au culte, les pénitents gris reprirent possession de la leur, et s'aperçurent que leur belle pécheresse, toujours brillante, avait perdu néanmoins son plus significatif ornement, sa tête de mort. Ils songèrent aussitôt à en fabriquer une autre; mais divers essais tentés par les plus habiles ne réussirent qu'à faire mieux apprécier la perfection de la tête à jamais détruite et la difficulté de la remplacer.

Ils finirent par comprendre que tous leurs efforts échoueraient pour bien rendre la nature, et ils résolurent alors de recourir à la nature elle-même.

Au lieu de s'évertuer à faire une tête en bois, pourquoi ne pas prendre une tête toute faite, une véritable tête de mort?

Ils en étaient là lorsqu'un des membres de la confrérie rivale vint à trépasser. Quelle excellente occasion !

Les pénitents gris allèrent donc déterrer ce pénitent blanc, auquel ils tranchèrent la tête qu'ils emportèrent. Puis, après l'avoir travaillée et blanchie à la chaux, ils la réduisirent à l'état de crâne jauni, et la logèrent sous les pieds de la Madeleine, où on la voit encore.

Mais pour la voir, il faut la savoir là d'abord, et il faut ensuite qu'il soit jour et que l'église soit ouverte ; or il était nuit et l'église était fermée.

Par bonheur, l'un des hôtes obligeants qui nous faisaient les honneurs d'Aigues-Mortes était lui-même un membre de la confrérie des pénitents gris. Cette église était par conséquent la sienne, et tout naturellement il en connaissait le sacristain. Celui-ci ne pouvait-il pas nous ouvrir l'église et nous permettre de voir à la lumière ce qu'il était trop tard pour voir au grand jour ? Cela se fit ainsi. Le privilége de la confraternité nous ouvrit la porte du temple. Le gardien consentit à nous y introduire, et pour nous éclairer il alla prendre à la sacristie quelques-uns de ces immenses cierges figurés en bois au bout desquels on guinde, au moyen d'un ressort intérieur, de petites chandelles de cire qui se donnent ainsi à bon marché l'air de cierges géants.

Chacun de nous se munit d'un cierge pareil, et ce luminaire lugubre qui se promenait ainsi projetait ses clartés vacillantes dans les ténébreuses profondeurs de la nef. Le sacristain nous mena aux pieds de la belle repentie, et je parvins pour ma part à voir, mais à très-mal voir cette reluisante tête de mort.

A ce moment, une étrange envie traversa la cervelle de l'un de nous : nous priâmes notre pénitent gris de s'affubler d'une robe qui se trouvait par là. Il le fit, et s'étant retiré un instant dans la sacristie, il revint bientôt la cagoule rabattue sur sa tête et à la main son grand cierge sépulcral. Il nous fit l'effet d'un spectre échappé aux tombeaux de marbre que nous foulions. Rien de plus saisissant et de plus funèbre que cette apparition à cette heure dans cette église déserte. Il nous tardait de rentrer dans le monde des vivants.

Il était nuit close quand nous sortîmes de l'église des pénitents gris. Sur le seuil, je pris congé de mes compagnons d'Aigues-Mortes, et regagnai la voiture qui m'attendait. Pour la rejoindre, il me fallut repasser devant la statue de saint Louis, que je ne pouvais plus voir. Je lui envoyai mes adieux *au juger*. Et je partis, en invoquant, pour excuser mon vagabondage, ce même roi qui fuyait aussi comme moi son palais, et le même palais, pour aller tenir ses audiences en plein air, et qui rendait sous un chêne sa justice buissonnière.

LES RUINES DE MINERVE.

I

C'était le premier jour des vacances. Et je suis bien certain que jamais, avant moi, personne n'était parti de la gare du chemin de fer d'Orléans avec cet objectif unique : Aller à Minerve.

Où prenez-vous Minerve?

Faut-il se diriger vers l'Italie ou vers la Grèce? Combien cette destination vous dépayse, et comme temps et comme espace, comme époque et comme géographie!

Je ne devais pourtant pas franchir les frontières de la France. J'allais tout simplement et avec préméditation dans le vieux Languedoc des comtes de Toulouse et des vicomtes de Béziers. J'allais voir ou plutôt revoir une ruine, un bûcher qui semble encore fumant, une horreur de la nature aggravée par la barbarie des hommes et tachée de leur sang. J'allais visiter le squelette d'une sorte de Narbonne du désert, quelques débris cachés et pourtant juchés au confluent de deux rivières taries, au milieu de ces rochers déguisés en montagnes qui servent de limites aux départements de l'Hérault, de l'Aude et du Tarn. Je tenais, à six années de distance, à me donner une seconde impression de voyage vers quelque chose de lugubre, d'isolé et de désolé, vers une ville morte ou plutôt assassinée depuis des siècles, et qu'on a négligé d'enfouir.

Minerve pourtant faisait honneur jadis à la grande déesse, sa patronne et sa marraine. Capitale d'une vicomté florissante, elle dominait et nommait tout un *pays*, témoin ces noms auxquels le sien est encore resté attaché : Rieux-Minervois, Peyriac-Minervois. Elle fut une des stations les plus cruellement dévastées par cette égorgerie en masse, par ces hécatombes du fanatisme et de la spoliation que la pudeur de l'histoire appelle la *guerre des Albigeois*. J'allais y voir le trou encore béant d'un bûcher allumé là en 1210 et parcourir une rue sinistre dont le nom n'est inscrit nulle part, mais qui est resté gravé comme une tradition vengeresse dans la mémoire des descendants des victimes.

Pour aller de Paris à Minerve, il faut d'abord gagner par Agen le chemin de fer du Midi, et avant d'arriver à Narbonne, s'arrêter à la station de Lezignan.

Là vous êtes en pleine terre et en pleine histoire héroïques. Le mont Alaric vous regarde du haut de sa farouche majesté ; une colline appelée la *garde de Rolland* n'est pas loin, et vous venez de passer au pied des *tant vieilles tours* de la cité de Carcassonne, à côté de cette fontaine que Charlemagne fit miraculeusement jaillir en fichant en terre la pointe de son javelot.

De Lezignan, où vous arrivez avant cinq heures du soir, vous partez à six par un omnibus qui correspond avec le chemin de fer et vous transporte en une heure à Olonzac. Or Minerve est une commune du canton d'Olonzac, distante de treize à quatorze kilomètres de son chef-lieu.

Vous couchez à Olonzac, à l'hôtel du Commerce, chez un aubergiste très-accueillant. M. Sicard a inventé un procédé pour se délivrer des moustiques : il les traite exactement comme on traitait autrefois les hérétiques dans ces contrées; il les flambe. Une bougie à la main, votre hôte fait le tour de votre chambre à coucher en explorant tous les murs. Aussitôt qu'il aperçoit un cousin, il s'arrête, et délicatement il abaisse la lumière de la bougie sur l'insecte, qui, tout étourdi, reste à sa place, où il éclate avec une légère crépitation. Malheureusement tous ne l'attendent pas, et parmi ceux-là justement quelques-uns m'attendaient moi-même. Aussi à peine le chasseur eut-il disparu que les moustiques échappés à la crémation sonnèrent la charge et firent cent fois pis que de la sonner. Ils l'exécutèrent à fond de train et d'aiguillon; si bien que le lendemain, dès l'aurore, je sortis à peu près borgne de ce combat et de mon lit.

Si mon œil droit eût été aussi endommagé que mon œil gauche, il m'eût été absolument impossible de remplir l'objet de mon voyage, *voir* Minerve. Mais enfin je n'étais que borgne, et, dès la veille, quand je jouissais encore de l'usage de mes deux yeux, je m'étais précautionné d'une voiture et d'un cocher qui devaient venir me prendre à sept heures du matin à mon hôtel. Or voiture et cocher étaient à leur poste et m'attendaient.

Le temps s'était gâté dans la nuit. Le vent marin, qui avait amené les moustiques la veille, nous amenait la pluie ce jour-là. Elle tombait même très-dru. Mais un curieux ne s'arrête pas pour si peu. Ce contre-temps n'eut pas l'honneur de me causer même l'ombre d'une hésitation, et mon cocher, qui sortait d'un régiment de lanciers, *en avait vu bien d'autres*, et comme moi ne demandait qu'à partir.

Nous partîmes donc par cette pluie battante, et comme nous allions dans la montagne, force nous avait été de nous munir de manteaux, cache-nez et couvertures, comme si nous eussions dû passer d'une chaleur sénégambienne à un froid hyperboréen.

A peine sortis de la ville, nous recueillîmes en chemin un pauvre facteur rural qui ruisselait comme un fleuve mythologique et nous apporta très-fidèlement dans la voiture, et sans nous faire tort d'une goutte, toute l'eau qu'il avait reçue à l'extérieur.

Nous traversions une grande plaine plantée de vignes et d'oliviers par des chemins bordés d'une haie de genêts dont quelques fleurs tenaient encore, comme les témoins attardés des splendeurs de cette floraison éteinte.

La pluie et le facteur nous accompagnèrent depuis Olonzac jusqu'à Azillanet, où commence la montagne. A cet endroit, la pluie cessa et le brouillard nous prit. A mesure que nous montions le nuage s'épaississait en nous enveloppant. Après avoir gravi des pentes aussi longues que roides, notre voiture s'engagea dans une route étroite, ravinée, cahotante et fort raboteuse.

Cela sent Minerve, dit le cocher; ainsi pour lui comme pour tous les habitants de la contrée, Minerve est le synonyme de pays perdu, de site sauvage, de désert inaccessible. Ce chemin, si mauvais qu'il fût, ne date pourtant pas de longtemps; il a été tracé naguère pour l'exploitation d'une mine de charbon qui se trouve par là. Nous montions toujours. Le brouillard fut un moment si épais que, selon une expression dont le pittoresque fait pardonner la vulgarité, on aurait pu le couper au couteau : on n'y voyait pas plus loin que son nez. Encore ne voyais-je pour mon compte que la moitié du mien par suite de l'accident des moustiques.

Un peu plus loin, le brouillard s'éclaircit. On ne rencontre à ces hauteurs, sur ces plateaux déserts, que des Minervoises de haute taille, de mâle encolure, au visage hâlé par le vent de la montagne, et qui passent leur vie à arracher des interstices des rochers des souches de buis qu'elles vont vendre à Olonzac, au prix de 25 à 30 sous la charge de leur mulet ; car elles vont toutes perchées sur des mulets maigres portant chacun au col une clochette qui ne doit pas être inutile par ces brouillards et à travers ces précipices. Au sommet de la montagne, le brouillard se dissipa tout à fait et le soleil parut. On eût dit que la toile d'un magnifique spectacle venait de se lever. Devant soi toute l'âpre et rocheuse désolation de la montagne ; mais en se retournant on pouvait admirer les fertiles plaines du Languedoc se déroulant dans un horizon immense.

Le chemin devint absolument impraticable en approchant de Minerve. Aussi, avant d'y arriver, laissâmes-nous notre voiture à une métairie isolée, dite des Aliberts, pour de là faire à pied le trajet d'un quart d'heure qui nous séparait du lieu de notre destination.

Pour se rendre des Aliberts à Minerve il faut d'abord descendre dans les ravins affreux qui servent de ceinture à cette ancienne forteresse ; mais avant d'y descendre on les côtoie et il y a un moment où la profondeur devient vertigineuse : c'est à l'endroit où la rivière de la Cesse, ne voulant pas retourner en arrière comme le Jourdain, a été obligée pour se frayer un passage à travers la montagne de la percer de part en part au moyen d'un tunnel creusé par les eaux qui a la longueur de celui des Batignolles et la hauteur des tours de Notre-Dame.

Du sentier en corniche dont nous suivions les contours nous mesurions avec effroi la profondeur de cet abîme tout grand ouvert, lorsqu'une de ces femmes dont nous parlions tout à l'heure vint à passer sur son mulet, et d'un air familièrement railleur : « Tenez, messieurs, nous dit-elle en patois, il y a là tout au bord une plante qui guérit de tous les maux. »

Puis, nous désignant avec la branche de buis qui lui servait de houssine une aigrette de lavande qui fleurissait à l'orifice du gouffre : « N'est-il pas vrai, messieurs, ajouta-t-elle, que celui qui irait cueillir cette fleur n'aurait plus besoin de médecins? »

Cette manière d'exprimer qu'une chute en ce endroit serait mortelle nous parut originale, et nous la citons comme un trait caractéristique, parce qu'elle rentre tout à fait dans le ton des mœurs enjouées et du langage goguenard de ces populations qui surent toujours conserver leur indépendance native, malgré le long écrasement de la domination romaine.

Comme on voit, aucun chemin carrossable ne conduit encore, même aujourd'hui, jusqu'à Minerve. On y va par un sentier de chèvre où le mulet peut à peine accrocher son sabot. Il faut s'aventurer sur des cailloux qui roulent sous vos pas et font de votre marche un exercice d'acrobate où l'on s'aide presque autant des mains que des pieds.

Pourtant, à la rigueur il y a un moyen que les habitants emploient pour conduire une charrette jusqu'au pied de la forteresse. Ils improvisent un chemin dans le lit de la rivière; celle-ci est trop voisine de l'Espagne pour ne pas suivre les errements de ses sœurs espagnoles, lesquelles, comme on sait, ne se permettraient pas d'avoir une seule goutte d'eau pendant la belle saison. De telle sorte que l'été on peut arriver à Minerve dans une charrette, et par le même chemin qui l'hiver pourrait vous y porter en bateau.

Les croisés de Montfort, qui choisirent les fêtes de la Saint-Jean-Baptiste pour le siége de cette place, durent transporter par cette voie leurs engins et leur matériel de guerre.

C'est d'ailleurs encore aujourd'hui le côté le plus imposant par où aborder Minerve. Et voici comment elle se présente au visiteur qui arrive par là en remontant le lit desséché de la rivière. Au point le plus sauvage de la montagne, à l'endroit où le sol est le plus aride et les ravins les plus escarpés, le lit de la Cesse, profondément encaissé dans une entaille naturelle entre deux falaises de rochers à pic, se bifurque tout à coup pour laisser apparaître comme une île géante ou un promontoire de granit : c'est Minerve dont la hauteur et la masse vous écrasent.

Mais ce qu'on a pris tout d'abord pour une île enserrée dans les bras d'une seule rivière, est un cap formé par le confluent de deux torrents. Leurs deux lits se divisent comme les points d'une fourche, et si en suivant la branche de gauche on ne quitte pas le lit de la Cesse, en prenant au contraire la branche de droite on entre dans le lit du Brian.

Ainsi, avant de se réunir, la Cesse et le Brian

dessinent, par l'entaille de leur double lit, un rocher colossal découpé selon la forme d'une gourde de pèlerin qui serait couchée entre ces deux rivières précipices.

Cette image rend assez exactement la configuration de Minerve; au ventre de la gourde était placé le château flanqué de ses crénaux, de ses mâchicoulis et de ses tours, dont un seul pan de mur se dresse encore vers le ciel comme le bras mutilé d'un Titan; et au col, dans la région du goulot, la ville groupait ses toits et ses remparts.

Pour plus de sûreté dans la défense réciproque de la ville et du château, un double pont-levis existait vers l'étranglement de la gourde, et avait pour emploi de franchir l'espace qui séparait la cité de la forteresse, et de les mettre en communication. Aussi, quand ce pont-levis était levé ici et là, ville et château restaient isolés dans leur formidable enceinte, de telle sorte que l'ennemi pouvait prendre la ville sans prendre le château, ou encore se rendre maître du château sans avoir pour cela la ville en son pouvoir.

Quand on lève la tête vers cet immense roc couronné de vieux murs croulants et de voûtes éventrées, les remparts sont aussi noirs que les rochers qu'ils surmontent, à ce point qu'on ne sait pas au juste où le sol finit et où la fortification commence, et l'œil ne démêle pas bien le point précis où la main de l'homme a continué et repris l'œuvre de la nature. Car Minerve était *née* fortification : c'était bien une forteresse de naissance. La situation l'avait indiquée à l'art, qui n'avait eu que peu de chose à faire pour transformer ce rocher cyclopéen en fort imprenable.

Pendant que nous trébuchions dans les fossés de Minerve, nous entendîmes sonner à toute volée. C'était pour un mariage, nous dit-on, et ce fut pour nous un motif de plus pour aller directement à l'église.

C'est un édifice fort ancien, mais brut, sans aucun ornement. Il ne dit son âge que par la forme primitive de son ogive trapue.

A l'intérieur, il n'offre rien de curieux, si ce n'est un bloc de marbre taillé en façon de sablier et servant de bénitier à la porte de l'église. Il y a encore une pierre d'autel fort précieuse par son antiquité, attestée d'ailleurs par une inscription placée au-dessus d'un tronc qui montre à tout venant son ouverture de tirelire.

Voici ce qu'on lit en lettres capitales : « Tronc dont les produits sont destinés à remettre en honneur l'autel consacré par saint Rustic, évêque de Narbonne, la cinquantième année de son épiscopat, c'est-à-dire vers l'an 460 de notre ère. Que l'étranger qui vient visiter cette église où s'est agenouillé Simon de Montfort après sa victoire sur les Albigeois, en l'an 1210, ne se retire pas sans y avoir déposé le don de sa pieuse libéralité. »

Puisque Simon de Montfort s'est agenouillé devant cet autel après sa victoire, il faut bien dire ce que fut cette victoire et les traces qu'elle a laissées sur le sol que nous foulons.

II

Il y avait juste un an que le pape Innocent III avait déchaîné la croisade contre les Albigeois et lancé le Nord à la curée du Midi ; un an que du haut de la chaire de Saint-Pierre avait retenti cet appel à la cupidité et au fanatisme : « Levez-vous, soldats du Christ! exterminez l'impiété par tous les moyens. Sus aux hérétiques! Faites-leur une plus rude guerre qu'aux Sarrasins ; car les hérétiques sont pires.... Qu'ils soient tous chassés de leurs terres et que les catholiques s'en emparent ! »

Et les catholiques s'étaient levés en masse pour tomber sur cette riche proie, car il ne s'agissait plus, comme naguère, pour faire son salut et sa fortune, de traverser les mers pour aller combattre les Sarrasins dans des régions presque inconnues. Non, les Sarrasins étaient en Languedoc, à quelques journées de marche, sous la main, pour ainsi dire. Il ne s'agissait que de les exterminer en les dépouillant.

Celui qui mourra dans la bataille est certain du paradis dans l'autre monde, et celui qui vivra certain du paradis dans celui-ci, car il pourra le tailler lui-même avec sa dague ou avec sa lance dans les domaines confisqués sur les hérétiques.

Aussi, de toutes parts, à la voix ardente des moines de Cîteaux, les populations s'étaient-elles soulevées à l'envi, demandant la croix, que l'on ne portait pas sur l'épaule comme les croisés d'outremer, mais sur la poitrine pour se distinguer d'eux, et peut-être aussi pour mieux exprimer que ce n'était plus cette fois une guerre étrangère, mais plutôt une guerre intestine, dans laquelle la France allait déchirer ses propres entrailles.

Et qui aurait pu résister à cet élan? On accordait aux nouveaux croisés les mêmes indulgences qu'à ceux de la terre sainte, lesquels se plaignirent amèrement au pape de la concurrence que leur faisait cette croisade au rabais en détournant d'eux les recrues, les renforts et les subsides qu'ils réclamaient en vain.

Mais Rome n'écouta pas les doléances venues de si loin. Il fallait avant tout et à tout prix frapper un coup de terreur; il fallait noyer dans le sang cette civilisation méridionale si florissante et si éclairée, qui menaçait d'échapper par l'hérésie au pire de tous les despotismes, à la tyrannie des âmes et des consciences.

Des ducs et des évêques, des comtes et des abbés, des barons et des moines; tout cela pêle-mêle s'était mis à la tête de ces multitudes armées pour la bataille et pour le butin.

Cette nouvelle invasion de barbares fondit sur le Languedoc par trois avalanches, dont la principale suivit la vallée du Rhône pendant que les deux autres se précipitèrent par les montagnes du Velay et les plaines de l'Agénois.

Devant Béziers, ces trois cataractes se joignirent et mêlèrent leurs flots courroucés, formant une mer immense, un océan de têtes, capable de tout emporter dans sa fureur.

Un légat du pape, un abbé de Cîteaux, Arnaud Amaury, commandait ces foules qui composaient l'armée catholique.

On sait le reste : Béziers mis à feu et à sang, les habitants massacrés sans distinction d'hérétiques et de catholiques, sans exception pour l'âge et pour le sexe; les enfants à la mamelle comme les prêtres à l'autel exterminés tous sans qu'un seul pût échapper au carnage, et jusqu'à ce qu'il ne restât plus *ni toit ni chose vivante;* quelques jours plus tard, la cité de Carcassonne, après deux assauts infructueux, surprise par trahison sur le vicomte de Béziers, Raymond Roger, un héros de vingt-quatre ans, mis aux fers dans son propre château, où deux mois après il devait mourir empoisonné et où régnait en maître son spoliateur, Simon de Montfort, qui n'avait pas craint de prendre des mains du légat les dépouilles sanglantes de ce valeureux jeune homme, après le refus indigné du duc de Bourgogne et des comtes de Nevers et de Saint-Pol.

Le comte Simon de Montfort était donc désormais vicomte de Béziers *par la grâce de Dieu*, car l'Église s'était empressée de lui donner l'investiture de son usurpation, pour répondre ainsi à la reconnaissance que venait de lui témoigner le comte en offrant à l'abbaye de Cîteaux plusieurs propriétés confisquées sur les hérétiques, et en imposant, au bénéfice de l'Église romaine, trois deniers de cens annuel sur chaque maison du pays conquis.

Malgré tout, la position de celui que l'Église allait appeler un *nouveau Machabée* était des plus critiques. Les croisés ne s'étaient enrôlés que pour quarante jours; les massacres finis, chacun s'en était retourné emportant sa part d'indulgences et de butin.

Il fallait attendre une autre marée montante, et jusque-là se maintenir sans perdre du terrain. Montfort y suffisait péniblement avec les seigneurs de sa province qu'il avait associés à son ambition, et des mercenaires qui exigeaient double solde pour ne pas l'abandonner.

Aussi, quand les croisés de la première heure furent partis, se trouva-t-il isolé et fort inquiet sur sa position précaire. Il s'adressa au pape pour être assisté dans sa détresse.

« Les seigneurs qui ont pris part à cette expédition, lui écrit-il, m'ont laissé presque seul entre les ennemis de Jésus-Christ qui errent parmi les montagnes et les rochers. Je ne saurais gouverner sans votre secours et celui des fidèles un pays devenu *extrêmement pauvre par les ravages qu'on y a commis.* »

Ainsi, même vis-à-vis du pape, il cherchait à échapper à l'odieuse responsabilité de ces dévastations. Toujours est-il qu'il gouvernait un désert et régnait sur des ruines.

Innocent III était trop intéressé à son succès pour lui faire attendre sa réponse. Il se hâte de rassurer le comte et commence par lui obtenir du crédit auprès de ses auxiliaires stipendiés, auxquels il recommande de se contenter de leurs déboursés jusqu'à Pâques, époque à laquelle le pape promet d'envoyer des subsides en hommes et en argent.

En effet, le printemps venu, de nouveaux croisés arrivèrent en foule poussés par les prédications des abbés et des moines. La femme de Simon de Montfort, Alix de Montmorency, marchait à la tête d'une de ces bandes qu'elle conduisait au secours de son mari.

Celui-ci, sans perdre de temps, songea à utiliser ces forces nouvelles. Il prit aussitôt l'offensive, et, après quelques assauts donnés à des châteaux de moindre importance, il vint mettre le siége devant celui de Minerve.

La conquête de ce fort était d'un si haut intérêt que toutes les troupes de la croisade furent envoyées contre lui, et que les personnages les plus qualifiés parmi cette noblesse et ce clergé assistèrent à ce siége et y prirent part. Le fils aîné et la femme de Simon de Montfort s'y trouvaient.

La terreur précédait partout l'armée catholique. On savait ce qu'il fallait attendre de la générosité du vainqueur. Tout récemment, après la prise du château de Bram, Montfort avait fait crever les yeux et couper le nez à cent chevaliers, qu'il avait ensuite chassés devant lui, laissant à un seul d'entre eux, pour conduire les autres, un œil unique qu'on avait, dans ce dessein, négligé de lui arracher.

Le moine de Vaux-Cernay, qui est l'historien domestique et intime du comte, rapporte cet acte de barbarie; mais il se hâte de le justifier en disant que ce n'était que par représailles et pour l'exemple que Simon de Montfort en agissait ainsi, étant d'ailleurs très-doux de son naturel. César en dit autant de lui-même pour s'excuser dans ses *Commentaires* d'avoir fait couper les mains à tous les Gaulois qui défendirent si vaillamment leur ville d'Uxellodunum. « Sachant, écrit-il, que sa douceur était généralement connue, il ne recula pas devant un acte de rigueur nécessaire. »

Ce fut le jour de la Saint-Jean-Baptiste que les croisés posèrent leurs tentes autour de Minerve et l'investirent de toutes parts. On dressa les machines pour battre les murs de la place; et catapultes et mangonneaux furent mis en mouvement. Il y avait surtout du côté du levant, où était Montfort, un *pierrier* si puissant que pour le manœuvrer il en coûtait vingt et une livres par jour.

Mais les murailles de Minerve étaient solides et ceux qui les défendaient vaillants. Quand un pan de mur croulait, un autre construit d'avance apparaissait derrière celui-là, et improvisait pour ainsi dire une seconde fortification. Les assiégés firent plusieurs sorties et tuèrent beaucoup de monde. Une nuit même, pendant que tout dormait, ils s'approchèrent de la terrible machine du *pierrier* et y appliquèrent des paniers remplis d'étoupes, de bois secs imbibés de graisse, puis y mirent le feu. L'incendie commençait quand un ouvrier, employé précisément au service de la machine, sortit

de sa tente « pour satisfaire un besoin de nature. »
Il vit le feu et se mit à crier. Un des incendiaires
lui jeta aussitôt sa lance, dont il le blessa grièvement; mais l'alarme était déjà donnée. Toute
l'armée réveillée en sursaut fut sur pied et le feu
presque aussitôt éteint. On préserva ainsi cette
terrible machine, qui continua à faire beaucoup de
mal aux assiégés, lesquels, malgré cela, ne parlaient pas encore de se rendre.

Pourtant les vivres commençaient à manquer
depuis quelques jours, et quatre citernes, dont une
voisine de l'église fonctionne encore et contient
quatre cents hectolitres d'eau, étaient complétement taries. Les Minervois remédièrent à cette sécheresse intérieure au moyen d'un expédient rendu
facile par une disposition toute particulière de la
localité. Pendant les plus fortes sécheresses, le
Brian a toujours un filet d'eau dans son lit; mais
cette eau ne dépasse point la pointe de Minerve.
Elle disparaît tout à coup à cet endroit, absorbée
par le sable comme si elle s'évanouissait à travers un filtre, pour aller renaître à deux lieues
plus loin.

Or, des tours de la ville, un sentier pratiqué dans
le roc et recouvert de broussailles permettait aux
assiégés de descendre vers le lit de la rivière sans
être aperçus et de s'approvisionner d'eau dans un
réservoir naturel creusé sous le rocher.

Malheureusement Montfort avait son pavillon de ce côté-là, et ses gens, qui faisaient bonne garde, découvrirent ce stratagème et captèrent la source, qui n'alimenta plus le réservoir. En outre, le fameux pierrier, à force de battre les murailles, avait fini par ouvrir une grande brèche.

Dès lors toute résistance devenait impossible. Le seigneur du fort, Guillaume de Minerve, descendit au camp des croisés pour traiter de la reddition de la place. Il était déjà d'accord sur toutes les conditions avec Simon de Montfort, quand le légat du pape, Arnaud Amaury, et son collègue arrivèrent à l'improviste. Le comte déclara aussitôt au seigneur de Minerve qu'il ne pouvait, l'abbé étant présent, rien conclure sur la capitulation, parce que cet honneur appartenait à l'abbé de Cîteaux, *qui était le maître de tous les croisés.*

Arnaud Amaury fut très-contrarié de cet incident, nous raconte le même historien, par la raison qu'il désirait la mort des habitants de Minerve, mais qu'il n'osait pas la stipuler à cause de son caractère de prêtre et de moine.

Pour sortir d'embarras il recourut à un artifice qui, pensait-il, devait faire échouer tout accommodement et reprendre les hostilités; il enjoignit à Guillaume et à Montfort d'écrire chacun de leur côté les conditions du traité et la façon dont ils les interprétaient. Naturellement quelques différences se montrèrent entre ces deux rédactions ; on en profita pour tout rompre, ainsi que l'avait prévu l'abbé. Mais le gouverneur de Minerve déclara qu'il s'en remettait à la discrétion de Simon de Montfort, qui se récusa de nouveau et laissa au légat le soin de dicter lui-même les conditions, qui furent celles-ci :

La vie sauve pour les catholiques et même pour les fauteurs des hérétiques, les simples *croyants*. Quant aux prêtres de la doctrine albigeoise, à ceux qu'on nommait *parfaits*, et qui se trouvaient en grand nombre dans la place, il consentit également à leur laisser la vie à la condition qu'ils se convertiraient.

En entendant cet article de la capitulation, un chevalier français, Robert de Mauvoisin, se récria de toutes ses forces, disant que jamais les croisés ne donneraient les mains à une telle concession ; qu'on était venu de France non pour épargner mais pour exterminer les hérétiques ; et que leurs prêtres, par crainte de la mort, feraient tous semblant de se convertir.

Mais le légat, qui connaissait mieux ses ennemis, et qui savait bien que faire de l'abjuration la condition de la vie c'était ne faire grâce à personne, Arnaud Amaury rassura le chevalier. La capitulation fut signée le 22 juillet 1210, et aussitôt les croisés entrèrent dans Minerve.

Le siége avait duré sept semaines, et ce jour-là était pour les croisés un grand anniversaire, car c'était à pareil jour, l'année précédente, qu'ils avaient incendié Béziers.

Ils firent solennellement leur entrée, précédés de la croix et en chantant le *Te Deum*, qui était le chant du triomphe, de même que le *Veni Creator* était le chant du combat, une sorte de *Marseillaise* de l'armée catholique. Ils arborèrent sur la plus haute tour, d'un côté l'étendard de la croix et de l'autre la bannière de Simon de Montfort.

Cependant les hérétiques s'étaient réunis dans deux grandes maisons, les hommes dans l'une et les femmes dans l'autre. C'était leur suprême station avant le supplice. On voit encore l'emplacement de ce dernier refuge. Parmi ces écroulements qui jonchent aujourd'hui le roc dont ils furent les tours, l'œil aperçoit de loin un vieux pan de mur dont le sommet en ogive est recouvert d'un manteau de lierre qui brode sinistrement ces ruines comme un crêpe de deuil ou comme la couronne toujours verte de ceux qui moururent pour leurs croyances. Ce fut là en effet, ce fut près de ce mur que commença ce drame dont le dénoûment devait être le bûcher.

Le bûcher que l'on construisait pendant ce temps-là sur la place de l'Église.

Comme le légat l'avait prévu, toutes les exhortations des moines échouèrent contre la fermeté des hérétiques; ils refusèrent d'abjurer leur foi; les femmes surtout montrèrent une inébranlable énergie. Dès lors on les fit arrêter tous et on les conduisit vers la place de l'Église. La rue que suivit le funèbre cortége existe encore, bordée de pauvres masures. Elle reçut alors un nom qu'une tradition opiniâtre lui a conservé comme une commisération et un hommage pour ceux qui périrent, on l'appelle la *rue des Martyrs*.

Cent quatre-vingts *parfaits* furent brûlés vifs. On ignore le nombre des *croyants* et des femmes. La tradition porte à plus de quatre cents le total des suppliciés. Ce qu'on sait bien, c'est qu'il ne fallut contraindre personne, et que hommes et femmes se précipitèrent d'eux-mêmes et avec enthousiasme dans les flammes qui allaient les dévorer.

Un vieillard, habitant la montagne aux environs de Minerve, m'accompagnait dans cette exploration. Nous parcourûmes ensemble cette rue des Martyrs, itinéraire suprême de ces malheureuses victimes.

Il reste une trace ineffaçable de cet attentat.

Le sol de la place de l'Église étant formé par le roc nu, il fallut creuser et tailler avec le pic et le marteau un trou assez grand et assez profond pour y planter un pieu colossal, centre et support de cet immense bûcher.

Ce trou existe encore; en le fouillant plus tard, on y trouva des cendres et des os calcinés. Depuis 1210 il est resté toujours vide. Il n'a été rempli qu'un moment, à la révolution de 1848.

On y planta l'arbre de la liberté!...

N'était-ce pas là un saisissant contraste et un magnifique symbole?

Le bois stérile et patibulaire du bûcher faisant place à un bois vivant et fécond; l'arbre de la vie, de la lumière, de la tolérance et de la fraternité remplaçant l'arbre de la mort, de l'ignorance, du fanatisme et de la haine.

« Vous le voyez, me dit le vieillard, le trou du bûcher est vide. » Puis, s'approchant de mon oreille comme pour me confier un secret, il ajouta : « Et l'arbre de la liberté n'est pas mort. »

Comme mon compagnon avait la mine vénérable d'un patriarche, je crus qu'il en prenait le langage en parlant ainsi par images; il comprit ma pensée et se contenta de sourire.

Nous partîmes ensemble de cette cité néfaste. Quand nous fûmes sur le rebord extérieur de l'entonnoir de rochers au milieu duquel perche Minerve, ma vue éblouie alla se perdre au loin sur les riantes plaines du pays narbonnais. Tout entier à ce spectacle, je me laissais conduire. Mon compagnon s'arrêta tout à coup, et, près d'un vieux puits, entre la taille svelte d'un pin parasol et les branches tordues d'un figuier, il me fit remarquer un beau peuplier dont les feuilles frissonnaient au vent frais qui soufflait des Pyrénées. Ce vent, qui avait balayé tous les nuages du matin, permettait au regard d'escalader ces montagnes mitoyennes jetées par Dieu entre la France et l'Espagne, et qui, aux confins de l'horizon, dressent leurs pics neigeux comme ces orgues qui percent de leurs tuyaux d'argent la voûte des cathédrales.

Le vieillard ne me dit que ces mots en me désignant le peuplier :

« On allait l'abattre : je le sauvai en l'emportant ici. Le voilà. Vous le voyez donc bien, poursuivit-il en regardant derrière lui vers Minerve, le trou du bûcher est vide, mais l'arbre de la liberté n'est pas mort. »

Je me retournai aussi vers la forteresse, et je n'aperçus que le lierre funèbre du vieux mur et la tête sombre de la grande tour.

Cette vue m'oppressait comme un mauvais rêve ; je m'approchai de cet arbre et j'en touchai l'écorce bénie. Puis je respirai à pleins poumons.

Il me sembla alors que, échappé aux ténébreuses horreurs du moyen âge, je venais de rentrer dans les sphères lumineuses de la civilisation et de la liberté.

TROISIÈME PARTIE

PROPOS TROUVÉS

DANS LA SALLE DES PAS-PERDUS

I

LA LÉGENDE DE MICHEL DE BOURGES.

L'éloquence voyage par la grande vitesse ; elle va répandre en province les fusées allumées au foyer de Paris. Bientôt la France ne sera plus judiciairement qu'une immense banlieue, et tous les barreaux ne formeront qu'une gigantesque tribu. Ce sera la grande famille de la parole et de la libre défense.

Je me rappelle, il y a trois ou quatre ans, avoir eu l'honneur de me rencontrer avec MM. Jules Favre et Lachaud, dans une sous-préfecture très-littéraire et très-riante que La Fontaine protége familièrement du haut de sa placide immortalité de marbre : vous avez nommé Château-Thierry.

Le soir, après l'audience, à un dîner charmant que présida le plus aimable des présidents de la Champagne, un magistrat digne de porter le nom si aimé de Paillet, chacun de nous mit sur le tapis ou plutôt sur la nappe les observations de sa curiosité.

J'ose dire sans fatuité que je fournis la plus singulière récolte.

J'avais eu la bonne fortune de me trouver le matin à déjeuner à la table d'hôte de l'hôtel, côte à côte d'un commis voyageur comme on n'en voit plus, hélas! Aussi celui-là, sans être précisément un vieux de la vieille, était en train de congédier son âge mûr. Quel aplomb! Il ne doutait de rien, ce qui fait qu'il affirmait tout avec une écrasante autorité. Si j'avais osé et si j'avais eu le temps, j'aurais demandé à ce descendant de Gaudissart d'être son secrétaire ou même rien que son sténographe. Que de Courriers du Palais il m'eût fournis!

Le matin, au déjeuner, il m'avait déclamé ce qui pourrait s'appeler « la légende de Michel (de Bourges). »

Les villageois qui nous entouraient l'avaient écouté comme moi avec le plus respectueux abasourdissement.

Mais le soir, quand je répétai la *légende* au dîner, je dois convenir que l'irrévérence des rires troubla la majesté du récit, et j'ai peur de croire que Lachaud et Jules Favre commirent eux-mêmes l'ingratitude de partager notre hilarité.

En parlant de ces deux avocats, notre commis voyageur avait dit :

« En voilà deux fameux lapins, et qui n'ont pas froid aux yeux. Ils savent ce que parler veut dire, et je vous f...iche mon billet qu'ils n'ont pas la langue à la poche. Qui n'a pas entendu ça, n'a rien entendu !

« Je les connais tous deux. Je les estime ; ils le savent.... Mais l'homme qui m'a fait le plus d'effet à moi, c'est Michel (de Bourges). Je l'ai entendu dans une affaire politique du complot d'Avril. C'était devant le Sénat, qui s'appelait alors la Chambre des Pairs ; j'avais obtenu un billet d'entrée, non pas du grand référendaire que je ne connaissais pas, mais du petit référendaire qui était de mon pays.

« C'était la première fois que Michel (de Bourges) parlait en public. Je vous demande quelle foule pour l'entendre. On ne respirait pas. Je le vois encore avec ses cheveux bouclés et sa tête de chérubin en présence de toutes ces robes rouges, car il n'en manquait pas une. Ah ! c'était crânement imposant, allez ! Ça vous démonte quand il faut parler devant tout ce monde qui vous regarde. Mais lui ne se laissa pas embobiner.

« Il se lève là avec humilité, mais avec audace. Il parle pendant trois heures sans cracher, et il finit ainsi sa plaidoirie ; je me le rappellerai toujours :

« Monseigneur le président (et il fait un salut jusqu'à terre), et vous messieurs les pairs, daignez m'écouter encore une demi-seconde. Que vous laissiez pourrir mon client au fond des cachots, si ça vous fait plaisir, c'est votre droit, je n'ai rien à dire, et je vous le permets. Mais que vous touchiez à un seul cheveu de sa tête, je vous le défends. Entendez-vous bien, je vous le défends !... Si vous aviez le malheur de le condamner, la postérité écrirait sur un poteau de marbre en lettres ineffaçables cette terrible sentence : « *L'infamie du juge fait la gloire de l'accusé !* »

« Hein ! comme c'est bien tapé ça. Nous étions tous chair de poule. La Cour ne savait qu'en dire. Vous comprenez pourtant entre nous que c'était un peu fort de café, et que la Chambre des Pairs ne pouvait pas avaler ça.

« Alors le président se lève, et après s'être couvert, il dit à l'avocat :

« Maître Michel (de Bourges), vous venez de manquer de respect à la justice. Et la Cour vous interdit pour dix ans. »

« Ah ! mon Dieu oui, pour dix ans, pas moins. On voyait que ça faisait de la peine au vieux, et ça fut même commué plus tard à trois ans. Mais ça partit comme ça, dix ans! vlan, en pleine poitrine, dix ans!

« Que fait mon Michel (de Bourges)? Il quitte sa robe qu'il leur laisse là sur le bureau. Il salue. Mais avant de s'en aller, il se retourne avec émotion, et plaçant sa main droite, comme ça, sur sa poitrine, il leur dit :

« Monsieur le président (cette fois il ne l'appela pas monseigneur), monsieur le président et messieurs les pairs, vous m'avez rigoureusement puni. Je ne me plains pas; mais je vous assure que si des paroles inconvenantes ont pu être sur mes lèvres, elles n'étaient pas dans mon cœur. »

« Ça fit un effet de tout le tremblement. Tout le monde pleurait. On voyait que le président aurait bien voulu retirer les dix ans; mais il ne pouvait pas. Vous savez que devant la justice c'est comme ça, et une fois que c'est lancé, c'est fini, on ne peut plus y revenir.

« Oh! quelle superbe séance; je vivrais mille ans que je m'en souviendrais comme de ce que j'ai fait ce matin. Voyez-vous, mes amis, quand on a entendu ces gens-là, on aurait beau être un sacripant, on aurait beau être arrivé là avec l'intention de tuer et d'assassiner père et mère, dès qu'on les a entendus, c'est fini, on n'y pense plus, et on est obligé d'être honnête homme toute sa vie. »

II

TALMA ET CRÉMIEUX.

Un jour, dans un groupe comme il s'en forme si souvent dans la salle des Pas-Perdus entre avocats jaseurs, quelqu'un disait : Il y a des avocats de deux espèces entièrement distinctes en fait de sentiment. Il y a l'avocat qui se *dépense* et l'avocat qui se *dispense*.

On ne peut bien plaider qu'en se livrant tout entier corps et âme à la passion qu'on veut exprimer.

Là-dessus on citait Vauvenargues et Démosthène. La conclusion allait être celle-ci : « Il est impossible de produire de grandes sensations sans les éprouver soi-même. »

A ce moment, M⁶ Crémieux intervint. Notre éminent confrère représente l'anecdote vivante; il a un fonds inépuisable d'historiettes, et rien n'égale leur richesse, si ce n'est leur opportunité. L'ancien ministre de la justice donna donc son opinion dans une anecdote.

Quand j'étais avocat à Nîmes, nous dit-il, Talma vint y donner quelques représentations dans l'année 1819. Il était accompagné d'un confident qui se nommait Aristipe. Il jouait trois fois par semaine, et les autres jours nous les passions ensemble, si bien que le grand tragédien m'accompagnait à la Cour royale.

On lui donnait un siége sur l'estrade derrière les fauteuils des magistrats.

Un jour que je m'étais escrimé à plaider et que je rentrais au vestiaire tout ému et ruisselant de sueur, Talma me prit la main :

« C'est très-bien, me dit-il, très-bien; mais vous n'irez pas longtemps, mon ami.

— Pourquoi donc?

— Parce que, ajouta-t-il en désignant son cœur, vous plaidez avec ça.

— Oui parbleu! Et vous donc, est-ce que vous ne jouez pas avec ça?

— Dieu m'en garde.

— Comment! quand toute une foule est transportée par votre action; quand elle frissonne de vos terreurs, quand elle gémit de vos plaintes, votre cœur ne serait pas de la partie ?

— Eh ! certainement non. Je serais mort cent fois à la peine.

— Vous ne me ferez jamais croire ça. Ce soir par exemple, on donne *Andromaque*. Vous y jouez le rôle d'Oreste.

— Eh bien ! dans Oreste, même dans la scène fameuse des fureurs d'Oreste, je ne joue pas avec ça, comme vous dites.

— Eh ! avec quoi jouez-vous donc ?

— Je joue, me répondit Talma en désignant sa tête et son cou, je joue avec ça et ça : la tête et le larynx.

— Permettez-moi de rester absolument incrédule, mon cher ami.

— Libre à vous. Mais pas plus tard que ce soir vous serez convaincu, je vous le promets. Trouvez-vous seulement selon votre habitude à la loge d'avant-scène et attendez le dernier acte. »

Comme vous le pensez bien je ne manquai pas au rendez-vous. Talma fut admirable. Il me regardait de temps en temps à la dérobée en ayant l'air de me dire comme dans la fable du roseau : attendons la fin.

Cette fin arriva et voici la scène dont je fus témoin.

ORESTE (*haut*).

Hé bien! filles d'enfer, vos mains sont-elles prêtes?

(*Bas à Pylade.*) Mon pauvre Aristipe, qui donc t'a noirci la figure?

PYLADE (*bas*).

Moi, monsieur Talma?

ORESTE (*bas*).

Oui, tu es affreux!

(Haut).

Pour qui sont ces serpents qui sifflent sur vos têtes?
A qui destinez-vous l'appareil qui vous suit?
Venez-vous m'enlever dans l'éternelle nuit?

(*Bas à Pylade.*) Essuie-toi donc!

PYLADE (*bas, en s'essuyant avec son mouchoir*).
De quel côté?

ORESTE (*bas*).

Sur ton nez, imbécile.

(*Haut.*)

Venez à vos fureurs, Oreste s'abandonne.
Mais non, retirez-vous, laissez faire Hermione.

(*Bas à Pylade*). Tu t'en es mis davantage.

Cette fois, ajouta Crémieux, je fis signe à Talma que la preuve était suffisante et que je me tenais pour battu.

Il continua alors la scène sans autre interruption et fut couvert d'applaudissements.

III

A PROPOS D'UN TRIBUNAL QUI DÉMÉNAGE.

1ᵉʳ avril 1868.

Je lis dans le *Moniteur*, à la partie officielle, un décret qui paraîtra indifférent à beaucoup de monde et qui pourtant m'attriste et me fait rêver.

Pourquoi?

Mais avant de dire ce *pourquoi*, disons d'abord quel est ce décret : ce qu'il veut, ce qu'il règle, ce qu'il ordonne.

Oh! mon Dieu! une chose bien prévue et bien simple.

Le tribunal de première instance de Savenay est transféré à 21 kilomètres de là, à Saint-Nazaire. La sous-préfecture est déjà partie le 22 janvier pour cette destination. Le tribunal va suivre la sous-préfecture. La justice, *pede claudo*, prend le même chemin que l'administration et déménage comme elle. Savenay est destitué par la civilisation et par l'Océan au profit de Saint-Nazaire, qui fait son surnumérariat de grande ville, et qui après avoir dévoré Savenay menacera Nantes.

Pourquoi ce délaissement de Savenay me contrarie-t-il ? Je ne suis ni de Savenay ni de Saint-Nazaire. Je n'ai eu ni parents ni amis parmi les *blancs* ou les *bleus* tués dans les rangs des Vendéens ou dans les régiments républicains de Kléber et de Moreau dans le combat de Savenay en 1793. Je ne m'intéresse à aucun avocat ou à aucun magistrat de feu le tribunal de Savenay. Je ne sais le nom d'aucun avoué ; huissiers et greffiers me sont également indifférents. Pourtant je voudrais bien envoyer aux deux mille âmes de Savenay mon compliment de condoléance, ne fût-ce qu'une simple carte de visite cornée par la gratitude.

Pourquoi ? parce que j'ai passé trois heures, il y a trois ans, à Savenay, parce qu'il faisait beau, que c'était le soir, et que des enfants chantaient autour d'un puits, le long d'un sentier bordé de mûres sauvages, ce couplet d'une ronde bien connue :

> Dans l'eau de la fontaine
> Les mains me suis lavé :

> A la feuille d'un chêne
> Je me suis t'*essuyé*.

Et parce qu'à Saint-Nazaire le temps s'était gâté et que d'autres enfants, crottés et morveux ceux-ci, me chantèrent à tue-tête cette autre ronde beaucoup moins poétique et qui sent sa goinfrerie et son port de mer d'une lieue :

> Allez, ma voisine,
> Ça vous apprendra
> D'aller boire chopine
> Avec des soldats.

L'impression fut mauvaise. J'espérais m'y soustraire en me rendant dès mon arrivée sur le bord de la mer. Justement c'était l'heure de la marée montante. De ce côté-là, des rochers sont semés sur la plage comme pour servir de clous à la côte. Des pêcheurs étaient là, armés de ce filet plat qu'on laisse tomber au fond de l'eau, où il se confond avec le sable et qu'on remonte tout à coup comme le plateau d'une bascule pour surprendre et prendre le poisson. Ces pêcheurs manœuvraient leur engin auprès d'un rocher sur lequel était assis un jeune homme à côté d'eux. La mer, qui montait peu à peu, eut bientôt envahi la base de ce poste d'observation et fait du rocher une île.

Les pêcheurs se retirèrent alors, ayant de l'eau jusqu'à la ceinture. Le jeune homme ne quitta pas le rocher. Pourtant la mer grandissait toujours et les pêcheurs qui s'étaient mis à l'abri crièrent au retardataire :

« Vous ne devriez pas rester là, c'est imprudent : la marée sera très-haute aujourd'hui. »

Le jeune homme n'en tint compte, mais il s'en repentit bientôt : les flots s'avançaient toujours en grondant.

A un moment il sembla vouloir gagner la grève à la nage, et pour alléger sa traversée il prit un de ses souliers, qu'il lança le plus loin qu'il put ; mais il avait trop présumé de ses forces et mal calculé les distances ; ce soulier ne put atteindre le bord et il décrivit sa parabole dans la mer, toujours tumultueuse et plus grande. Cette vaine tentative dégoûta le jeune homme, qui n'osa plus jeter son second soulier ; si bien qu'il était, comme dit la chanson, un pied chaussé et l'autre nu.

Cependant la marée montait toujours. Poursuivi par les flots, le jeune homme quitta sa place débordée et alla s'asseoir sur le point culminant de son rocher. Bientôt même il ne put s'y tenir assis, il se leva, la face tournée vers la haute mer. Il me parut beau ainsi : sa silhouette se dessinait avec inquiétude sur cette immensité. Les vagues qui baignaient ses pieds, puis ses genoux, fouettaient maintenant son visage de leur écume. Il avait l'air d'un Neptune désobéi et débordé.

Je m'intéressai vivement à ce jeune homme. C'est quelque poëte ou quelque peintre venant prendre là ses inspirations, pensai-je, et malgré moi je songeai à Vernet se faisant attacher pendant une tempête sur le pont d'un navire. Mon héros, lui, n'était attaché que par son énergique volonté. Dans l'extase de sa contemplation, il n'avait pas pris souci de se mettre à l'abri du flot comme les pêcheurs. Et il courait maintenant une sorte de danger.

Je l'appelai de toutes mes forces. Il parut m'entendre à la fin et se tourna vers moi.

« Faut-il vous aller chercher un canot ? » m'écriai-je de toutes mes forces.

Je n'entendis pas sa réponse, mais je vis son geste. Il acceptait le secours proposé.

Je me dirigeai lestement vers un établissement de bains, désert à cette époque-là; nous étions au 12 septembre. Je n'y trouvai qu'un gardien et un canot; cela suffisait. J'entrai dans le canot, tant j'avais hâte de voir plus tôt le peintre ou le poëte que j'allais sauver. Nous l'abordâmes. Il était enchanté. Il ne parlait pas; sans doute l'émotion lui coupait la parole. A peine fut-il ramené au rivage, qu'il la recouvra. Mais ses premiers mots, au lieu d'exprimer ses remercîments, n'exprimèrent que ses inquiétudes pour son soulier perdu.

J'avoue que cela me refroidit un peu; mais l'égoïsme n'exclut pas la poésie.

« Il m'a semblé, lui dis-je, quand vous avez jeté ce soulier, que vous alliez vous mettre à la nage pour gagner le bord.

— En effet, me répondit-il, j'en ai eu un moment l'idée; mais j'ai réfléchi que j'aurais mouillé ma montre. »

Et il tira de sa poche une de ces montres d'argent dites savonnettes.

Ceci me dégrisa beaucoup. Pourtant je ne voulais pas me rendre encore.

« Quelle belle marée! lui dis-je. Vous étiez sans doute venu pour la voir, pour la contempler du haut de ce rocher?

— Oh! non, monsieur; cela m'est bien égal. J'étais seulement venu pour prendre un bain de pieds. »

Cette réponse m'acheva. Ce ne fut pas un bain de pieds pour moi, mais un bain de tête, car il me sembla que je venais de recevoir sur mon occiput un seau d'eau glacée.

Je m'en voulais de ma crédulité et de ma sotte admiration. Je m'en prenais à ce jeune homme fort injustement, quand je n'avais qu'à m'en prendre à moi-même.

Le monde n'est-il pas rempli de ces belles apparences qu'il ne faut croire ni sur la parole ni sur la surface?

Que de gens dont les allures trompent, dont la superficie séduit! Ils ont l'attitude d'une grande chose, la tenue d'une noble action, quand ils en font une petite, mesquine, misérable, quand ils prennent un bain de pieds.

Je n'ai pas de meilleures raisons que celles-là pour regretter que se concentrent sur Saint-Nazaire les prospérités qui seyaient si bien à cette riante ville de Savenay, si coquette sous son clocher blanc et sur sa colline verte, et où les enfants chantent de si poétiques rondes dans les jardins fleuris.

IV

UNE EXÉCUTION RACONTÉE PAR UN AVOCAT.

Nous étions dans la salle des Pas-Perdus, au Palais de Justice. Un des avocats les plus spirituels et les plus lettrés de notre barreau vint à moi et m'accosta de cet air qui n'a besoin d'aucune formule pour signifier : « J'ai une demi-heure d'attente à subir ou à perdre, vous plaît-il que nous la dépensions ensemble ? »

Cette proposition, sous-entendue dans les banalités de l'abordage, était trop engageante pour n'être pas accueillie avec un empressement que tout le monde comprendra quand j'aurai nommé mon éminent confrère.

Donc nous voilà tous les deux nous promenant

côte à côte. J'entendis alors un récit dont l'impression m'est restée, un récit qui serait à coup sûr émouvant si je parvenais à lui restituer ce ton naturel qui sied si bien à la vérité et cet accent convaincu qui double l'effet de toutes les choses sincères.

Faute de mieux, je vais tâcher d'avoir de la mémoire.

Les premiers mots furent une bienveillance aiguisée par un reproche.

« Je lisais hier vos *Petites causes célèbres*, me dit Léon Duval; mais quel absurde format avez-vous choisi là! Vos petits volumes n'ont pas la taille : on ne sait où les fourrer dans une bibliothèque; ils disparaissent dans la mêlée, et quand on les veut on ne les trouve plus.

— C'est comme en librairie! répondis-je, avec une pointe de vanité d'auteur; car l'ouvrage est entièrement épuisé.

— Tant mieux alors, reprit-il; en ce cas, rééditez-le en format plus respectable; mais, dans cette nouvelle édition, gardez-vous bien de maintenir les détails que vous donnez sur l'exécution de Victor Dombey. — Mais où diable aviez-vous puisé vos renseignements?

— Dans le *Droit* et la *Gazette des Tribunaux*.

— Ils sont inexacts. Personne ne peut le savoir mieux que moi. »

J'ouvris de grands yeux.

« Est-ce que par hasard vous auriez assisté à cette exécution?

— Oui. Et je vais vous dire comment les choses se passèrent.

— Je vous écoute, » répondis-je du ton de la plus avide curiosité.

Et, pour mieux m'intéresser à ce que j'allais entendre, je cherchai mentalement à me rappeler et la personne et le crime de Victor Dombey.

Mes souvenirs me présentèrent aussitôt un jeune homme blond et frêle, âgé de vingt ans à peine, venu comme tant d'autres du fond de la province chercher fortune à Paris. Il y exerçait le métier d'ouvrier horloger en chambre; mais, affolé de cette vanité qui est la maladie de notre époque, il rougissait de son état, se donnait pour un étudiant recevant de sa famille un subside de 150 fr. par mois.

Il fallut faire cadrer les apparences avec ce mensonge, et comme le produit du travail n'y eût pu suffire, il recourut à un crime. Et voilà comment il l'exécuta :

« Il y avait de passage à Paris un fabricant de montres, nommé Isaac Walh.

Sous prétexte d'une forte commande, Dombey l'attira chez lui, rue du Petit-Pont, n° 17. Le fabricant arriva au rendez-vous porteur d'une boîte d'échantillons, contenant 92 montres, la plupart en or, et d'un prix total d'environ 10 000 francs.

Dombey, qui voulait transformer cette visite en guet-apens, s'était muni, pour la circonstance, d'un bâton se terminant en massue, sorte d'*assommoir* dont se servent les charcutiers.

De cette arme étrange il assena un coup terrible sur la tête de Walh qui tomba à la renverse. Une fois à terre, le malheureux fut achevé sans que ses cris fussent entendus du voisinage.

Pour les étouffer, le jeune assassin avait pris la précaution d'introduire dans la bouche de la victime un torchon de cuisine en guise de bâillon.

Le crime commis et l'homme mort, Dombey enferma le cadavre dans une caisse de bois blanc, et descendit à grand'peine avec ce fardeau jusqu'à la rue. Là il appela un fiacre qui passait, et, avec un sang-froid imperturbable, il pria un sergent de ville de lui donner un coup de main pour hisser la caisse sur l'impériale. Le sergent de ville l'aida, et Dombey transporta cet affreux colis à la gare du chemin de fer de Lyon, d'où, avec le même fiacre, il se rendit au bal de la *Closerie des Lilas*, et il y passa la nuit.

Ceci rappelé, revenons à la narration de Léon Duval.

— Jamais, me dit-il, je n'avais assisté à la toilette d'un condamné à mort. Je voulus voir ce que c'est que la transition de la santé à la mort, le brusque passage de la jeunesse à la fosse ; et cela prévu, à heure fixe.

J'avais choisi Dombey parce que ce jeune homme n'était pas un assassin de profession. Chez lui le meurtre n'avait été qu'un expédient pour se procurer, comme il l'avait dit à la cour d'assises, de l'eau-de-vie et des femmes à discrétion pendant huit jours.

Pour payer la carte de ses sensualités, il n'avait trouvé qu'un moyen, la mort d'un homme qu'il ne connaissait pas, et il avait passé outre à travers le meurtre et le sang.

Muni d'une lettre d'introduction, je me rendis à la prison de la Roquette.

J'attendis discrètement au greffe, où je crus avoir été oublié, tant j'avais l'air d'être du personnel de l'établissement; mais on vint enfin m'avertir et m'introduire dans une pièce haute en plafond, percée de plusieurs fenêtres, et que je n'oublierai de ma vie.

La salle est d'une nudité froide, violemment éclairée par une lumière crue qui tombe de haut sur les parois de ces murailles blanches. Aucun coin ne reste dans l'obscurité; on dirait que les objets n'ont pas d'ombre. Mais cette clarté égale, inexorable, brutalise l'œil au lieu de l'égayer. Au milieu de cette salle et sur un escabeau est assis le patient ; il a les mains attachées derrière le dos. Son cou dénudé se penche et semble frissonner sous un vêtement jeté sur les épaules et retenu par une ficelle sur la poitrine.

L'exécuteur et ses aides se dissimulent le plus possible ; ils ne touchent le patient que le moins qu'ils peuvent et pour l'indispensable. L'exécuteur ne lui adresse jamais la parole ; il ne répond même pas à ses questions. Quelquefois le patient les renouvelle ou insiste ; et alors, quand la chose qu'il demande peut être accordée, on la fait sans rien dire ; mais si elle est de celles qu'on doive refuser, l'exécuteur se contente de répondre d'un ton sec : « Cela ne se peut pas et cela ne sera pas. »

Il y avait près de Dombey, pour l'exhorter, un ecclésiastique encore jeune, qui lui parlait à demi-voix comme dans un salon.

De temps en temps le prêtre portait aux lèvres de Dombey un petit flacon qui contenait de l'eau-de-vie. Celui-ci en buvait quelques gouttes, puis il faisait *claper* sa langue, en disant : « Bon ! c'est bon ! » après quoi il crachait par terre et machinalement il frottait le pavé avec son pied comme pour signifier : « Je ne veux pas laisser de saleté après moi. »

Ce qui terrifie, c'est de voir sur cet escabeau le patient vieillir à vue d'œil, et vieillir de soixante ans en un quart d'heure ; au point que, lorsqu'il arrive sur l'échafaud, il est à peu près mort d'avance.

Un incident me frappa où l'exécuteur ne se douta pas qu'il ajoutait une torture de plus au supplice de ce malheureux.

Il semblait que, par cette main inconsciente, la Providence voulût mettre, à cette heure suprême, sous les yeux du patient un objet qui symbolisât son forfait et présentât, pour ainsi dire, sa victime à cet assassin, voleur de montres.

Voici à quelle occasion :

Le prêtre continuait d'encourager Dombey par des paroles que nous n'entendions qu'à l'état de bourdonnement. Le bourreau se tenait derrière et à deux pas de distance, attendant que cet entretien fût fini.

Le temps s'écoulait et l'exécuteur consultait fréquemment sa montre, de l'air d'un homme qui prévoit qu'on va le mettre en retard. Je sentais qu'il cherchait un moyen de faire comprendre au prêtre qu'il était temps de cesser ses exhortations et de partir. De la place où j'étais, je me rendais bien compte et de la contrariété et de l'embarras du bourreau; mais ni l'ecclésiastique, ni Dombey ne pouvaient voir ce manége.

Tout à coup, aiguillonné par l'heure, sans doute, l'exécuteur s'avisa d'un expédient qui lui permettait d'interrompre sans parler. Il fit un pas en avant, tira sa montre, et, la glissant entre les deux têtes rapprochées du patient et du prêtre, il plaça le cadran sous le regard de l'un et de l'autre.

A ce contact, devant l'apparition soudaine de cette montre, qui était comme l'évocation de son crime, Dombey tressaillit; il recula et se leva en sursaut.

L'avertissement avait été compris, et le sinistre cortége se mit en marche. Le patient rencontra sur sa route deux employés de la prison : il s'approcha d'eux, leur demanda des yeux la permission de les embrasser, et les embrassa en effet comme un homme qui se séparait de l'humanité. Ce baiser fut reçu avec respect et émotion : c'est vraiment la fraternité du christianisme; cela touche.

Après avoir parcouru quelques salles, on arrive à une cour qu'on traverse en se dirigeant vers le portail extérieur de la prison.

Cette cour est solitaire et silencieuse. Les rumeurs du dehors vous arrivent vaguement pardessus cette grande porte encore fermée.

Mais voici le moment, je n'ose dire le coup de théâtre, le plus dramatique et le plus solennel. Cette porte, donnant sur la place de la Roquette, s'ouvre tout à coup et toute grande, poussée ou tirée à la fois par deux hommes, qui exécutent cette manœuvre avec la précision d'un machiniste. Immédiatement, par cette baie énorme apparaît un espace où se meuvent quelques hommes au regard impérieux, que domine, immobile et isolée, une charpente hideuse.

Le cortége fait un temps d'arrêt. Les clameurs de la foule se glacent dans un effroi universel, qui n'est pas le silence, mais le frémissement de l'horreur et de l'anxiété. Les deux battants du portail ont disparu, et l'on se trouve littéralement au pied de l'échafaud qui attend.

Je vois encore le condamné mettre le pied sur la première marche.... Je ne pus en supporter davantage. Je me réfugiai dans le corps de garde de la prison. Les soldats eux-mêmes sont atterrés et se dérobent à ce spectacle.

J'attendis là, je ne sais au juste combien de temps. Quelqu'un du dehors vint dire : « C'est fini. »

Et je partis sans retourner la tête. Je rentrai chez moi ému, terrassé, malade.

Je voyais toujours cette montre se glisser entre le prêtre et le patient; je voyais surtout le tressaillement de celui-ci devant cette confrontation imprévue qui le mettait face à face avec l'assassinat et le vol qui l'avaient amené là.

J'avais toujours devant moi la figure jeune et vivante de cet adolescent que j'avais vu devenir vieux en quelques minutes; sa poitrine faite pour durer cent années où le souffle baissait, où le contractile et le rétractile ne fonctionnaient presque plus, et son regard qui s'éteignait, vainement soutenu par un ferme courage. Je sentais combien le La Rochefoucauld des *Maximes* dit vrai : *La mort ne se peut regarder fixement*. Le condamné, qui la voyait si près de lui, en avait le froid dans les veines; il s'affaissait, il tombait en caducité. Je crois que, si la grâce était venue, il n'aurait pu en profiter. C'est la première fois que j'assistais à une exécution; ce sera la dernière.

FIN.

TABLE DES MATIÈRES.

Au Lecteur.. 1

PREMIÈRE PARTIE.

IMPRESSIONS D'AUDIENCE.

I.	Le procès d'Annibal...............................	19
II.	La cinquantaine de M. Berryer...................	53
III.	Mort de M. Berryer...............................	63
IV.	Le Palais de justice..............................	71
V.	Réhabilitation des coupables condamnés...........	106
VI.	Civilisation de la guerre. — Un procès de mœurs....	111
VII.	M. Delangle successeur de M. Dupin. — Étude sur d'Aguesseau, par M. Ernest Falconnet...........	119
VIII.	A propos d'un éloge de Vergniaud................	129
IX.	Indemnité aux condamnés innocents..............	137
X.	Exhibition de l'échafaud.........................	145
XI.	Les noms inhospitaliers..........................	149
XII.	Deux avocats en voyage. — Les procès de presse....	153
XIII.	Du droit de grâce................................	162
XIV.	Hors du jury point de salut......................	168
XV.	Obsèques d'un magistrat et d'un avocat. M. Oscar Pinard et M. Freslon............................	172

XVI. Mort de M. Théodore Bac 182
XVII. Notice sur M. Charles Sapey, par Edmond Rousse.... 186

DEUXIÈME PARTIE.

IMPRESSIONS DE VACANCES.

CONGRÈS LITTÉRAIRE ET FÊTES ARTISTIQUES D'ANVERS.

Ire Lettre. — Réception des écrivains et artistes français... 191

IIe Lettre. — Fête du Congrès d'Anvers. — Banquet. — Feu d'artifice. — Concert. — Promenade du géant. — Conclusion.. 201

A TRAVERS LA BRETAGNE.

I. Pérégrinations d'un avocat en vacances. — La banlieue à vol d'oiseau. — La gare de Vitré et le sire de Framboisy. — Émeute de chiens contre une carriole. — Une ville visitée à tâtons............................ 215

II. Une ville au saut du lit. — Curiosités de Vitré. — Un pharmacien dans une tour. — Don Quichotte apothicaire. — Le château des Rochers. — La chambre à coucher de Mme de Sévigné. — Son cabinet de toilette et sa chapelle. — Une horreur de confessionnal...... 225

LE TOMBEAU DE CHATEAUBRIAND ET LE CHATEAU DE COMBOURG.

I. La mer à Saint-Malo. — L'îlot du Gran-Bé. — Maison, jardin et statue de Duguay-Trouin. — Un calembour de Louis XIV. — Le profil de Polichinelle dans la chevelure d'un héros.................................... 243

II. Une folie de bravoure. — Prouesse bretonne exécutée à l'antique... 255

III. Le village de Combourg. — Opinions de deux Bretons sur

Chateaubriand. — Anniversaire de sa naissance. — *L'assemblée.* — La foire et le *lac tranquille.* — La toison des jeunes filles. — Le marchand de cheveux......... 273

IV. Le château de Combourg. — La salle des gardes. — Souvenirs de Chateaubriand. — La chambre mortuaire et la cellule du donjon. — Le génie du lieu et *l'omnibus.* — En voiture, messieurs, en voiture !............... 285

Les chiens de Saint-Malo............................ 297

A TRAVERS LE LANGUEDOC.

Une journée à Aigues-Mortes........................ 315

Les ruines de Minerve.............................. 339

TROISIÈME PARTIE.

PROPOS TROUVÉS DANS LA SALLE DES PAS-PERDUS.

I. La légende de Michel de Bourges................. 367

II. Talma et Crémieux............................... 372

III. A propos d'un tribunal qui déménage........... 376

IV. Une exécution racontée par un avocat........... 383

FIN DE LA TABLE DES MATIÈRES.

10404 — Imprimerie générale de Ch. Lahure, rue de Fleurus, 9, à Paris.